广东海洋大学人文社会科学研究「建党100周年献礼红色著作专项」成果

"中共南路革命史料整理暨研究"系列丛书

南路革命名将唐才猷

高良坚 唐翠波 主编

中山大学出版社
·广州·

版权所有　翻印必究

图书在版编目（CIP）数据

南路革命名将唐才猷/高良坚，唐翠波主编. —广州：中山大学出版社，2021.6

（"中共南路革命史料整理暨研究"系列丛书）

ISBN 978-7-306-07247-4

Ⅰ. ①南… Ⅱ. ①高… ②唐… Ⅲ. ①革命史—史料—中南地区　②唐才猷—生平事迹　Ⅳ. ①K296　②K825.2

中国版本图书馆 CIP 数据核字（2021）第 119924 号

NANLU GEMING MINGJIANG TANG CAIYOU

出 版 人：	王天琪
策划编辑：	曾育林
责任编辑：	王　燕
封面设计：	林绵华
责任校对：	吴政希
责任技编：	何雅涛
出版发行：	中山大学出版社
电　　话：	编辑部 020-84113349，84110776，84110283，84111997，84110779
	发行部 020-84111998，84111981，84111160
地　　址：	广州市新港西路 135 号
邮　　编：	510275　　　传　真：020-84036565
网　　址：	http://www.zsup.com.cn　　E-mail:zdcbs@mail.sysu.edu.cn
印 刷 者：	佛山市浩文彩色印刷有限公司
规　　格：	787mm×1092mm　1/16　29.25 印张　264 千字
版次印次：	2021 年 6 月第 1 版　2021 年 6 月第 1 次印刷
定　　价：	98.00 元

如发现本书因印装质量影响阅读，请与出版社发行部联系调换

广东海洋大学人文社会科学研究"建党100周年献礼红色著作专项"重点项目"广东南路红色文化教育资源开发研究（C20111）"成果

编委会

编委会主任：曹俊明

编委会副主任：刘东超　谭北平　庞　松

委　　　员：鲁义善　欧卫军　尹　喜　陈汉能
　　　　　　　郑一鸣　袁仁广　陈关怡　高良坚
　　　　　　　谭月清

南路革命后人代表：周　聪　唐舒明　庞　松
　　　　　　　　　　陈　东　陈　钢

总　序

习近平总书记在党史学习教育动员大会上的讲话中指出："中国革命历史是最好的营养剂，重温这部伟大历史能够受到党的初心使命、性质宗旨、理想信念的生动教育，必须铭记光辉历史、传承红色基因。"欣逢中国共产党百年华诞之际，广东海洋大学人文社会科学研究"建党100周年献礼红色著作专项"重点项目、高良坚课题组的"广东南路红色文化教育资源开发研究（C20111）"系列成果，作为中山大学出版社策划、出版的"中共南路革命史料整理暨研究"系列丛书即将问世，这是贯彻落实习近平总书记重要指示的具体行动，是传承红色文化的重要体现，也是拓展广东南路地区革命史料征集与研究的新成果，具有历史意义和现实价值，值得庆贺！

广东南路地区位于中国大陆南端、广东省西南部，与海南岛隔海相望。在新民主主义革命时期主要包括茂名、电白、信宜、化县、吴川、廉江、海康、遂溪、徐闻、阳江、阳春、钦县、防城、合浦、灵山15县（钦县、防城、合浦、灵山今属广西）和广州湾（原法租界，今湛江市区）。这是一个英雄辈出、人杰地灵的地方。

南路地区是一块洒满革命英烈鲜血的红色热土。南路人民是具有光荣革命斗争传统的英雄人民。南路革命斗争是广东人民革命和中国革命斗争的重要组成部分。早在中共创建时期，南路的青年学生和各界群众受五四运动的影响，投身反帝反封建的爱国运动。随后建立革命组织，开展革命活动。大革命时期，建立了中共南路组织和共青团组织。中共南路组织广泛发动群众，协助南征军收复了南路地区，开展工农群众运动，掀起了轰轰烈烈的革命高潮。土地革命时期，面对国民党反动派的白色恐怖，中共南路组织领导各县举行了一系列农民武装起义，以革命的义举反击国民党反动派的屠杀政策。特别是中共遂溪县委书记陈光礼率领农民自卫军退守斜阳岛（今属广西北海），实行武装割据，坚持长达5年之久，树起了南路人民不畏强暴、英勇抗争的一面鲜红旗帜。抗日战争时期，日本帝国主义发动全面侵华战争后，南路各界群众迅即掀起抗日救亡运动。雷州半岛和广州湾沦陷后，中共南路特委深入发动群众，组织抗日武装，开展敌后抗战，并以南路人民抗日游击队为基础，建立了广东南路人民抗日解放军。与此同时，中共南路特委推动国民党爱国将领举行抗日武装起义，建立了高雷民众抗日军。解放战争时期，中共南路特委遵照中共中央和中共广东区委的指示精神，领导各地党组织和革命群众开展了争取和平民主的斗争。内战爆发后，在大力发展党的组织和开展武装斗争的基础上，经中共中央批准，成立了中共粤桂边区委员会和中国人民解放军粤桂边纵队。随着解放战争的胜利发展，南路军民配合南下解放军解放了粤桂边地区。南路人民终于迎来了人民革命的伟大胜利，获得了彻底解放。

光辉历史，青山作证。中国共产党领导南路人民的革命斗争，为广东乃至中国革命的胜利立下了不可磨灭的功勋，具有重要的历史地位，具体体现在六个方面。

其一，南路的工农群众革命运动，在大革命时期与广东各地的工农革命群众运动汇成了一股强大的革命洪流，构成了广东大革命高潮的总体态势，成为大革命高潮不可或缺的组成部分。南路也成为国民革命的重要活动舞台、统一广东的战略要地和广东革命根据地的重要区域，肩负着重要的历史使命。

其二，中共南路组织率领革命群众为土地革命战争做出了重要贡献。中国大革命在广东遭到局部失败后，为了挽救革命，南路党组织和革命群众迅即奋起，于东江、西江、北江、琼崖等地，率先在全国举行工农武装起义，实行武装割据，与国民党反动政权公开对垒，为探索革命发展道路做了不懈努力。

其三，中共南路组织和人民群众为挽救中华民族的危亡，坚持独立自主的敌后抗战，顽强抗击日本侵略者，开辟了南路（粤桂边）抗日根据地，建立抗日民主政权，成为全国三大敌后战场之一的华南敌后战场的重要组成部分，为国家的独立和民族的解放做出了巨大牺牲，立下了不朽功勋。

其四，中共南路组织高举抗日民族统一战线的旗帜，对国民党爱国将领进行统战工作，团结一切可以团结的力量，推动原广东省第七区行政督察专员兼国民党广东省第十一区游击司令部司令率部举行抗日武装起义，壮大了南路抗日力量。这是中共南路组织正确贯彻执行党的抗日民族统一战线方针政策的成功实践。

其五，国民党发动全国内战后，中共南路组织根据中共中央的战略方针，率先领导开展武装斗争，使革命力量不断发展壮大，形成了广东七块解放战略基地之一。南路和粤桂边党政军民不仅配合南下解放军解放了全地区，而且为解放滇、川、康、黔等省给予了大力支持，建立了后方基地。

其六，南路地区解放后，担负起解放海南岛的后方基地和出发地的重要任务。南路人民以人力、物力积极支持解放大军，大批船工参加了渡海作战，为解放海南岛做出了巨大贡献。

在长期的革命斗争中，南路和粤桂边军民有几万人为革命献出了宝贵的生命。他们用鲜血染红了党的旗帜，用生命书写了对党的赤心，用信念证明了对革命的忠诚！他们在革命斗争中积淀的坚定信仰、为党立心、英勇顽强、艰苦奋斗、无私奉献、为民效命的精神，永耀人间！

重温革命历史，赓续红色血脉，弘扬红色文化，传承红色基因，这是新时代赋予我们的历史使命。"中共南路革命史料整理暨研究"系列丛书的出版，正是从一个侧面体现了我们应有的历史担当。但愿更多的红色文化成果为新时代的百花园增添异彩！

（广东省社会科学院教授、广东中华民族凝聚力研究会副会长、广东中共党史学会原副会长）

祝贺"中共南路革命史料整理暨研究"系列丛书出版发行

南路革命斗争有着悠久的历史，经历诸多困难和曲折，涌现出许多英雄、模范人物和许多感人的事迹。宣扬革命前辈艰苦奋斗的历史，用革命先烈的光辉事迹教育后人，激励后人，铭记革命历史，传承红色基因，是每个共产党人应尽的职责。"中共南路革命史料整理暨研究"系列丛书，就是依据此精神编写的。对于此丛书的出版发行，我表示热烈祝贺！

二〇二〇年七月于北京

唐才猷 1955 年授衔像

我们的人生就是为共产主义事业而奋斗!
——唐才猷手书

1995年，唐才猷为广东南路人民抗日解放军第一团西进斗争50周年题词

追求真理寻找党，抗日驱蒋斗志昂，驰骋粤桂滇黔地，边纵副帅美名扬

书赠唐才猷同志 壬辰年秋
陈超于西直门寓所

原兰州军区副司令员陈超中将书赠唐才猷

1949年7月,唐才猷由桂滇黔边纵队警卫连护送,从云南罗平返粤桂边区,途经越南保下(前排坐右一为尹惠清)

1949年7月,唐才猷(左二,粤桂边纵队副司令员)和"越南国家军队独立中团"团部(也称华侨中团,此团受越南共产党指挥和中共桂滇边工委、滇桂黔边区党委双重领导)领导人[庞自(左一,华侨中团政委)、黄炳(左三,华侨中团团长)、方野(左四,华侨中团政治部主任)]在越南保下合影

1950年，唐才猷（中）与越南海宁省祝主席（右）、越南华侨独立中团团长黄炳（左）在中越边境合影留念

1950年，唐才猷负责将越南华侨独立中团华侨连送回越南交接工作（后排站立叉腰者为唐才猷）

1950年，唐才猷、尹惠清夫妇在南路军分区

1950年，唐才猷（右二）和从十万大山走出来的战友［沈鸿周（左一，时任防城县县长）、黄炳（左二，时任防城兵役局局长）、罗北（左三，时任防城县委组织部部长）、彭扬（右一，时任防城县委书记）］在广西防城合影

1951年元旦，唐才猷（二排右一）与宋维栻（前排左一，第四野战军第一二七师政委）、刘铁（前排左二）、苏迈（二排右二）、温焯华（二排右三）、陈明江（二排右四）、沈汉英（三排左一）等第一二七师首长在合浦廉州合影

1954年2月，唐才猷在广西钦州军分区任司令员

1964年，唐才猷与夫人尹惠清在北京高等军事学院

1962年，唐才猷（右二）与黄明德（左一）、殷杰（左二）、王国强（右一）漫步于湛江海滨大道

1969年11月，唐才猷（前排右一）在北京高等军事学院四系教学楼前与系教员合影

1969年，原北京高等军事学院（国防大学前身）四系教研室部分教员［王倪（前排左一）、于步血（前排左二）、李冬（前排左三）、刘正（前排左四）、李俊杰（前排左六）、董观海（后排左一）、唐才猷（后排左二）、徐振欧（后排左三）、缪乐彬（后排左四）、刘风（后排左五）］在学院中心广场合影

1968年，唐才猷在北京高等军事学院，时任四系毛泽东思想教研室副主任

1974年，唐才猷在湖南长沙湘江橘子洲头留影

1972年冬，唐才猷（前排右二）与杨成武总参谋长（前排中）在湖南长沙岳麓山爱晚亭前留影

20世纪70年代，唐才猷（前排左六）陪同越南国防部部长武元甲（前排左五）率领越南军事代表团在韶山参观毛泽东故居

1980年，唐才猷（中）回遂溪城月镇吴村老家看望乡亲们

1983年，唐才猷在南路人民抗日解放军老一团西进斗争史座谈会上发言

1989年10月,唐才猷在湛江参加中国人民解放军《粤桂边纵队史》审稿会[左起依次为杨应彬(参谋长)、温焯华(政治部主任)、梁广(司令员兼政委)、黄其江(粤桂边地委书记)、唐才猷(副司令员)]

唐才猷荣获的中华人民共和国二级独立自由勋章、二级解放勋章及各种奖章、纪念章

内容简介

　　本书分为四部分：上编"唐才猷文选"、中编"战友文汇"、下编"革命武装历史沿革"和附录。上编收录了唐才猷在各个历史时期的回忆录、口述史和自撰文章，包括新中国成立后从事军事教学工作的部分军事学术论文及授课讲稿，比较充分地展示了唐才猷寻找中国共产党、戎马一生的革命历程。中编围绕唐才猷亲自率领指挥的西征、夜袭风朗飞机场战斗和智取马关战斗等优秀战例而展开，通过纵队支队干部、营连干部、团部便衣队员、卫生员等从不同角度的描述来反映老一团战斗生活的真实场景和生动画面。下编收录了广东南路人民抗日解放军部队序列、中国人民解放军粤桂边纵队序列、中国人民解放军滇桂黔边纵队序列等革命武装历史沿革。附录则主要收录了南路—粤桂边区人民解放军发展沿革示意图、中国人民解放军序列图、第一团西进概述，以及唐才猷年表、尹惠清简介和子女怀念文章。这些历史文献资料可谓弥足珍贵。

目 录

上编　唐才猷文选 …………………………………… 1

第一章　自述（节选）………………………………… 3
一、参加革命后的各个时期 ……………………… 3
二、新中国成立后三年 …………………………… 10

第二章　1936年与雷州半岛一批青年学生找党的经过 …………………………………………… 11
一、从省十中到省一中求进步 …………………… 11
二、筹集资金前往香港找党 ……………………… 13
三、被关家中炮楼自学革命理论 ………………… 17

第三章　谈遂溪革命斗争的几个问题 ……………… 19
一、青抗会的情况 ………………………………… 19
二、遂溪党组织重建初期的组织建设和思想建设 …………………………………………… 22
三、老马起义前后的武装斗争 …………………… 23
四、南路主力部队的第一次西撤 ………………… 26

第四章 老马起义 ……………………………… 31
  一、南方局对南路工作的最新指示 …………… 31
  二、特委决定以老马村为中心举行武装起义
    ………………………………………………… 32
  三、老马起义取得胜利 ………………………… 33

第五章 南路人民抗日武装起义 ……………… 39
  一、南路人民的抗日联防 ……………………… 39
  二、南路人民抗日武装起义 …………………… 41
  三、南路人民抗日民主政权和解放军的建立
    与整编 ………………………………………… 50

第六章 袭击敌机场 …………………………… 52

第七章 谈老一团西进 ………………………… 55
  一、广东南路人民抗日解放军第一团的组建
    和任务及活动情况 …………………………… 55
  二、第一团的西进斗争 ………………………… 56

第八章 老一团战斗在十万大山 ……………… 68
  一、马子嶂整编 ………………………………… 68
  二、西进路上的第一次反"围剿" …………… 69
  三、西进路上的第二次反"围剿" …………… 73

第九章　广东南路人民抗日解放军第一团参加
　　　　滇桂黔边区革命斗争概略 …………… 75
　一、在广西靖镇区的斗争 …………………… 75
　二、边界会师 ………………………………… 79
　三、进入滇东南参加斗争 …………………… 81

第十章　采取什么样的作战形式 ……………… 86
　一、我国的国防方针是积极防御的战略方针
　　　……………………………………………… 86
　二、防御战斗主要包括阵地防御与机动防御
　　　两种方式 ………………………………… 88
　三、现代条件下野战防御中机动防御的必要性
　　　……………………………………………… 92

第十一章　消灭当面之敌与向纵深发展 ……… 95
　一、消灭当面之敌与向纵深发展密切相关 …… 95
　二、集中优势兵力各个歼灭敌人是我军战役
　　　战术的重要原则 ………………………… 98

第十二章　"保存自己，消灭敌人"
　　　　——学习《毛泽东选集》笔记 ……… 103
　一、"保存自己，消灭敌人"既是战争的目的，
　　　也是战争的本质 ………………………… 103

二、消灭敌人是矛盾的主要方面 …………… 104
　　三、保存自己是消灭敌人的必要条件 ……… 106
第十三章　对未来游击战争的探讨 …………… 109
　　一、游击战争是未来人民战争的重要组成
　　　　部分 …………………………………… 109
　　二、未来的游击战争的五大任务 …………… 111
　　三、游击战争的五种作战方式 ……………… 113
　　四、诱敌深入与敌进我进的关系 …………… 114
　　五、游击战争必须有严密的组织和指挥 …… 116
第十四章　缅怀周楠同志 ……………………… 117
第十五章　纪念新、老一团西进斗争54周年座谈会
　　　　　　发言 ………………………………… 120
第十六章　纪念中国人民解放军粤桂边纵队成立
　　　　　　50周年大会讲话 …………………… 125
第十七章　致老战友信 ………………………… 127
　　第一封 ………………………………………… 127
　　第二封 ………………………………………… 130
第十八章　诗词选摘 …………………………… 133
　　奔 ……………………………………………… 133
　　1945年带老一团西进时作诗二首 …………… 135

永别矣！母亲	137
故乡行	137
嘱儿女	138
赠饶华同志四首	138
赠梁家同志二首	142
昆明有感	142
参加老一团军史座谈会有感	143
离休	143
纪念二亭	143
纪念防城县武装起义四十周年	144
富贵竹——怀念沈斌同志	144
致黄建涵同志二首	145
七十二岁	145
纪念防城"三光企"武装起义五十周年	146
欢庆香港回归	146
怀念杨针同志	146
看形势	147
乐观主义——八十生日感怀	147
缅怀莫志中同志	147

中编　战友文汇 …… 149

第一章　夜袭遂溪飞机场战斗 …… 151
一、具体情况和精心部署 …… 153
二、战斗经过 …… 154
三、主要经验 …… 156

第二章　关于夜袭机场的战斗 …… 158
一、撤出包围圈与重返包围圈 …… 159
二、精心准备袭击机场 …… 160
三、成功袭击风朗机场 …… 162

第三章　忆参加抗日与西进
——离休干部李池同志谈话记录 …… 165
一、青抗会深入农村 …… 166
二、组织武装抗日 …… 167
三、奇袭遂溪机场 …… 171
四、西进途中 …… 176
五、在越南的日子 …… 180
六、开辟滇桂黔边区 …… 182

第四章　主力西进 …… 186
一、老一团初次西进困难重重 …… 186
二、古文村会见老一团 …… 187

三、古文水谋划给养后继续西进 …………… 190

四、占领贵台，西进告捷 …………………… 194

五、撤出贵台，沿十万大山山脚向防城转移

…………………………………………………… 202

第五章 芳草

——朱日成革命回忆录（摘录）………… 206

一、抗日联防唐旭昇大队 …………………… 206

二、广东南路人民抗日解放军第一支队 …… 211

三、胜利凯歌——大难临头 ………………… 214

四、西进 ……………………………………… 222

五、走到太阳落处的"天边" ………………… 225

六、走在钦廉的山岗上、田野间 …………… 228

七、鏖战十万大山一侧 ……………………… 231

第六章 智取马关 ………………………………… 239

一、准备充足，顺利入城 …………………… 240

二、成功诱降敌县长 ………………………… 242

三、智擒大队长 ……………………………… 244

四、险中无畏，迎来胜利 …………………… 246

第七章 怀念唐才猷政委 ………………………… 250

第八章　老一团驳壳队员回忆 …………… 255

　　一、生死搏斗,秋心脱险 …………… 255

　　二、生死关头 ……………………… 256

　　三、冲过敌人的封锁线 …………… 258

　　四、举办庆功大会,准备西进 …… 259

下编　革命武装历史沿革 ………………… 263

第一章　广东南路人民抗日解放军部队序列 …… 265

　　一、1945年1—5月 ……………… 265

　　二、1945年5月至1946年春 …… 271

第二章　粤桂边区部队序列 …………… 278

　　一、1947年3月至1948年4月 …… 278

　　二、1948年5月至1949年2月 …… 285

　　三、1949年3月至1949年5月 …… 290

第三章　中国人民解放军粤桂边纵队

　　　　（1949年6—12月）…………… 299

第四章　中国人民解放军滇桂黔边纵队序列 …… 313

　　一、1947年6月至1948年12月 …… 313

　　二、1949年1—8月 ……………… 314

　　三、1949年8月至1950年3月 …… 318

附录 …………………………………………… 331

　附录一：南路—粤桂边区人民解放军发展沿革
　　　　　示意图（1944—1949 年）………… 333

　附录二：中国人民解放军序列（1949 年 3—7 月）
　　　　　………………………………………… 334

　附录三：广东南路人民抗日解放军第一团西进
　　　　　概述 ………………………………… 335

　　一、突围西进十万大山，坚持武装斗争
　　　（1945 年 9 月至 1946 年 3 月）………… 336

　　二、入越整训和参加越南人民的抗法斗争
　　　（1946 年 4 月至 1947 年 10 月）………… 347

　　三、参加开辟滇桂黔边区根据地，配合野战军解放
　　　全边区（1947 年 11 月至 1950 年 2 月）
　　　………………………………………………… 364

　附录四：唐才猷年表 ………………………… 390
　附录五：尹惠清简介 ………………………… 402
　附录六：我敬爱的父亲 ……………………… 405
　附录七：叔父的一些事 ……………………… 417
　附录八：怀念父亲 …………………………… 422

后记 …………………………………………… 427

上编 唐才猷文选

第一章 自述

（节选）

唐才猷

1937年7月抗日战争全面爆发后，我又争取回到雷州中学读书，直至1938年6月。这一年，我积极参加救亡活动，组织抗日先锋队，并筹备开办了一间书店，推销《新华日报》和《解放》《群众》及各种进步书籍。我在思想上继续发展，确定了为革命事业奋斗的目标，并时时希望找到党组织。至1938年6月，我才实现愿望——参加党组织，介绍人是黄其江，候补期两个月。

一、参加革命后的各个时期

（一）农村工作与地下党工作时期

1. 在遂溪县工作（1938年7月至1941年2月）

参加党组织之后，我根据党的指示离开学校，到遂溪县组织青年抗敌同志会（以下简称"青抗会"），带领一工作队到遂溪西北区进行农村工作。当时的任务是建立农村基础，发展农村党组织。工作一年，组织3000余名农民参加了青抗会，吸收200余名积极农民参加了党组织，我任支部书记，后任区委书记。在农村工作期间，我的工作热情很高，与农民同住同劳动，对当时工作队的作风有良好的影响。上级认为我基本完成了农村组织的任务，至1939年10月成立县委时，我被提拔为县委组织部部长。

在遂溪任组织部部长约一年零四个月，我的工作任务是继续发展党组织。在此期间，党组织发展至600余名党员，为了应付突发事件，建立了10余种农村群众性组织（如姐妹会、互助会、生产会等），并在政治上积极与逆流做斗争。国民党反动派虽然很疯狂，但我们基本积蓄了力量，并能继续发展。我在工作中继续保持着热情的、忘我的、严肃的工作态度，深入支部，及时布置与检查工作。

2. 在合浦县工作（1941年3月至1943年3月）

我因在遂溪工作时经常暴露身份，所以于1941年3月被调至合浦县任县委组织部部长。当时合浦国民党反动派很猖狂，下令解散中共领导的各种抗日组织，并到处抓人。我们组织进行撤退掩护，但党内思想很混乱，先后脱党的共有400余人，并有个别叛变分子。我们当时根据遂溪县的经验，让暴露的党员撤退到广大乡村，并严格执行审查的程序，克服悲观失望的情绪。采取这些措施之后，组织很快稳定下来，暴露的党员取得了职业和社会关系，并在新岗位上继续开展工作。在我工作的两年间，未有一个党员被捕，各个支部也未受到破坏，阶级异己分子亦被清除出去，支部重新恢复了组织与工作秩序。

这时期，我对党的组织工作方针（长期积蓄力量，等待时机）基本能掌握，并采取了一些有效的措施，工作取得了一些成绩（这当然是上级党组织和县委领导的正确领导以及全体同志共同努力的结果，我只尽了一部分责任）。

（二）抗日游击战争时期

1. 游击队建立至日本投降时期（1943年4月至1945年8月）

日军在雷州半岛登陆后，中共南路特委（以下简称"特委"）于1943年4月调我回遂溪组织游击队工作。我很兴奋地接受了这一光荣的任务。

我当时负责遂溪西北地区，先是广泛成立秘密的游击小组，再在此基础上成立若干个出没无常的游击小队，同时在群众中广泛开展抗日号召。具体步骤是先从锄奸自卫，逐步引导到抗日保家的战斗行动，如深圳塘地区就是这样发动群众参与抗日行动，粉碎敌人数次扫荡进攻的。

做好以上工作之后，我于1944年7月正式成立遂溪人民抗日游击大队（300余人），并任大队长。队伍成立不到一个星期，国民党军就向我们进攻，我们一连打退了敌人三次连续一个月的围攻，保存了队伍，并把队伍从边缘地区挺向敌后（遂溪与海康交界地区），暂时避开了国民党军的锋芒，从而避免两面作战。此后我们的队伍得到迅速发展，至同年冬发展至1000余人，成立了游击支队，我任支队长。当时日军占领了湘桂铁路，粤桂边成为敌后，我们决定在整个南路开展武装抗日斗争。我奉特委命令，率支队主力北上廉江，策应各地武装斗争。从此各地区武装斗争随即热烈开展起来，我支队一部挺进至合浦，我仍奉命回雷州半岛，继续组织力量支援各地斗争。我回雷州后，又组织了一个团（1000余人），我任团政委（以后支队番号改为团）。

2. 西进战略转移时期（1945年9月至1946年3月）

至1945年8月，日本投降，形势大变。国民党共三个军由邓龙光率领，一面接受日本投降，一面来围攻我们。在此情况下，特委决定由我们组织一个主力团，从雷州半岛突围西进至防城十万大山区，继续战斗，保存力量。在这紧急关头，我们坚决执行了特委的命令。为解决转移时武器弹药和经费的困难，我亲自率领两个营袭击了敌人的飞机场，全歼守敌，缴获了很多武器，装备了部队，并派便衣队袭击了国民党军的车队，获得了千万余蒋币，解决了经济困难。我们胜利完成了集结队伍和转移任务，经过一个月的行军作战，才到达十万大山。到达十万大山后，敌人即派来一个师向我们发起围攻，我们打破了敌人的三次"围剿"，坚持了半年时间，至1946年3月才奉特委命令将部队转至越南，休整待命。

（三）越南整训时期（1946年3月至1947年9月）

部队转至越南后，取得越共中央的同意，驻在高平省越南解放区。我们得到中共广东区党委（以下简称"区党委"）的指示，一面派一部分力量参加越南抗战工作，一面整训部队。我们帮助越南开办了几个游击训练班，并派干部去做华侨工作。后来我们组织了一个华侨中团（以越南卫国团的名义出现），有1200余人，协助越南开展北江、海宁省的敌后工作。此时区党委派特委书记周楠与庄田到越南领导我们整训，准备将部队开回祖国并开展桂西南地区（即左右江，过去红七军活动的地区）的游击战争。

在越南的一年时间里，我们总结了过去武装斗争时期的工作，并在周楠的领导下对干部进行了"三查"。

（四）解放战争时期

1. 桂西游击战争的开展（1947年10月至1948年10月）

1947年10月，我们奉中共中央香港分局（以下简称"香港分局"）命令，将部队开回桂西地区（以靖西、镇边两县为主）并开展游击战争，我任桂西指挥部政委。因休整了一年，部队劲头很大，一连打了几场胜仗，将两个县的地方反动军队基本歼灭，控制了两个县的大部。但当时我们对党的政策与斗争方针理解有偏差，例如：一面打仗，一面分田，肃反时杀了不少人，不善于团结一切可能团结的力量；在军事上集中力量打大仗，虽然取得了10余次战斗的胜利，打破了敌人的几次围攻，但是过早刺激敌人，使敌人调广西的主要力量来对付我们，又不注意多派武工队开展多种形式的斗争。由于存在以上缺点，故局面不能打开，困难越来越多，活动范围越来越小。这主要是对新的斗争形势认识不足，缺少新的斗争经验，对党的政策掌握不够。后来我们总结了经验教训，重新做了部署。

2. 转向云南进行滇东南的斗争（1948年10月至1949年6月）

1948年10月，我们得到香港分局的命令，将主力开到云南开展游击战争，留下一部在桂西地区坚持斗争。此间成立了滇桂黔纵队，庄田为司令员，周楠为政委。我在纵队领导下率领两个大队开辟滇东南地区（10个县），庄田则率一部主力去开辟滇东地区。我当时任滇东南指挥部司令员兼政委、工委书记。

受解放战争胜利形势的影响，敌后空虚，这给了我们非常有利的条件。又因得到纵队的具体领导、党中央的及时指示（和中央已有电台联络），我们总结了前一时期的经验，对敌后斗争方针有了进一步的认识，所以在随后的半年中，我们的工作进行得很顺利，在滇东南打下了9个县城（只有文山城未打下），控制了广大完整地区（包括县城在内），成立了各级人民政府与10个县工委，部队发展至12,000人，成立了9个地方团和1个主力支队（共辖3个团）。

1949年6月，粤桂边纵队成立，中共中央华南分局（以下简称"华南分局"）调我回粤桂边纵队任纵队副司令员，我就离开了云南地区。

3. 调回粤桂边工作（1949年6—12月）

我回粤桂边纵队后，得区党委指示，先在十万山区与六万山区工作一段时期（领导六支队与七支队的活动），然后回到纵队司令部。当时大军已渡江南下，我们奉命东进迎接大军。此时期只进行过一次较大规模的军事行动，即进攻湛江西营，使用了6个团的兵力。战斗结束后，我们攻进了西营，接受了国民党一个警卫营的起义，即将部队撤回，胜利完成了任务。

10月，大军到了高雷地区，我即随队到钦廉地区（即现在的钦州军分区地区），负责接管工作。至12月底，粤桂边纵队改编为南路分区，我任第一副司令员，才回分区工作。

二、新中国成立后三年

（一）在南路分区工作（1949年12月至1950年9月）

在南路分区工作期间，1950年5月之前，我主要负责剿匪及支前解放海南岛的工作，我在司令部的时间很少。胜利后，我的工作热情很高，努力完成各项工作任务。

5月之后，华南分局派我到边境与越共海宁省委搞联络工作，并负责给他们运送武器、弹药。

（二）在钦州军分区工作（1950年10月至今）

1950年10月，钦州军分区成立，我任副司令员。这个分区是在无干部、无基础的情况下成立的，没有司令员，亦无政委和主任，只有我和高参谋长，各科长都是从地方团中提拔起来的。工作环境生疏，我又无正规的工作经验，当时感到有点头疼，但仍积极工作，尽力而为。1951年2月，军区先后派来杜副政委、赵副司令员、李政委、段司令员，分区工作才有了头绪。

1952年12月1日

（摘自唐才猷档案复印件，有改动）

第二章　1936年与雷州半岛一批青年学生找党的经过

时间：1990年11月22日上午
地点：湛江市人民政府招待所301号房
采访人：湛江市委党史办张宏
被采访人：湖南省军区离休副司令员唐才猷

我小时候，家住遂溪县客路圩。我父亲没田耕，靠做小买卖过生活，后来做生意发了财，带着全家回到老家遂溪县城月镇吴村，一边买些田收租，一边继续做生意，逐渐成为村里的一个地主。我母亲小时家境贫穷，卖身为奴。

一、从省十中到省一中求进步

我14岁时到遂溪县第二高等小学读书，与黄其江是同班同学，毕业后，我俩考上了设在雷城（今雷州）的广东省立第十中学（后来改为雷州师范学校）。这时，我俩听人说，到广州上学更好些，就决定一起去。我知道父亲肯定不会让我远离家乡读书，于是，我找亲戚借了20元光洋，与黄其江上广州，住在吴林（我们小学时的老师）家。

我们刚到广州，吴林便带我俩上街，这里到处都是高楼大厦，花花绿绿的。有钱人醉生梦死，吃得好，穿西装、长衫、马褂，挎着年轻、摩登的女人坐小汽车、行街（逛街），趾高气扬的。每到晚上八九点钟，很多无家可归、衣着破烂的穷人在街上的骑楼下睡觉。我说："为什么有的人生活得那么好，有些人却没地方住呢？"受中国左派文学影响的吴林笑了笑，意味深长地说了一句话："这个社会不公平，分配很不合理。"

吴林很喜欢看鲁迅的书，也介绍我们看左派文学，如鲁迅的作品等，还带我们看进步电影，其中包括有《大路歌》《开路先锋》等著名插曲的进步电影，对我们提高觉悟起到了一种启蒙教育的作用。

1933年9月，我俩考进广东省立第一中学读书。这所学校就是广雅中学，在广东省很有名气，有很多学生参加了革命。新中国成立后，叶剑英元帅到广雅中学演讲时说，"这里是革命的兵工厂"。因为在那里的时间短，所以我没有参加那里的进步活动，只是和黄其江读一些进步书刊，初步认识到这个社会的黑暗。

记得有一个晚上，我在写日记，突然停电了，我借此为题，在日记中写道："黑暗是暂时的，光明总会到来。"我带的钱很快就用完了，由于我父亲不同意我在省城读书，不寄钱给我，所以我没办法，只能回家，返回省立第十中学读书。

我那时喜欢读左派文学，对《文学》《现代》看得很入迷，并经常与陈其辉、陈兆荣、王文劭、邓麟彰、曾锡驹、谢兆秀等一批进步同学来往。不久，黄其江也回来了。我们经常在一起学习、座谈如何救国救民，探讨真理；还一起出壁报，出十中学生期刊，写文章抒发我们的情怀。我们不但有了民族意识，而且有了初步的阶级觉悟，知道了中国共产党，知道了中国红军。

1935年8月，中国共产党发表《为抗日救国告全体同胞书》，号召"停止内战，一致抗日"。同年12月9日，在中国共产党的领导下，北平学生带头掀起了"一二·九"爱国运动，并得到全国人民的支持、响应和参加。这对我的思想影响很大。这时，我读的书有艾思奇的《大众哲学》等。

二、筹集资金前往香港找党

1936年夏天，我接到黄其江从广州寄来的信，他提出一起去找中国共产党，要我筹一笔钱做经费。接信后，我很高兴，决心投奔革命，不想再上学读书，初中毕业后我就回家筹钱。我想：父亲的钱放在保险箱里，锁匙带在身上无法提取。二嫂和我老婆（名叫徐莲英，后离了婚）的金器分别放在她们的房间里，要取比较容易。我知道徐莲英有一条很长的金项链，上面镶有珠宝，很值钱，那是她的嫁妆。但我与她是父母包办的盲婚，我一向与她没感情，不与她讲话，也不住在一起。为了打探她的金器放在哪里，我于一个晚上到她房里睡，两句好话就把她说得高兴起来了。我故意笑着说："你有一条金项链很漂亮，拿出来给我看看怎么样？"她当场将金项链拿出来给我看。我说："好极了！"她甜甜地笑了。我知道二嫂有一对金镯子，很大、很重，还有一些金戒指和几十元大洋，我也摸清了位置。

那时，我所在村子里的农民很穷苦，平时，我经常与家中的长工、婢女，村中的青年来往，与他们关系很好，对他们贫穷的生活很同情。我想："这次我离家出去找共产党参加革命，意味着与地主家庭永远决裂。我将永远不回家了。"我将手头一部分大洋分给了家中的长工和村中的青年，希望能让他们的生活得到暂时的改善。

第二天天一亮，我就悄悄地带着金器和大洋出走了。我打算先到法租界广州湾东海，找邓麟彰和当地的青年黄明德等，然后与他们一起上广州，与黄其江会合后再去找党。

天亮后，全家人一起吃早饭时，发现我不见了，二嫂和徐莲英慌忙回房，发现金器和大洋也不翼而飞，便告诉父亲。一贯很听话的爱子携带金器不辞而别，这使父亲很着急。当时有一条路经太平到广州湾，另一条路经沈塘到雷州城。父亲顺着我出走的那条路从村里追到了渡口，他判断不出我是到广州湾赤坎，还是到雷城什么地方去了，摇头兴叹，只得回家。走到半路刚好下了一场大雨，平时可以安全走过的小河水位涨高了很多，父亲过河时滑倒了，差一点淹死。

我离家后，便在沈塘附近的通明港登船，到东海找到了黄明德等，在那里停留了一段时间，再与邓麟彰、黄彪、谢兆秀等一起到广州找黄其江。黄其江认识一个叫何子栋的人，何子栋是个有正义感的人，好打抱不平，曾在"八属军"当过团长。后来，他找不到工作，对黑暗的现实不满，同情革命。他在香港有一个朋友叫王贴时（也叫王福田、王冬炎），是大革命时期的中共党员，黄其江打算通过这些关系找党。那时，我们懂得不多，想得也很简单，以为找到进步人士，通过办小报、开矿就可以在工人中找到共产党。

到广州后不久，黄其江对我们说："现在军阀陈济棠统治着广州，广州一片白色恐怖，我们到香港找吧。"于是，我俩一起去了香港。

在香港，我们见到了王贴时。王贴时年约30岁，精明、斯文，有才干，戴着一副金丝眼镜。他同我们谈了大革命时期的一些革命经历，鼓励我们学马列主义，但不肯暴露他的身份和住处。我们对他很敬仰。

我们在香港住了几个月，想办报、开矿都不成，也找不到党的线索。在苦闷中，我们看到《读书生活》编辑部写的一篇文章说：经过"一二·九"运动的锻炼，很多青年学生认识到国家面临着危亡，离校寻找革命，这是一件很好的事，但也不要脱离群众，应在学校做抗日工作，将群众组织起来，共同抗日。

这篇文章使我受到很大的启发。这时，王贴时也给我写了一首诗："出门看海水，海水正茫茫。波涛满山谷，一苇安可航？"我理解这首诗的意思是，在这白色恐怖之中，光靠少数人去干革命是不成的，我们要达到找党的目的也是不容易的。

这时，李宗仁、白崇禧在广西竖起了抗日反蒋的旗号。何子栋也得到了消息：第十九路军的一名旅长叫翁照垣（何子栋的朋友），属桂系，他跟李宗仁、白崇禧一起打着"抗日反蒋"的旗号，说要招1000名学生军，将队伍拉到广西玉林和广东北海，把以侨民身份出现的日本特务杀了。我们想，他们抗日反蒋，必定与中国共产党有联系，便想通过到广西当学生军这一途径找党。

我与何子栋、王贴时一起回到东海后，他们到广西找到了翁照垣。翁照垣热情地接待了他们，说："现在形势变了，李宗仁、白崇禧在反蒋中途变卦了。我的部队不能停在北海，蒋介石就要派军队来打我们了。"

何子栋、王贴时回东海后向我们告知了实情。大家想：

到北方去找党路途太遥远,最难办的是大家都没钱了。我们只得暂时回本地读书或工作,按《读书生活》编辑部里写的那篇文章去做,待时机成熟再去找党。

三、被关家中炮楼自学革命理论

为了继续学习,团结进步青年,有条件后再去找党,我只能硬着头皮先回家。

我自小伶俐懂事,父亲一直对我疼爱至极。我一走就是几个月,他非常想念我,见我回到了家,又怒又喜。一开始他想狠狠地打我一顿,但后来骂我几句便算了。他规定我住在家中的炮楼,不准外出,后来才准许我在村里走一走。父亲还打了一对相同的金镯子赔给二嫂。

我住进炮楼,下决心埋头阅读进步书刊,学习文化知识。

1937年3月,黄其江从广州来信了,他说他在广州江村师范学校学习,还经常寄进步书籍给我,其中,有理论家李达著的社会科学著作,还有关于唯物辩证法的著作。每天我很早就起床,边读书,边做学习笔记、写心得,直到深夜。我的革命理论基础就是在那时打下来的。

这时,不是我出去,就是邀请村中的青年和长工进来,给他们讲抗日,讲革命的道理,后来他们都参加部队,入了党。我也经常给徐莲英讲一些妇女受压迫,要争取解放的道理，后来她也参加抗日，入了党，并一直做妇女工作，团结了一大批妇女。此外，我还教育我的家人积极支持遂溪南区的革命武装斗争。

1937年"七七事变"后，我继续到雷州师范学校学习。我投身于抗日救亡运动，与同学合资在雷城成立雷州图书供应社，推销进步书刊，其中有共产党的报纸《新华日报》等；还成立抗日读书会、抗日宣传队等。

1938年6月，黄其江从广州江村师范学校回来了，他受中共广东省委派遣，回遂溪、广州湾开展抗日救亡工作，重建当地党组织。我作为第一批党员被吸收入了党，实现了心愿，在党的领导下为共产主义事业而奋斗。

（摘自湛江市委党史办采访人张宏给被采访人唐才猷的采访复印件，有改动）

第三章 谈遂溪革命斗争的几个问题

时间：1980 年 10 月 13 日

地点：湖南省军区唐才猷同志住房

访问者：遂溪县委党史办李尊、吴意、刘克明

记录整理：刘克明、李尊

一、青抗会的情况

青抗会是 1938 年 8 月成立的。那时，遂溪处于抗日救亡的高潮。青抗会成立前，抗日救亡活动已在各地进行。1938 年暑假，黄其江从广州江村师范学校回遂溪，把各地青年组织起来，以进步青年为基础，成立了青抗会。

青抗会是由两部分人组成的，一是青年学生，二是农民。农民是主体，占多数，达 80% 以上；知识分子起了桥梁作用。

青抗会有两个特点：一是有党的领导；二是知识分子与农民相结合。它的重点在农村，基础好，扎根深。

青抗会究竟有多少会员？据周楠回忆，有五六千人，我认为这个估计是契合实际的。青抗会的全盛时期是 1938 年底至 1939 年初，团结在青抗会周围的群众有五六万人。

青抗会所组织的几次大会，如西田联欢大会和黄略反汪大会各有五六千人参加。由于广泛发动群众，所以青抗会为以后的武装斗争打下了良好的基础。青抗会以村为基础，以农民为主体，这在广东是少有的。我曾听周楠讲过，当时的广东省委书记张文彬有过这样的评价：如果广东有10个遂溪这样的基础，情况就大大不同了。

青抗会分布地区较广，东区以麻章为中心，中区以洋青为中心，西区以界炮为中心，南区以城月为中心。

各地农村、学校都成立了青抗分会，总会设在遂溪县城。青抗会的主要领导人是黄其江、陈其辉、殷杰、邓麟彰、支仁山等人。

从青抗会的活动情况来看，其工作路线是正确的，表现在以下三个方面：

第一，面向农村。这是比较突出的一点。青抗会成立后，开始组织工作队到农村去，搞演讲，表演救亡节目，散发传单。因采取流动的形式，不能扎根于群众中，后总结了经验和教训，很快转变了做法，把青抗会工作队分散固定在几十个村庄里，采取办夜校的形式。夜校既是发动群众、组织群众、教育群众的好课堂，又是农民文化活动的好中心。当时，全县有几十所夜校，分为青年班、妇女班、儿童班。群众在夜校既学政治，又学文化，还能娱乐。青抗会工作队与农民搞"三同"——同吃、同住、同劳动，生活依靠群众，由群众凑钱凑米来维持。夜校先生在群众中威信很高，很受农民欢迎，主要是其工作作风好。青抗会的工作方法比较灵活，除组织唱歌、演戏外，还组织地区性的野营联欢会等，互相鼓舞，互相促进，农民的信心更强了。

第二，统战工作做得好。遂溪当时有高、铁两派的斗争，两派都想利用我们，我们也想利用他们。在处理这个问题时，青抗会能够独立自主地发展自己的力量，利用两派的矛盾为我所用。原来界炮一带，是属铁派的地盘，后变为我们的；城月一带是高派的，结果也转为我们的；原来受高、铁派影响的青年，也大部分被我们争取过来。我们还通过乡政训练班，派一部分党员打进去，王国强、陈开濂等同志当了乡长，对开展党的工作起了一定的作用。

第三，坚持反逆流斗争，及时转变斗争形式和组织形式。从1939年底开始，形势就慢慢变化了，我们按"三坚持"的原则，开展了反逆流斗争。比较大的行动有：广泛散发八路军反逆流的通电，仅一个晚上，传单便布满各个角落，敌人非常惊慌。各地都开了反汪大会，进行反逆流斗争。1939年，陈其辉带队组织慰问团到合浦灵山慰问蔡廷锴部队，争取蔡部支持。由于我们坚持反逆流斗争，所以直到1940年上半年，国民党对青抗会都不敢轻易抓人、杀人。

组织形式也及时做了转变。各个村庄由原来的夜校青抗会变为合作社、帮工队、姐妹会、自卫队、巡逻队、巡村队等,由公开转变为公开与秘密相结合。虽然青抗会后来解散了,但基础并没有受到破坏,反而工作更加扎实了,力量保存并发展壮大起来。

从以上几个方面来看,青抗会的方向是对的,路线是正确的。

二、遂溪党组织重建初期的组织建设和思想建设

遂溪党组织的建立,是同青抗会的组织建立互相联系、互相促进的。建立的时间是1938年八九月间,在黄其江从广州回遂溪后。党组织建立后,发展了一批党员。第一批发展的党员中,在雷州师范学校的有我、王文劭和王宝华三个人。

遂溪党组织的建立是有一定基础的。建党前,就有一批青年受左派文学的影响,组织读书会,寻找党组织。在雷州师范学校时,黄其江和我、黄彪、谢兆秀几人曾于1936年跑去香港找党组织。由于有这样的基础,所以在抗日战争全面爆发后,青抗会很快发展起来,党组织也很快发展起来。

遂溪中心支部于1939年成立,黄其江任书记;后成立

县工委。1939年10月左右成立县委，地点在西田祠堂，由黄其江代表高雷工委主持会议；温焯华也参加了，并做了党建报告；各地主要负责人都参加了。县委书记是支仁山，组织部部长是我，宣传部部长是邓麟彰（后来任过宣传部部长的还有"视眼刘"、陈华），委员有两人，一是殷杰，一是梁汝宏（农民，后脱党）。县委成立后的第一次会议在卜国柱的家里召开。接着，各个区成立区委。

遂溪党组织比较重视党员的思想教育，先后办过几期训练班，一次在遂城尼姑庵，一次在我家，还曾在钟殆谋家、杨村渡等地举办过。各个支部一般每星期过一次组织生活。党组织比较纯洁，脱党的不多，叛变的没有。1939年是遂溪党组织的大发展时期，党支部有几十个，党员有500多人，主要支部有竹山、麒麟山、文相、风朗、老马、山家、泮塘、同文、斗仓、金围、甘霖、支屋、丰厚、陈村仔等。

三、老马起义前后的武装斗争

1943年初，雷州半岛沦陷，三四月间，我从合浦调回遂溪，主要任务是组织遂溪西部地区的武装斗争。如何搞？当时是不明确的。也就是说，在周楠于1944年从重庆回来之前，我们对怎样开展武装斗争，方向是不明确的，不敢独立自主地发展自己的武装力量。所以，从沦陷到起义这段时间拖得很长，发展慢，处于秘密的状态。开始时，我们组织联防队，西区有两个：界炮和深圳塘。界炮的联防队很快就消失了；深圳塘联防队的队长是卜建忠，因合法，存在的时间较长，斗争工作做得也较好。这个联防队下面有一个常备中队，队长是"曲脚郑"（郑善卿），党的负责人是李晓农。敌人曾扫荡过这个地方几次，但始终没有把它打垮，因为这个地方处于中间地带，敌人对它毫无办法。这里涌现了很多英勇抗敌的动人事迹，如卜汝美勇夺敌人战刀。后来，这个联防队被国民党当局解散了，但力量保存了下来。大概到了1943年下半年，我们开始组织秘密游击小组，进行一些军事训练，开展一些锄奸除害的秘密活动，还派人到杨柑圩收税，等等。在中区，还有一支脱产的队伍，积极进行抗日活动。本来这个时期的条件是好的，机会是有的，但我们思想上不明确，不敢公开打出旗帜，致使在时间上拖得很长。

1944年夏天，周楠从重庆回来，传达了王若飞的指示，确定在老马起义。起义的时间是1944年八九月间。起义的时候，我们首先把界炮国民党军常备中队的武装解除，然后将其他各村的村队集中起来，成立一个大队，有200多人，请示周楠后，将其命名为"雷州人民抗日游击大队"，大队长由我担任。起义后几天，县长黄兆昌亲自带队来攻打，我们立即在江头村迎击，把黄兆昌的队伍给打回去了。

过了一个星期，黄兆昌第二次从界炮方面包围，杨熙德则从杨柑方面包抄，妄图把我们消灭掉。我们研究后，决定重点对付杨柑方面的敌人，迂回包抄杨熙德部的退路。我刚去看地形，就遇上了敌人，我开枪打了一下，几十个敌人被吓跑了，这一次双方都没有什么损失。第三次，铁胆和黄兆昌部以及下担的杨熙德部又从两面包围，我方主力隐蔽在山家村北边，只以少数部队结合村队同敌人打了一天。晚上，我们兵分两路袭击下担和界炮之敌的后方大本营，但由于部队新成立，缺少经验，所以两路均未打下，而向我区进攻的敌人第二天也跑回去了。在这种情况下，部队刚成立不久就打了几场仗，经请示特委后，我们把队伍转到乐民进行整训。整顿后，部队一分为二，一部分由我带领，留在当地继续活动，一部分由支仁山带到徐闻。

不久，接到周楠的指示，说在吴川起义，要我带部队去支援。当时，洪荣部已在廉江金屋地打了一仗，后因青平敌人不好打，便把部队拉回杨柑。于是，我部与洪荣部在杨柑会合，又在东区拉了部分部队，共三个大队。1944年底，第一支队成立，支队长是我。支队成立后，到化北中垌与黄景文的第二支队会合，在那里打了一仗。随后将部队转移到廉西，按周楠的指示将第一支队交给李筱峰，同第二支队转到合浦，我则回遂溪继续组织武装。

1945年初，我们很快组织了一个团，团长是我，政委是陈恩。重点是在遂廉边境活动，开辟以新塘为中心的游击区。由李筱峰带到合浦的部队在那里站不住脚，于是回到遂溪同我们会合，将原第一支队和我们合并组成一个主力团，团长是黄景文，政委是我。这个主力团就是后来所称的"老一团"。这个主力团成立之后，便向杨柑、下担等地的敌人发动进攻，控制了遂溪的大部分地区，并建立了根据地。

四、南路主力部队的第一次西撤

日本将要投降时，特委决定把主力拉到海康、徐闻开辟新的根据地，但部队刚到海康，还未能开展工作，日本就宣布投降了。

这时，形势发生了新的变化，部队面临的任务不同了。但是，还未能及时得到上级的指示，怎么办？我们分析，部队留在海康接收符永茂部，但他很骄傲，不接受争取；同时，我部刚到，对当地情况不够熟悉，地方基础差。在这种情况下，我们只能将部队拉回遂溪。不久，国民党从高州、广西调来几个军，企图消灭我军。战斗首先在河头打响，后来敌军知我部主力在遂溪中区圩地一带，便想从城里、寮客、洋青几面包围我们。

敌军压境，我们怎么办？一天晚上，我们接到特委的通知，要求把能集中的部队集中起来，转移到十万大山去，必要时还可以转入越南。关于向西转移的问题，据说是中共中央南方局（以下简称"南方局"）的指示，现在看来是对的。

1. 第一批部队突围

我们接到特委通知后，决定分两批突围。第一批突围的是第一营，由黄景文率领；第二批则由我负责组织指挥。两批突围后的会合地点是廉（江）、博（白）边境。第一批部队突围后，第二天，在廉博交界处和敌人打了一仗，把敌人打退了，他们便在那里等候我们。

2. 袭击飞机场

第二批部队在突围前，了解到敌人虽猖狂，但很麻痹，遂溪机场空虚，只有一个连100多人把守，我们完全可以出其不意，攻其不备，于是决定在突围前先袭击遂溪机场。

（1）侦察。袭击前，我们派原风朗村女青年党员谭秀芳回风朗村侦察敌情，后又派侦察员化装进入机场，把机场内的武器装备、仓库弹药、兵力部署等情况都摸得十分清楚。

（2）部署。突击以第二连为主力，突击连长是"大个徐"（李池），指导员是沈杰。我们还组织了一个短枪突击队，队长是洪田。第三营为预备队，负责打敌方援兵。民兵负责搬运。整个战斗由我负责指挥。

（3）袭击。1945年9月5日晚上，袭击机场的战斗开始，我们选择敌之警戒不严的东门进行袭击。首先解决了哨兵，然后猛冲猛打与敌激战 20 分钟，很快消灭了 100 余守敌。冲进机场后，我们抓住仓库保管员，打开仓库，缴获一门 75 毫米加农炮、几挺重机枪和几门机关炮，步枪、子弹、军用物资一大批。能搬动的子弹、枪支都由民兵搬走，解决了许多物质上的困难。搬不动的就烧掉或炸毁，抓到的俘虏宣布政策后就全给放了。整个战斗打得干脆利索，不到一个钟头就全部结束了。这次袭击取得了全胜，对敌人震动很大。

3. 在马子嶂休整后向西挺进

袭击机场后，我带领的第二批突围部队和黄景文的第一批突围部队在廉博边境的马子嶂会合，在此休整半个月左右，一方面派人回遂溪收容部队，另一方面派人到灵山与地方取得联系，弄清情况。

休整后到哪里去？十万大山很大，究竟到十万大山的什么地方？这是个很大的问题。好在我曾在合浦工作过一段时间，对广西的地理情况有一些了解。经研究后，我们决定先到钦（州）防（城）边境。到那里有两条路可走，一条经灵山，另一条经合浦。南路经合浦虽然较近，但河流多，接近敌人；北路灵山一线路远，山地多，容易隐蔽，故我们选择了灵山一路。向贵台进发时，我们吸取日本兵曾被国民党民团伏击，损失惨重的教训，不走天鹅湾，而取道后山插下，因而顺利地打下了贵台。部队到达贵台后，大家都很高兴，但广西民团天天来捣乱，两天后保安团又来攻打，我们只得撤出贵台。与敌激战竟日，多次打退敌人的进攻，连长廖培南在此英勇牺牲。战斗后，我们把部队拉到防城的大勉，与防城地方的同志取得了联系，并决定开到中越边境，一直到了十万大山最尖端的峒中。

部队刚到便接到情报，保安团追上来了，怎么办？打或不打？我们采取敌进我进的方针，以营为单位展开，一个营在中越边境，一个营在十万大山脚，一个营在防城附近地区。部队与敌发生了战斗，我部有一些伤亡，但损失不大，很快就打破了敌人的围攻。就这样，我们坚持了几个月。后来，国民党派刘镇湘一个师外加两个保安团的兵力向我们进攻。当时，我们考虑到敌军较多，而广东的武装斗争已经基本停止，只有我们这个部队较突出，故国民党很注意；此外，这个地方也没有很多回旋的余地，十万大山像一条长蛇，敌人两边一堵，我们就很难活动了。因而我们决定暂时把部队拉到越南，进行休整。

4. 在越南

我部到越南后，得到上级指示（据说是周恩来的指示），组织一部分人加入越南的卫国团，由黄景文率领到越南中部参加抗法斗争；另一部分主要是干部，到高平、谅山一带整训，准备回国。

在越南，我们帮忙组织了一个"华侨中团"，参加越南抗法战争。此外，我们还派一些同志到越南南方，帮助越南办训练班，培养干部；胡志明还叫我们草拟了一个训练计划。

1947年以后，我部开到滇桂边境，开展桂西和滇东、滇南地区的武装斗争。1949年，新一团也西征到了那里，这时以新、老一团为主，成立了中国人民解放军滇桂黔边纵队的第一支主力部队，与云南部队一起打下了十几个县；后配合大军南下，为解放大西南做出了贡献。新中国成立后，我部便调回广东了。

（摘自遂溪县委党史办采访人给被采访人唐才猷的复印件，有改动）

第四章 老马起义

唐才猷

1943年2月，日军占领广州湾，国民党败退，雷州半岛沦陷。1944年秋，侵华日军为了配合太平洋战争，加强打通湘桂线的攻势，相继攻下衡阳、桂林、柳州和南宁。占领雷州半岛的日军频繁侵扰我吴川、化县、高州和阳江，继而占领廉江县城、安铺。日军打通湘桂线后，南路地区变成了敌后。

一、南方局对南路工作的最新指示

这时，周楠（时任特委书记）到重庆汇报工作，南方局董必武、王若飞对南路工作做了重要指示：日军打通湘桂线，南路将成为敌后，要放手开展独立自主的游击战争；在敌占区，既要搞好抗日民族统一战线，又要独立自主开展抗日武装斗争。最紧要的是建立一支由党领导的独立自主的武装队伍；要在贫苦农民最多，有党员干部掌握武装队伍的地区建立部队和根据地。

特委根据中央和南方局对南路工作的指示，结合南路地区的实际情况，决定于1944年8月在遂溪西北区以老马村为中心，集结武装队伍举行武装起义，建立一支由我党领导的独立自主的抗日武装队伍。

遂溪人民具有光荣的斗争传统，有雄厚的群众基础和党的组织基础。1943年，日军的铁蹄踏进遂溪，遂溪人民和敌人进行了殊死搏斗。在党组织的领导下，首先在遂溪南区组织一支30余人的游击中队，他们以卜巢山为据点，抗击日军，打杀汉奸。卜巢中队成立之后，全县纷纷组织各种抗日队伍。深圳塘一带人民在党的领导下，由李晓农率领联防队、常备队，先后与敌人进行过大小战斗10余次，击溃数倍于我之敌。西北老马一带游击小组杀日伪军自警团团长周之墀，嗣后又生擒代团长"黑肉鸡"，从而大长了人民的志气，大灭了敌人的威风。接着，各区、乡的村队自卫队、联防队、游击队纷纷向敌人出击，使敌人陷入人民战争的汪洋大海之中。

二、特委决定以老马村为中心举行武装起义

这次特委决定以老马村为中心，集结队伍，举行武装起义，对雷州敌后和开展南路武装斗争有重大意义。老马地区的民众个个喜出望外，早就盼望有一支党的队伍，武装抗击侵略者，保卫家乡。他们纷纷筹钱筹粮，卖猪卖牛，购买枪支弹药。遂溪西北区、中区、西区和西南区先后组织一批以共产党员、青抗会会员为骨干，有贫苦农民和先进分子参加的游击小组以及其他形式的武装，并筹备粮食

和枪支弹药，支援和配合老马起义。

为加强对起义的领导，特委派我和支仁山负责起义的组织领导工作，派遣强有力的干部加强对各乡、村的联防队、自卫队、常备队、游击小组的领导，并派共产党员和骨干分子打入国民党的界炮中队当兵，掌握该中队的武器、弹药并改造官兵。经过一个多月的准备，起义的时机日臻成熟。

1944年8月9日傍晚，只反共不抗日的界炮中队进驻老马村，我们决定乘机将其缴械，以扫除抗日障碍。时至深夜，埋伏在四周的老马常备队一跃而起，把他们团团围住。几个思想较反动的军官妄图顽抗，可是迟了，我们打入该中队的同志的枪口早已对准他们的脑袋。这些家伙无可奈何，只好俯首听令。这时内应马康胜大声宣布："兄弟们，我们的长官不抗日，与日寇和平相处，甚至与敌人勾勾搭搭，中国共产党领导的游击队需要枪支抗日，应把枪支交给他们。愿意随枪同往者欢迎，不愿者不勉强，发足路费回家。"就这样一枪不发，缴了这个中队的械。

三、老马起义取得胜利

消息传得像风一样快。天未亮，全县各地群众奔走相告，兴高采烈，西北区到处贴满了大红标语："为打击日本帝国主义，拯救中华民族，遂溪游击大队成立了。"

大约上午九点半，各村武装陆续云集在老马村祠堂门前。这时红旗招展，枪刀林立，歌声、鞭炮声响彻云霄。起义军整整齐齐地步入会场，战士们手持枪，头戴竹笠，个个斗志昂扬；指挥员更是威风凛凛，排在队伍前头。民兵也不示弱，个个扛着大刀、禾叉，精神抖擞。儿童们扛着红缨枪站岗放哨。成群结队的群众像潮水一般涌进会场：父母送儿子，妻子送丈夫，姐送弟，妹送哥，他们三三两两、双双对对，在屋檐下、在墙角边，轻声细语，互相勉励。大家欢欣鼓舞，因为雷州人民有了自己的队伍。

10点左右，大会开始，支仁山代表遂溪西区党组织在大会上宣布：中国共产党领导的遂溪县抗日游击大队正式成立！顿时鼓乐喧天，掌声雷动。接着宣布大队负责人名单：马如杰为大队长，陈兆荣为政治委员，林杰负责作战训练，陈开濂负责军需。同时宣布各中队领导名单：第一中队长洪荣，指导员陈善辉；第二中队长郑世英，指导员李少香；第三中队长李鸿基，指导员李晓农。会后，我们将起义情况向特委做了报告，特委对老马起义表示祝贺，并正式把大队命名为雷州人民抗日游击大队，任命我为大队长。

老马起义的胜利，鼓舞了南路人民的斗志，震慑了南路的反革命营垒。南路国民党顽固派和日伪军如坐针毡，他们把这支新生的革命力量当作眼中钉、肉中刺，纷纷调兵遣将，企图将这支革命力量扼杀在摇篮之中。8月13日，国民党遂溪县县长黄兆昌亲自披甲上阵，带县大队气势汹汹地向老马村扑来，企图一口把我们吃掉。面对敌人的进攻，我们决定主动出击，起义军只留少数驻守在老马村，其余的隐蔽在外围，伺机打击敌人。当敌人前进至江头村边的平坡时，螺角声四起，起义军喊杀连天，密集的子弹向敌人射去。敌人乱成一团，胆小如鼠的黄兆昌未摸到我们的虚实便抱头鼠窜，溃退逃走。敌人第一次"围剿"失败了。敌人不甘心，8月28日上午9点，黄兆昌伙同杨熙德共数百人，兵分南、北两路进攻老马村。在面临强大敌人进攻的情况下，起义军决定由第一中队与老马、同文、斗伦等村的民兵牵制从界炮方向开来的黄兆昌部队，第三中队与山家三条村庄的民兵狙击从豆坡方向进攻的敌人，第二中队跨过杨柑河，穿过牛牯围直插敌后，打击敌人，并在乾留与龙湾之间伏击敌人。南路敌人在我部打击下仓皇逃走，北路敌人见南路溃退，也急忙鸣金收兵。敌人的第二次"围剿"又失败了。

敌人恼羞成怒。9月7日，黄兆昌、戴朝恩的挺进队又纠集了1000多人马，驻下担的杨熙德部和驻界炮的张德安部亦倾巢出动。他们自恃兵多，武器好，便对我部实行三面包围，妄图迫我部下海以全歼。可是敌人的如意算盘打不响了，起义军利用夜幕做掩护，留一个中队和民兵游击敌人，其余两个中队冲出敌人的包围圈，分别袭击杨熙德的老巢下担和黄兆昌的大本营界炮圩。敌人见我起义军抄其老窝，第二天赶紧撤兵回营，第三次"围剿"又以失败告终。

敌人死心不息，又想组织第四次围攻。为了保存革命力量，防止与敌人拼消耗，减轻老马村群众的压力，9月初，特委指示起义军撤离老马村，向西南发展。起义军撤离老马村后，黄兆昌立即带数百人的队伍进入老马村，像疯狗一样洗劫老马村，把全村民房全部烧光。接着，日伪军罗忠武部亦进入西北区扫荡，烧金围、斗仓、同文等村庄的民房40余座，抢耕牛80多头，猪、鸡、狗、鸭不计其数，无辜平民惨遭杀害。

起义军退出老马村，转到杨柑、乾留、龙湾仔、乌塘一带与敌人周旋；9月中旬，向仲火、岭北、刁村方向转移。那时正值秋雨绵绵季节。这里是遂溪有名的赤坭地，有"一天不下雨土冒烟，两天不下雨土石坚。若是天公下了雨，赤坭岭是可撑船"的顺口溜，一不小心就会滑倒。经过一个多月的战斗，战士们的防雨竹帽都没有了，每晚行军，衣服都是湿漉漉的，满身泥块。道路狭窄、崎岖、坎坷不平，给行军带来了极大的困难。经过数天的艰苦奋战，起义军终于在9月20日到达卜巢山。这里是黄其炜、陈同德等同志领导的游击队活动的老根据地，群众基础较好。起义军到达卜巢山后，在群众的掩护下，在山上休整。我亲自到广州湾向特委领导同志周楠汇报了工作。

根据特委指示，起义军于10月1日开到乐民、河头、吾良一带活动。不久，黄建涵、金耀烈、廖培南等同志的海三区联防队和村队100余人前来加入起义军。这时，雷州特派员陈恩与一些负责地方工作的同志如黄其江、周斌等，都来吾良与部队领导同志一起开会，讨论发动群众，扩大革命武装，惩办恶霸地主，整编队伍，并研究新的部署。

起义军发动群众参战，保卫家乡，打击侵略者，西南区青年黄雨田、陈巨源等30多人带20余支短枪参加了队伍，起义军发展到700余人。这时，特委决定将队伍整编为雷州人民抗日游击队第一、第二大队。第一大队的大队长兼政治委员是支仁山，副政治委员是唐多慧，下辖3个中队，共300余人，由支仁山率领南下海康、徐闻，开辟新区。第二大队的大队长是洪荣，政委是王平，副大队长是郑世英，下辖3个中队，共300余人，由陈恩率领北上廉江。

第一、第二大队南下、北上后，留下100多人由我率领，在吾良、乐民、河头一带活动。11月初，我军回到西区，与东区的廖华、梁汝新中队合并成立第三大队，黄炳任大队长，全队约300人。此时，接到特委指示，将雷州部队主力编为南路人民抗日解放军第一支队,由我任支队长,率领部队北上化北,配合吴化起义和张炎起义。

老马起义不到两个月,由一个200余人的大队发展成为一个支队,下辖三个大队共1000余人,从而完成了王若飞的指示。老马起义后,高雷、钦廉的抗日武装斗争也如火如荼地展开了。

(摘自《南路风云》1985年第8期,有改动)

第五章　南路人民抗日武装起义

唐才猷

南路人民抗日武装起义是 1944 年秋至 1945 年春，特委根据南路地区面临沦陷的形势和南方局的指示，经过组织上、思想上、军事上的充分准备后，领导南路人民和联合爱国将领张炎举行的抗日武装起义。

一、南路人民的抗日联防

广东省原南路地区（含今广东省湛江市属遂溪、雷州、徐闻、吴川、廉江，茂名市属化州、高州、信宜、电白和今广西浦北、灵山、钦州、防城以及北海市属合浦等县市）地处祖国南端，南濒南海，雷州半岛与海南岛隔海相望，西与西南同广西、越南接壤，海岸线长，是我国南端的战略要地。

抗日战争全面爆发后，日本侵略军于 1938 年 9 月 11 日占领了位于钦州湾的涠洲岛。1939 年 11 月，日军又从钦县、防城登陆，并向广西南宁地区进犯。1940 年 3 月，灵山县城陷落。至此，南路地区的钦县、防城、灵山等县大部沦陷。1943 年 2 月 16 日，日本侵略军又在雷州半岛登陆，19 日占领了遂溪县城，接着广州湾（今湛江）沦陷。

国民党部队节节溃退,为保存实力,在其管辖的地方加强独裁统治,苛捐杂税繁多,贪污腐败,物价日益飞涨,人民生活处于水深火热之中,迫切要求抗击日本侵略者,保卫家乡。

特委坚决贯彻执行党的团结抗日主张。雷州半岛沦陷后,特委指示雷州特派员陈恩加强雷州半岛敌后武装斗争的领导;同时调组织部部长温焯华到吴川,加强与沦陷区紧密相连的吴(川)、化(州)、廉(江)、梅(菉)等地区的领导,并把相邻的县统一划分范围,派出县一级的特派员领导,我也从合浦调到沦陷区遂溪县西部地区。当时,我们的主要任务是发动和组织群众,团结一切抗日力量,建立广泛的抗日战线,同抗日民主人士以及国民党地方当局合作,组织联防区,建立公开合作的抗日联防自卫武装,开展群众性的联防自卫斗争。经过一段时间,这种联防自卫遍及雷州半岛以及高州六属的吴、化、廉、梅地区城乡,特别是雷州半岛的抗日联防自卫武装,为保卫人民的利益,保卫家乡,抗击敌人扫荡做出了贡献。如遂溪县西北的深圳塘联防区,曾打破了敌人的多次扫荡。在反扫荡中,联防自卫队与各村民兵以及广大群众相结合,村自为战,人自为战,显示了人民战争的威力,为敌后联防自卫斗争做了榜样。在建立联防自卫抗日武装的同时,还注重建立我党直接领导下的秘密游击小组,游击小组成员大多数是共产党员，如贫苦的青壮年农民、学校爱国师生等，他们白天坚持生产，晚上集中学习军事知识和开展小型游击活动。这些游击小组常运用灵活机动的战术，出其不意，打击敌人。如遂溪县卜巢山游击中队，当日伪军围攻卜巢山时，先占据险要地形，利用麻雀战术，多次打退敌人的进攻。吴、廉边区的游击小组，曾多次伏击日伪军，并取得胜利。遂溪老马村游击小组在击毙日伪军自警团团长周之墀后，又生擒该团代团长"黑肉鸡"。总之，这些游击小组在锄奸杀敌、侦察敌情、保护民众等方面，都做出了显著成绩，得到了人民群众的信赖和拥护。他们在斗争中得到了锻炼，在组织上又为进一步开展敌后抗日游击战争做好了准备。

二、南路人民抗日武装起义

1944年3月，特委书记周楠前往重庆。6月，他在重庆八路军办事处受到南方局负责人董必武和中央代表王若飞的接见。南方局负责人听了南路地区抗日斗争的情况汇报后指出：日本侵略军正在进行打通大陆交通线的战役，要打通粤汉线，连接湘桂线直达越南，以支援太平洋战争。这样，两广很大一部分地区就处于敌后，要赶快回去大力发展我党领导下的独立自主的抗日队伍，开展敌后武装斗争。同时，决定特委暂由南方局领导，与广东临时省委保持横向联系。7月中旬，周楠回到南路，传达了南方局的指示。

此时，驻雷州半岛的日本侵略军为配合打通大陆交通线的战役，频频向高州六属的吴、化、廉、梅地区进犯。8月4日，廉江县城陷落；9月，安铺失守；接着吴川县的坡头、南二、南三相继沦入敌手。特委根据南方局的指示，结合南路面临全面沦陷的新形势做出决定：第一步，在沦陷区遂溪一带发动民众，举行武装起义，组成共产党直接领导的独立自主的抗日武装队伍，开展敌后抗日游击战争；第二步，部署南路各县积极做好武装斗争的准备工作，积极同爱国将领张炎携手合作，共同抗日，部署组织以吴、化、廉、梅等县为中心的抗日武装起义，把敌后抗日武装斗争推向整个南路地区。

南方局的指示使广大党员干部更加明确了在沦陷区、在敌后必须建立独立自主的抗日武装力量的主张。从此，南路地区民众抗日武装斗争出现了新的转变，由秘密转向公开，由低级阶段转向高级阶段。

周楠为了落实特委的决定，深入沦陷区，在遂溪山里村炮楼找到我和支仁山，再次强调贯彻南方局指示的重要性，要我们负责组织沦陷区人民武装起义的领导工作。我们汇报了遂溪西北区一带游击小组及联防队的情况，也提出了一些担心的问题，例如没有军事干部，没有打仗经验，没有经费、武器、弹药，等等。周楠指示我们在战争中培养干部,在战争中学习战争,经费要紧紧依靠群众,"有塘有水就可以养鱼",武器、弹药主要向敌人夺取。经过一夜的谈话,我们对南方局的指示更加明确、更有信心了。

1944年8月上旬,以遂溪西北区老马村一带为中心,其他各区、乡人民抗日游击小组成员以及由党组织掌握的联防抗日自卫队先后集结,宣布举行抗日武装起义,组成一个大队。不久,特委正式将其命名为雷州人民抗日游击大队,任命我为大队长。南路第一支公开由共产党领导的人民武装队伍诞生了。

以老马为中心的雷州半岛人民抗日武装起义,震撼了日伪军和国民党顽固派当局,他们把这支队伍视为眼中钉、肉中刺,妄图消灭之。8月13日,国民党顽固派遂溪县县长黄兆昌率县大队向老马村扑来,起义军决定主动进攻,只留少数队伍在村抵抗,其余撤出外围隐蔽伏击。当顽军队伍进入老马村时,枪声四起,出其不意地集中射向顽敌,顽敌队伍混乱,摸不到我们队伍的虚实,只好撤退。但顽敌并未因此而罢休。8月28日,黄兆昌又率队伍数百人,分南、北两路进攻老马村。我们大队采取主动迎击,各个击破的办法,由第一中队会同一些村庄民兵狙击从北面开来的顽敌黄兆昌部,第三中队又与另一些村庄民兵狙击从豆坡方向来的顽固派队伍,第二中队跨过杨柑河,迅速穿过牛牯围直插顽敌南边部队后面,在乾留、龙湾之间打击顽敌。南面顽敌部队在前进中突然发现后面受到起义军的袭击，只好仓皇逃窜；豆坡方向之顽敌见势不妙，也只好撤回。但顽敌仍不死心。9月7日，黄兆昌伙同戴朝恩率领的雷州独立挺进支队，合共1000多人分三路对起义部队实行包围。我们当夜留下一个中队和当地民兵同顽固派周旋，其余两个中队以夜幕为掩护冲出包围，去袭击黄兆昌的老巢界炮圩。顽军见我们抄他们的大本营，第二天即撤掉包围老马村的队伍，返回大本营。起义后不足一个月的时间里，顽军一连三次向我部围攻，但都被我部打破了，顽军又想集中更大的兵力向我部进行第四次围攻。

为了避免同顽军硬拼，保存抗日武装力量，我们乘机把队伍转移到群众基础较好的卜巢山一带。稍事休整后，又转到乐民、吾良、河头一带活动，继续扩大队伍，并把队伍整编为两个大队：一个大队南下海康、徐闻沦陷区；一个大队北上廉江沦陷区，开展敌后抗日游击战。我率100多人于11月上旬回到西区，与留在东区的抗日队伍合并，成立第三大队，并就近开展游击活动，打击敌人。

1945年1月，遵照特委的指示，雷州半岛3个抗日游击大队1000多人编为南路人民抗日解放军第一支队，我任支队长，中共雷州特派员陈恩兼任政委，黄其江任政治处主任。特委还指示我们北上配合吴、化、廉、梅地区和爱国将领张炎举行的抗日武装起义。

以老马村为中心的雷州半岛人民举行抗日武装起义后，南路各级党组织加紧执行特委第二步计划，发动以吴、化、廉、梅地区为中心的南路人民抗日武装起义。

特委组织部部长温焯华在吴川落实武装起义组织准备工作，并派党员骨干同原国民党十九路军爱国将领张炎联络，推动其组织民众武装起义。1944年秋，张炎以中将参议的身份奉命回南路视察，目睹桑梓被日军蹂躏，作为军人，心情沉重，决心组织民众武装抗击日军，保卫家乡。是年冬，特委代表同张炎制订了1945年春节前后互相配合，领导南路人民抗日武装起义的行动计划。这期间，吴、廉边区的游击小组同日伪军发生了两次战斗；廉江、安铺等地沦入敌手后，日军屡到吴、化、廉、梅边区扫荡，人民深受其害。中共吴、廉边区党组织决定给予敌人一次伏击。

11月初，日伪军在廉江县联合指挥黄剑夫所属便衣队20余人窜犯廉江县两家滩。当敌人进入我伏击圈时，吴、廉边区游击队乘其不备，猛烈射击，毙敌数人，生俘两人，残敌狼狈逃窜。但敌人不甘心失败，11月22日晚，黄剑夫率领日伪混合队数十人偷渡两家滩，袭击湍流村后，又向吴川石门窜犯，吴、廉边区人民抗日游击队100多人追击敌人，附近农民纷纷赶来助战，三面围敌，展开激烈战斗。翌日下午，张炎闻讯，即派其挚友国民党电（白）、梅

（蒗）、吴（川）挺进队司令，时任吴川县县长詹式邦率队前来接应。激战至 24 日凌晨 2 时，日军派来援兵，日伪混合队才突围逃脱。我部击毙敌中尉分队长及以下 10 余人。这两次战斗的胜利和以老马为中心的雷州半岛人民抗日武装起义队伍的不断发展，显示了南路党组织领导的抗日力量的强大。国民党顽固派第六十四军副军长、高雷留守备区指挥邓鄂与吴川新任县长邓侠勾结，令张炎、詹式邦率部镇压共产党领导的民众抗日游击队，被张、詹二人坚决拒绝，于是密谋撤销詹式邦的军职，把兵权交给邓侠，接着又把张炎的好友、化县自卫总队副队长文邵昌逮捕并杀害。

  国民党顽固派的一系列行动，促使吴、化、廉、梅地区人民提前举行武装起义。1945 年 1 月 6 日，中共吴、廉边区特派员黄景文率该边区游击小组 700 多人宣布起义，收缴地方武装，组成两个大队。1 月 9 日，中共化县特派员陈醒亚获悉吴、廉边区已经起义，即集结化南、廉东南、化北等地的游击小组、冬防队共 700 余人，破仓分粮，收缴枪支，组成化、廉人民抗日指挥部。1 月 10 日，中共吴中区特派员王国强率该区联防大队及游击小组 600 余人宣布起义。1 月 13 日，张炎获悉国民党顽固派从广西调第一五五师南下吴川，准备镇压人民抗日队伍，即于 14 日凌晨同詹式邦率部 800 余人宣布起义，宣布拥护共产党的领导，拥护党的团结抗日主张，反对国民党顽固势力。张、詹二人把起义队伍改编为高雷人民抗日军，张炎任军长，詹式邦任副军长，曾伟任政治部主任。

吴、廉边人民起义后，中共廉江县特派员莫怀指示各地纷纷响应，先后有营仔、青平、三合、莲塘口、龙湾等地600余人参加抗日游击队伍。1月16日，中共梅、茂、化、吴特派员黄明德率吴东北、化东南、茂南等地游击小组600余人宣布起义，组成一个大队。

至此，特委决定加强对起义队伍的领导，成立南路人民抗日解放军，周楠任司令兼政委，李筱峰任参谋长，温焯华任政治部主任，下分两个支队、一个独立大队。第一支队以雷州半岛人民抗日武装队伍为主，共1000多人，支队长是我，政委是陈恩，政治处主任是黄其江。第二支队由吴、化、廉、梅人民抗日武装队伍组成，共1000多人，支队长是黄景文，政委是温焯华兼任，政治处主任是邓麟章。独立大队由化、廉边抗日指挥部辖下的人民抗日队伍组成，共700余人，陈醒亚任大队长兼政委，陆新任副大队长。

国民党顽固派当局对人民抗日队伍采取镇压措施，派正规军第一五五师一部配合茂、阳保安部队及各县顽固势力进攻吴川、化州。为了保存人民抗日武装力量，避免同国民党顽固派硬拼，1945年1月23日，特委率第二支队北上化县中垌，第一支队也奉命向遂、廉、化边区挺进，26

日到达中垌会合。27日，国民党顽固派以一个保安团的兵力尾追进攻中垌，司令部率部队抗击，当时张炎、詹式邦赶到，并加入战斗，将顽军击退。

特委此时在中垌召开紧急会议，决定进军粤桂边，计划开辟以廉、化、博边境山区为中心的抗日根据地，并决定分两路进军：一路由司令部率第一、第二支队向廉北挺进；另一路由张炎率高雷人民抗日军和独立大队向廉西挺进，会攻塘蓬后挥师北上。

1月31日，张炎部攻下廉江县武陵后，廉江县县长黄镇用电话告知张炎，国民党第四战区司令张发奎发电报要张炎入广西百色商议南路政局问题，张炎没看清黄镇、戴朝恩的反动本质，即把部队开回灯草村。2月1日，黄镇一面派人以送电报为名麻痹张炎，一面与戴朝恩率雷州独立挺进支队、保六大队和县自卫大队1000多人分三路围攻灯草，抢占高地，居高临下，用猛烈炮火袭击。张炎部因毫无准备，被打得措手不及，不能进行有效反击，故损失很大。独立大队也只能稍事反击便主动撤退，然后挥师北上。当晚，张炎召开紧急会议，因意见分歧，争持不下，最后张炎等人提出各自去向。张炎决定入广西找李济深、张发奎，詹式邦率部返吴川，曾伟带数十人参加南路人民解放军。2月3日，张炎带10余人进入广西博白县境，被桂南行署梁朝玑部下逮捕。3月22日，梁朝玑执行蒋介石的密令，将张炎杀害于玉林。

与此同时，南路人民抗日解放军司令部分两路向廉江西部转移。2月4日夜，顽军1000多人向驻在木高山的第二支队主力发起进攻，主力被打散，大队长林林等数十人牺牲，其他队伍被迫转移到廉、博边区的清平一带。特委根据新的形势，在照镜岭召开紧急军事会议，决定把起义部队分为两部分：一部由参谋长李筱峰和第二支队长黄景文率领向西挺进，到钦、廉四属群众基础较好的合浦县白石水一带坚持武装斗争；另一部由司令部率领返遂溪前线以及吴、化、廉、梅各县分散活动，坚持开展敌后游击战争。我奉命重返遂溪敌后。

在国民党顽固派集中兵力追击南路人民抗日解放军的同时，中共钦、廉四属党组织联络员、军事特派员阮明，合浦党组织联络员谭俊，遵照特委关于1945年春节前后举行抗日武装起义的决定，在合浦、灵山、钦县、防城等地先后举行起义。从2月3日至3月中旬，以合浦县白石水为中心，集结了南康、公馆、白沙、小江、龙门、西场、灵南等地人民抗日武装队伍700多人，组成两个大队、两个中队。2月8日，灵山另有400多人举行起义，成立一个大队。2月17日，钦县小董有140多人起义，编为钦县人民抗日解放军。5月，防城组成华侨抗日游击大队，在中、越边境开展游击活动，这些队伍大部分被编入南路人民抗日解放军第三支队,张世聪任支队长兼政委。

2月间,由高、雷西进的抗日武装队伍到达白石水,与合浦起义队伍会合,成立前线作战指挥部,张世聪、黄景文任正、副指挥,统一领导这两支队伍的对敌作战。但西进队伍未站稳脚跟,国民党第一五五师的第四六三、第四六五团联合保一大队和合浦县自卫大队,在合、灵地区追击人民抗日武装队伍。他们采取奔袭合围、封村并村、五户联坐等残酷的军政手段,使高、雷西进部队和第三支队处于极其被动的局面,既要同顽固派展开军事上的残酷战斗,又要同饥寒、疾病做斗争。在谷埠一战中,我们损失很大,洪荣大队长等40余人牺牲,阮明、张世聪两位领导同志也相继牺牲。高、雷西进队伍无法立足,分批撤回雷州半岛。合、灵、钦、防等县人民抗日队伍则化整为零、隐蔽精干,以武工队的形式开展活动,依靠和发动群众,坚持山区的武装斗争。

三、南路人民抗日民主政权和解放军的建立与整编

照镜岭会议后,特委回到遂溪、廉江敌后活动。当时,围绕这次起义总结经验教训,我们认为特委对起义前后的形势估计过于乐观,动员所有党员一律参加武装起义,失去了地方党组织的依靠。对国民党顽固派的武装镇压估计不足,在顽敌的追击下,被迫西进合、灵一带,遭到不应

有的损失。特委接受教训，决定未起义的地方停止起义，已经起义的由各县党组织收集队伍返回原地，恢复地方党的建设，依靠当地群众，开展敌后游击战争，有条件的地方建立抗日民主政权。

经过各级党组织一段时间的艰苦工作，各地党组织和抗日武装有了恢复和发展。5月，高、雷西进队伍先后返回遂溪。广东南路人民抗日解放军经特委整编，取消了支队建制，将高雷地区的武装编为5个团，遂溪为第一团，遂、海为第二团，廉江为第三团，化、吴为第四团，吴川（张炎旧部为主）为第五团，共约3000人。另外，钦、廉地区及分散各县的游击大队、武工队约2000人。同时，在遂溪县西北区、廉江县新塘区和化、廉、吴边区大塘区建立了根据地，成立了3个抗日民主政权。

南路人民抗日武装起义所组织起来的南路人民抗日解放军，是抗日战争时期中国共产党领导下的华南人民抗日武装的一部分，在中国人民反击日本法西斯的侵略史上写下了自己的光辉篇章，并为南路地区的解放战争打下了良好的基础。（黄稻藩整理）

1990年11月

（摘自中共湛江市委党史研究室编《南路人民抗日斗争史料》，广东人民出版社1996年版，有改动）

第六章　袭击敌机场[1]

唐才猷

1945年8月，日本投降后，国民党即以3个军的兵力，耀武扬威地向雷州半岛开来。敌人的企图是想借此时机消灭敌后抗日武装。从9月20日起，敌人就展开了疯狂的扫荡。为了压下敌人的气焰，我们展开全面的反"扫荡"，决定组织一支精悍的队伍插入敌后，寻机打击敌人。这支队伍接受任务后，迅速插入敌人的心脏。经过几天的侦察，他们选定了第一个进攻目标——风朗机场。

这个机场在敌人数个据点中心东10里[2]的遂溪城，也就是敌人指挥部的所在地。机场的工事，经过日本数年的经营，构筑得很坚固，不但密布着铁丝网，还有层层深坑。国民党接收了这个机场之后，20多架飞机虽然飞走了，但还有很多物资没搬走，由一个步兵连驻守。他们满以为周围大军云集，工事坚固，便可以高枕无忧了。

9月25日晚上，在郁青的松林里，张队长率领32名突击队员，正在紧张地进行战斗准备。有的在细心地洗擦心爱的驳壳枪，有的在修补破烂的草鞋，有的在扎紧腰带。

---

[1] 这是1955年唐才猷在南京军事学院学习期间所写的作文，有改动。
[2] 里为非法定计量单位，1里=0.5公里（千米）。

虽然经过几天艰苦的侦察，饭也来不及吃饱，但战斗占据着每个人的心，大家忘记了疲劳和饥饿，急待着出发的命令。

张队长沉着脸，来回仔细地检查着一切准备工作。他看到同志们坚定沉着的表情，内心感到很兴奋。"都准备好了吧？"他低声问。同志们站了起来，得意地摇举着擦得光亮的驳壳枪。"更重要的是坚决、顽强、迅速、突然的动作呀！"他再三嘱咐。大家点了点头，微微地笑了笑。的确，在数年的战斗中，他们体会得很深刻啊！

已是午夜时分，队伍出发了。黑黝黝的夜吞没了大地，东边不时响着冷落的枪声，打破了原野的平静。战士们一个紧跟着一个，在崎岖而泥泞的小道上费力地前进。经过一个多钟头，才进入机场南端。

越过深坑，爬过铁丝网，张队长检查了一下队伍，没有人掉队。他带着突击组组长上前观察了一会儿，情况没有新的变化，于是按照原计划再具体交代了任务。后面的队伍静悄悄地卧倒在草地上，谁也不敢动一下，只紧紧地握着手枪，等候着冲击的命令。

1点50分，战斗开始了。"砰砰"的一排驳壳枪，敌人一个哨兵应声倒地。勇士们快速冲进敌人的营房。驳壳枪猛烈地向敌人扫射，手榴弹连续在爆炸。勇士们随即与敌人扭成一团，来回厮杀。不到15分钟，敌人两个排就被消灭了。

但是，西边的敌人还有一个排在顽强地抵抗。张队长迅即带上两个突击组增援，进行了数次冲锋，但仍无结果。这时，一个突击队员从右角的碉堡上把敌连长捉来了。张队长见了这个"好宝贝"，高兴得跳起来，迫他下令投降。被吓得发抖的敌连长随即拉开嗓子，高声叫喊："兄弟们，投降吧！"顽强的敌人也就放下了武器。

不到一个钟头，战斗就结束了。张队长吹起哨子，集合队伍。但是满仓的弹药和汽油怎么处理呢？人手又少，搬也搬不动，时间又不早了。张队长立即发出命令："把它烧毁吧！"

炽烈的火焰突然冒上半空，弹药库也猛烈地爆炸起来。队伍迅速离开战场。同志们怀着兴奋的心情，踏着轻松的步子，回到了预定的宿营地。

这一场战斗，曾使敌人胆战心惊，但给敌后的军民带来了莫大的鼓舞。突击英雄们正满怀着胜利的信心、坚强的战斗意志，找寻着第二个战斗目标，有力地配合着全面的反"扫荡"。

第七章　谈老一团西进①

唐才猷

一、广东南路人民抗日解放军第一团的组建和任务及活动情况

1944年冬，吴、化、廉、梅起义后，南路人民抗日解放军第一、第二支队宣告成立。不久，第一、第二支队主力由李筱峰、黄景文率领开向合浦。而我奉特委指示回到雷州半岛敌后的遂溪等地发展武装力量。返回遂溪后，我们以第一支队留下的同志为基础，很快便组织了一个团，团长是我，政委是陈恩，政治处主任是黄其江。我们以遂、廉边境的新塘区为中心开展抗日游击战，建立人民政权。

西进合浦的部队先后分三批开回新塘区之后，特委于1945年五六月间在遂溪山家决定将高雷部队整编，成立5个团。第一团团长是黄景文，政委是我，政治处主任是李廉东，团部参谋是黎汉威、林杰。政治处有个政工队，团部有个技术队。从部队的来源说，第一团主要包括三部分：从合浦回来的第一支队的同志，他们多是参加过1944年8

---

① 这是唐才猷在1983年3月南路人民抗日解放军老一团西进斗争史座谈会上的发言，插话者黄景文为第一团团长，肖汉辉为第一团第三营第八连指导员。

月老马起义的（而从合浦回来的第二支队的同志基本上被编入其他兄弟团队）；从海康、徐闻回来的同志；在遂溪组织的这个团的同志。全团共 800 余人。后来群众惯称的"南路老一团"，就是在山家整编时组建的。当时特委指示的任务是迅速开展敌后抗日游击战争，扩大部队，扩展新区。第一团是主力团，根据特委的意图，可机动地在整个南路地区活动。但当时活动的重点在遂溪、廉江，后扩展到海康，总的方向是向敌后发展。

第一团组建后的第一个大行动，是攻打日伪占领的杨柑，打开整个遂西区的局面。后来部队开向海康，途中听到日本投降的消息，于是将部队拉回遂溪待命。

二、第一团的西进斗争

（一）第一团西进的三个阶段

第一阶段：突围西进十万大山坚持斗争

当时全国范围的内战未爆发，但国民党第四十六军、第六十四军及新一军压向雷州半岛地区，妄图一举歼灭我南路人民武装（黄景文：新一军前卫部队在我部从遂溪突围时到了廉江，但没有继续往南压，而是开向广州）。然后到海南岛消灭琼崖人民武装，接受日军投降。一天晚上，我们正在遂溪坛地一个村庄隐蔽待命，突然接到特委的来信，要我们将部队开到十万大山去，以保存力量，并开展游击战争。当时，遂溪县城和城里、城月等处都驻满第四十六军的部队；而我部则处于分散隐蔽的状态，其中，第二、第三营还在海康北上途中。我当即和黄景文同志商量并决定：坚决执行特委指示，分批突围西进。先由黄景文带领团部及第一营突围，到达廉、博边境等候；我将其余部队收拢后再突围。第一批突围后翌日拂晓，敌人向我部进攻，但我们行动迅速，隐蔽地点选得好，群众协助封锁消息，使敌人扑了个空。第一批突围队伍在廉江塘蓬与敌人打了一仗，击退了敌人的进攻，然后进入敌人包围圈外的山地——博白县马子嶂等候后续部队。第二批突围是20天后。其间主要是收拢部队，还进行了两个行动，一是攻打遂溪军用机场，二是伏击敌人的汽车。伏击汽车除了缴获一大批钞票，更重要的是截获了一张十万分之一的军用地图。接着，部队向廉江方向突围，最后在马子嶂与第一批突围的同志会合。

我们在马子嶂主要做了两件事：一是派人到合浦、灵山与当地党组织联系；二是进行部队的整编和动员工作。此外，还在部队附近打反动派，补充西进的给养。第一团在马子嶂前后活动了一个月时间，就是积极做好以上几方面的工作。当时特委很关心我们，派杨甫同志到马子嶂，传达指示，对第一团的西进起了督促作用。杨甫抵达马子嶂时，我们同合灵部队也联系上了，于是继续向十万大山推进。沿途获得合浦、灵山、钦县地方党组织、武装和群众的支持、配合，部队顺利到达十万大山贵台地区。

进入十万大山纵深地带之前，部队在钦县与防城交界的马笃山进行了一次比较重要的战斗。

第一团进驻贵台圩后，附近的广东、广西民团接连三天前来骚扰。第四天，尾追的广东保安团也已迫近。我们连夜撤出贵台，向马笃山方向转移。那里的地形易于防守，在群山之中又有一条隐蔽小路沿着十万大山南麓通向防城的小峰、大勉。翌日清晨，敌保安团在地方反动民团的配合下向我部发起进攻。我们决定还击（黄景文：力求在大面积杀伤来敌后，利用夜幕掩护撤出战斗）。这一仗，全团打得很坚决、很勇猛，特别是第三营，打退了敌人的多次冲锋，直到黄昏，敌人还冲锋了一次，也被打退了。可惜我团一个很好的连长廖培南牺牲了。但总的来说，我们伤亡仅几人，而敌伤亡100多人。我们坚守了一天阵地，达到了目的，晚上便有次序地安全转移了。

进入防城的十万大山地区后，部队很快同地方党组织和武装取得联系。沈鸿周、彭扬等同志在大勉和我们一起商量把部队拉到哪里。沈、彭等建议继续挺进峒中。峒中靠近越南海宁省，可以利用中越边境周旋，但如果同越南的关系没有打通，进入峒中就像钻入了牛角尖。我同黄景文商量后，还是决定进去，至少可以看一看十万大山到底是什么样子。

进入峒中后，部队休整了一下，敌人又追了上来。那里都是山地，敌人要消灭我们不容易，而我们要消灭敌人也不容易，如果要打，一定是一场恶仗。我们考虑到部队刚到，立足未稳，不能同敌人硬拼，便决定采取敌进我进的办法，按照地形情况将部队分散，以营为单位展开兵力：第二营在那良、滩散、峒中；第三营挺进十万大山的北仑、北基；第一营推向那湾、那梭方向，威胁敌人县城。团部只带一个警卫连转移到中心地区大勉。现在看来，当时不同敌人硬拼，而将兵力分散，与地方武装相配合，发动群众，打击敌人是对的，是能否打退敌人第一次扫荡的关键一着。

部队一展开，首当其冲的是第二营。记得我们团部几个人最后离开峒中，到六市坳第二营的指挥所时见到了林敬武。那里地形很险要，但我们发现山后有被折断的树枝，像是一些标记，便提醒林敬武，敌人可能企图从山后包抄过来。林敬武也觉得要注意这个问题，决定天亮前撤离。果然，天亮前敌人从山后摸了上来。指挥部还没有转移，战斗便打响了，林敬武等10多个同志不幸牺牲。在北仑的北婆村，第八连也遇敌袭击，有的被冲散了，但伤亡不多（黄景文：我方牺牲4人，敌方死8人。肖汉辉：轻机副射手袁马就在战斗中下肢被打断,为坚守阵地,掩护全连转移,多次谢绝战友的救援,被俘后遭敌杀害)。第一营进展比较顺利,取得了一些小战斗的胜利。这样,敌人退了回去,对我方的第一次围攻被击破了。同时,我们在地方同志的支持配合下,开展群众工作,组织武装,发展部队,在峒中建立了乡政权和民兵大队,工作是有进展的。

不久,刘镇湘率正规军一个主力团和两个保安团及地方民团联合向我方围攻。我是在小峰接到情报的,当时说刘镇湘率一个正规师来扫荡。我同黄景文研究,敌人兵力太多,而十万大山纵深不大,如长期坚持,补给有困难,决定暂时避过敌人的锋芒,将部队撤入越南边境。

部队撤入越南,事前请示过上级,并得到了越南党的同意。记得在粉碎敌人第一次"围剿"时,我同防城党组织负责人谢王岗研究过地方工作,还向特委汇报了几个月来的斗争情况,并提出如果敌人发动更大规模的进攻,我们能否进入越南的问题。当时,我们还考虑到,为了坚持十万大山的斗争,必须利用中越边境开展活动,但这涉及中越两党的关系。所以,我们派朱兰清入越同越南党联系。后来,朱兰清在河内见到黄文欢,黄文欢代表越共中央答复说,如果我们坚持作战有困难,必要时可以进入越南。这样,当刘镇湘部大举向我部进攻时,我们才决定入越。当时,我们只是准备入越休整一下便打回来,故此部队驻在离边界不远的地方。后来,越共中央认为边境容易暴露,叫我们进驻高平、谅山一带。

从遂溪突围到十万大山,部队比较顺利地完成了特委交代的任务,只是在敌人力量过于强大的情况下才暂时入越休整。我认为这是必要的(当然,不入越的话,敌人不一定能把我们消灭,但我们会遭受很大的损失),而不是"文革"中某些人说的什么逃跑主义(黄景文:当时国民党不承认华南有我党领导的抗日武装,党中央对南方的方针是收缩、保存力量,广东各地的游击队正根据中央的方针北撤)。应该根据党中央总的意图和联系全局来看待这个问题,即使从局部来看,这也是必要的(黄景文:当时我们驻在离边界不远的地方,以便一有机会就随时打回来,后来越南党要我们驻远一些,是怕国民党军队追过来)。

第二阶段:入越整训和参加抗法斗争

入越后不久,我们根据越方的要求,将部队拉到谅山。他们问我们有什么要求和打算,并提出要我们派一部分部队参加他们的卫国团(越人民军前身),另一部分帮助他们做华侨工作。不久,周楠由上级派到越南,任区党委驻越共中央的联络员。经周楠同意,我们一部分队伍进入越南中部义安省,参加他们的卫国团,一部分到北江省开展华侨工作。我们考虑到将来要回国参加解放战争,开展边境地区工作,故决定在高平举办干部训练班。到义安去的是第一、第三营，由黄景文率领，军事训练、政治训练都搞得不错，部队素质得到了很大的提高，射击技术大有进步，涌现不少神枪手，后进战士的转化工作也做得细致，部队组织纪律性很强，同越方部队的关系也很密切。高平训练班的学员除了原来第一团的同志，还有从香港来的一些同志，经过学习，政治水平、军事技术等方面都有提高。此外，派到边界开展工作的一批同志，也积极为部队回国创造条件。

在参加越南人民抗法斗争方面，较为主要的，一是派干部和部分队伍做华侨工作，建立华侨武装，直接参加抗法战争。这项工作主要在北江、海宁、广安等省展开，因为这些地区华侨较集中，越南方面的工作又没做好，他们最感棘手的问题是同当地华侨关系不好。我们在宣传发动的基础上，逐步建立了华侨部队，后正式组建成"独立中团"，黄炳任团长。二是黄景文率领的部分队伍编入越南部队，增强了越南中部的战斗力（黄景文：两次准备参战，但没有打成）。三是派干部帮助越南办干部训练班，培养军政干部。记得胡志明曾写信要求我们替他写个训练计划，周楠把这个任务交到高平来，我便找了几个同志商量，拟了一个计划送去。四是派干部到越南敌后做情报工作，有的直到新中国成立后才回国。他们的工作做得很不错。以上几方面的工作，说明我们对越南的抗法战争是做出了贡献的。

第三阶段：部队进入桂西、云南开展武装斗争

部队原来是决定回广东参加解放战争的，后来从保下回国经过河内至谅山铁路时，敌人在我部拟通过地段增派了兵力。当时我们将行军路线向香港分局做了报告，分局发回一个电报，根据周楠的传达，大意是：你们是否考虑不回广东，将部队改向广西、云南方向发展。周楠找了个别同志商量，认为分局提出的这个问题值得考虑，从当时的形势看，向西发展是必要的和有利的，因而同意分局的这个意见，改变了部队的发展方向。现在看，分局这个意见是正确的，具有战略眼光，对部队的发展和边区的斗争起了很大作用（黄景文：可以说这是个战略性的转变，是非常正确的）。广东南路原来就有基础，我们不回来影响不大。

在广西，我们主要是开展靖镇区的斗争，其次是派干部到左右江地区帮助地方党组织进行武装起义。

关于靖镇区的斗争，从军事上说打了许多胜仗——果梨、百合、弄蓬等，打开了一个小小的局面。这几次战斗打得很漂亮，基本上是歼灭战。当时我们在军事理论上懂得不多，从实践上看，大都是采取晚上运动、拂晓袭击、四面围攻的战术。在主攻方向上，力求避开敌人的正面而选择守敌之侧面或背后，出其不意实行突袭。这是符合毛

主席的战术思想的。但在军事斗争上也有缺点。一是发展方向有问题。我们打下百合后,由于靖西那边打了几场胜仗,便想将主要方向转向靖西,而未能抓住在镇边的有利时机大力发展。镇边山高林大,敌较靖西薄弱,又有回旋余地,如果把这块地区拿下来,回旋余地就更大了。而我们向靖西方向打,虽然打了几场胜仗,但敌人很快便来了,我们才急忙转回镇边。转回镇边后,不是分兵去发动群众,占领广大乡村,而是企图集中主力去进攻镇边城,在德窝前线与敌对峙,以致失去了时机。二是在指导思想上急于求成,企图集中力量一下子将局面打开,但我们毕竟只有500多人,力量小,搞得十分疲劳。总之,部队进入靖镇区打了好些胜仗,成绩是主要的,但也存在缺点。在地方工作上,虽然发动了群众,但执行政策有过"左"的地方(黄景文:那是1948年,我们应该高举反蒋统一战线旗帜,凡是反蒋的都要尽可能争取团结过来,但我们不注意这一条,把小地主甚至一般的富农都作为打击对象。后来到云南就不同了,因为总结了靖镇区的经验教训,团结一切反蒋的力量,发展就比较迅速)。那时,打击面确实过大,搞得群众都很害怕,不敢接近我们。后来敌人从安徽调了一个旅来对付我们。由于敌人的压力太大,我们又执行了过"左"的政策而严重脱离了群众,便决定不同敌人硬拼,而将主力撤出边境,留下廖华的第二支队坚持斗争。这也是对的，不是什么逃跑主义。

进入云南的情况大体是：入滇前，我们同云南朱家璧部队会师于越南河阳。会师后，中共桂滇边工委为开展边区游击战争，决定将我们这支部队分为两部分：第一团一部分和朱家璧部队大部挺进盘江以北，开展滇东地区的斗争；另一部分和孙太甲率领的一个大队结合起来，以中越边境为依托，发动在滇东南地区的斗争。两部分互相策应和配合。根据这个部署，到滇东去的这部分组织了前委，由庄田负责，主要领导人还有黄景文、郑敦、朱家璧等。他们北渡盘江前在西畴观音伐芹菜塘打了一仗，消灭敌正规军一个营，对打开滇东南的局面起了很大作用。在滇东南活动的这部分组织了一个指挥部和滇东南工委（工委由我、饶华、岳太华组成，我任工委书记兼指挥），在周楠的直接领导下开展工作。首先以武工队为先导，深入开展群众工作，接着在边境地区展开积极的军事行动，很快便打下马关、麻栗坡、董干、田蓬等据点，然后向纵深发展。在地方工作的密切配合下，滇东南的局面很快便被基本打开。局面打开得较快的一个重要原因，是前委率部到滇东后把敌人的力量吸引了过去（黄景文：前委到盘江以北地区后，国民党正规军被吸引到盘江，滇东南只剩下一些地方反动武装）。总而言之，前委在滇东的胜利，为滇东南地区的开辟创造了条件，而滇东南地区的胜利对滇东地区的斗争起了策应作用。另一个重要原因,是地方工作方面吸取了广西靖镇区的教训,正确执行了党中央对新区的政策,特别是党的统战政策,联合一切反蒋力量,克服了"左"的错误,所以工作比较顺利,很快便着手组织政权,发展扩大了地方武装。

除第一团(老一团)的西进外,后来还有新一团的西进。新一团的西进比老一团的西进更艰苦。新一团同老一团一样,都是战斗力较强的团队,1949年春进入云南后,与老一团会合,成为中国人民解放军滇桂黔边纵队的一个主力支队,也为开展边区的斗争做出了自己的贡献。

(二)老一团西进历经三个省而拖不垮、打不散之因

老一团的西进,经过粤、桂、滇三个省,它拖不垮、打不散,完成了上级交代的任务,主要原因是:

(1)这支部队是党领导的人民军队,党的领导比较坚强,党员人数多(一般连队占20%~30%),部队成员都是经过党长期教育的基本群众,有较高的思想政治觉悟。

(2)这支部队有上级的正确领导。上面提到的许多关键时刻的重要决策,都是香港分局、区党委、特委根据形势发展变化做出的正确决定。例如,西进十万大山现在看来是有战略眼光的,因为那里除地形条件外,还有中越边

境可以利用，而且地处偏远，属中越两国、粤桂两省交界，有回旋余地。又如指示我们入越整训，不但保存了力量，粉碎了敌人消灭我南路主力的企图，而且对越南人民的抗法斗争起了一定作用，这也是正确的。可以设想，在这样一些重大问题上，如果没有上级党委的正确领导，我们要取得胜利是不可能的。

（3）形势发展对我们有利。当时，解放战争正在全国范围内进行。我们处在国民党统治区，如果没有全国斗争的大好形势，要取得这样的胜利是不可能的。

（4）地方党组织、兄弟部队和人民群众的支持配合。无论是在雷州半岛、钦廉四属，还是在桂西、云南，我们都得到了这些地区的党组织、武装部队和人民群众的爱护和帮助。如果没有这些，我们就会寸步难行，要生存发展更是不可能的。（黄其英整理）

（摘自中共湛江市委党史研究室编《铁旅征程》，1999年版，有改动）

第八章　老一团战斗在十万大山

唐才猷

1945年8月15日日本投降后，国民党第四十六军、第六十四军进入雷州半岛和海南岛，接受日伪军投降并企图消灭我南路和海南人民抗日武装，首先在雷州半岛对我部进行疯狂扫荡。特委根据当时的形势，决定让南路人民解放军第一团（老一团）迅速突破敌人的包围，挺进十万大山区，保存力量，坚持和发展该区的武装斗争。

一、马子嶂整编

9月下旬，老一团接到特委命令后，当即决定由黄景文和我率领部队分两批先后突围西进，并相约突围后于廉、博边境会合。两批部队经过艰苦英勇的战斗，在廉江塘蓬地区打退了敌人一个保安团的进攻，歼敌70余人。在遂溪袭击了敌人的风朗军用飞机场，全歼守敌一个整连，缴获了大批武器弹药。两批部队突破敌人的重围之后，先后进至廉、博边境的马子嶂山区胜利会师。

队伍集结于马子嶂，进行了整编和西进十万大山的动员，并派人去钦、廉地区与当地党组织及部队取得联系。准备工作就绪后，于11月底，我们选择了一条有利的进军路线，从马子嶂出发，沿着六万大山南麓，经过合浦县北部、灵山县南部、钦县北部，向十万大山挺进。由于沿途获得了合浦、灵山、钦县党组织和地方武装的有力协助，我们于12月上旬顺利到达初步预定目的地——十万大山东端钦县贵台地区。部队在消灭反动乡队30余人并占领贵台圩之后，又收缴了顽军头子张瑞贵老家20多支步枪，并于当天下午开仓济贫，宣传群众，继而又打退了接连三天多次骚扰的两广地方反动民团。十万大山位于钦县、防城北部，山北为广西境地。主脉宛如一条长龙，自东向西延伸至越南，全长三四百里。敌人为了消灭我部，急调一个正规旅的主力团和两个保安团，对十万大山进行联合"围剿"。第一团在钦防党组织的支持配合下，对敌人的"围剿"进行了艰苦的斗争。

二、西进路上的第一次反"围剿"

部队进驻贵台的第三天，尾追的敌保一团已迫近。从广西往南压的两个保安团正在途中，我部连夜向马笃山转移。翌日清晨，敌保一团和地方民团共3000余人大举向我部追袭，企图在部队进入十万大山纵深地带之前将我军聚歼。为了摆脱敌人，团领导决定利用该处的有利地形予敌狠狠一击。战斗于拂晓打响后，敌为断我部进山之路，在迫击炮和轻重机枪密集火力的掩护下，先后向守卫牛肚岭的第三营第七连发起13次冲锋，但均被一一击退。阵地前沿，敌人横尸累累，多达六七十具。战斗持续至晚上9时许，我部有秩序地撤离战场。该役敌伤亡100多人，我部第三营第七连连长廖培南等同志英勇牺牲。至此，敌人对我部前堵后追的图谋被粉碎。

部队撤离战场后，取道防城的天堂、那勤、小峰，于12月中旬到达十万大山西段南麓的大勉村，与以沈鸿周为大队长、以彭扬为政委的防城人民游击大队胜利会师。为了同地方加强联系，熟悉整个山区尤其是中越边境的地形，以伺机消灭敌人，部队继续西进，直往与越南毗邻的峒中。

此时，防城县党组织领导人谢王岗赶来联系，与老一团领导同志共商坚持和发展十万大山武装斗争问题。根据该县地处边界，有广大山地、河海、港汊可以回旋，有抗日、抗法爱国传统，少数民族群众多，群众饱受以陈济棠家族为首的封建官僚势力的残酷压榨的特点，确定高举民族团结旗帜，反对国民党发动内战，动员群众，打破敌人的"围剿"，决定：①主力部队与地方部队、游击小组配合，开展群众工作，打击地方反动势力，收缴反动武装，扫除可以拔除的据点，摧毁敌下层统治基础；②地方党、地方武装、群众组织全力支持配合第一团主力的行动和斗争；③迅速集结并扩充防城人民游击大队，归第一团指挥。

部队进入峒中后，敌保一团在马笃山遭我部痛击，喘息一段时间后,又继续向十万大山纵深追来。我们考虑部队刚到,立足未稳,不能同敌人硬拼,便采取敌进我进的方针,以营为单位展开:第二营在滩散、峒中区坚持活动,推出六市阻击敌人;第三营插向东北的北仑扶隆一带,利用有利地形,伺机打击敌人;第一营向那湾、滑石、防城推进,威胁敌后;武工队插出光(坡)企(沙)滨海地区筹集给养,骚扰敌人,配合山区斗争。团部与防城人民游击大队转移至那良大勉一带,指挥主力与地方游击队协同作战。

部队按计划迅速展开后,12月下旬,在北仑北基地区的第三营第八连被保一团一个营200余人突袭,第八连与敌激战,顽强搏斗。战斗中,轻机副射手袁马就下肢被子弹打断,血流如注,仍一再谢绝战友搀扶,坚决留守阵地阻击敌人,掩护连队转移,后因寡不敌众落入敌手,但始终不为敌人威迫利诱所动,最后在那良英勇就义。第八连分散突围后,得到该地游击小组和群众的掩护和安置,很快便重新集结移驻黄关一线,深入少数民族村寨,访贫问苦,开展群众工作,牵制向我中心地区进犯的敌人。在滩散、峒中地区,滩散游击中队组织瑶、壮族同胞占据隘口要道,用木制土炮射击敌人,使敌人不敢前进。后敌人向我军在六市活动的第二营第四连进攻,我部发现敌情后未及时转移,遭敌包围突击,后向竹叶坳突围,又被敌强大火力封锁，营政委林敬武等11人英勇牺牲。其余战士被迫散入密林深处，他们忍饥挨饿，经受毒蛇、猛兽、山蚊、山蚂蟥等的侵扰，终于找到自己的队伍，继续投入战斗。

我军向防城县城方向展开的第一营，摧毁了军阀陈济棠侄子陈树尧的地主庄园，击毙曾任反动军队团长的陈树丰，沉重打击了地方反动势力，予敌很大震动。接着，又与那湾游击中队配合，攻占曾任国民党师长的陈克强的旧居，然后向县城推进。

活动于滨海区的团部武工队在该区武工队的配合下，组成一支海上游击队，活动于北部湾海域。他们袭击企沙反动盐警，积极为部队征收税款，运送物资，并同特委沟通联系。县人民游击大队及各乡游击队密切配合各营、连，接连在峒中、板真、滩散等地袭击刘瑞龙等土豪庄园。防城地下党在城市的工作也围绕配合军事上的反"围剿"斗争进一步展开。以"广东南路人民解放军"名义印制的揭露国民党内战阴谋的传单，通过地下工作人员秘密散发全县主要城镇。由刘镇夏（敌师长刘镇湘之弟）等从敌人内部获取情报，经地下情报交通网源源送入山区，使我部及时掌握敌情，使敌人的扫荡一再扑空。

反"围剿"斗争中，第一团重视群众工作，尤其是少数民族的教育和组织工作。除团部及各营都派有干部配合地方展开工作外，团政治处政工队在防城党组织原来的工作基础上，依靠峒中游击中队和少数民族领袖人物马文初、黄志瑞（均系壮族），在峒中乡深入宣传党的民族政策，团结各族人民同胞，开展减租减息运动，改善人民生活，深受群众拥护。团长黄景文、第二营政委谢森还与黄志瑞歃血为盟，誓为革命同生死共患难。

1946年1月，峒中乡召开各族群众代表大会，民主选举黄礼德为乡长，黄志瑞、周秀明（壮族）为副乡长，成立了防城县第一个民主乡政权；接着组建乡民兵大队，黄志瑞兼任大队长。长期饱受压榨、歧视的峒中各族人民首次获得政权，鼓舞了山区广大群众。他们情愿忍饥挨饿，甚至冒着生命危险，也尽力为部队献粮、献草。殿六村的马晚哥濒临断炊困境，仅剩稻种20多斤，也全部献出给伤员食用。

第一团进入十万大山仅一个多月，其活动范围已扩展到防城全县3/5以上的地区；虽然在军事上受到了一些小挫折，却取得了多次战斗的胜利。这些以打击地方顽固势力为主要目标的战斗，动摇了敌人下层的统治基础，鼓舞了全县人民的斗争情绪。尤其是直插县城的第一营，严重威胁了敌人的统治中心，迫使保一团一个营撤回县城，敌人消灭我部主力的计划没有得逞，暂时停止了进攻。

三、西进路上的第二次反"围剿"

1946年2月，敌人第一次"围剿"后，国民党整编第一五六旅（原师）旅长刘镇湘，率该旅主力第四六七团2500余人，联合两个保安团和地方反动武装，对十万大山地区发动第二次更大规模的"围剿"。当时，桂系统治的山北地区地形较好，但我部工作基础尚薄弱，如坚持留在山南与数倍于己的敌人对峙，粮食、弹药补给势必发生困难。故在与敌人周旋和进行若干战斗后，为避开敌人正规军的锋芒，第一团请示特委并取得越南党的同意，决定暂时撤到中越边境休整，留下防城大队在十万山区坚持斗争。

　　第一团从雷州半岛平原地区转战十万大山地区，语言不通，地形不熟，又同数倍于己的敌人作战，反扫荡斗争十分激烈和艰苦。但由于在战术上采取了避开敌人主力、敌进我退、主动出击、分兵发动群众的正确方针，全团英勇奋战，且得到地方党组织及其领导的武装队伍和人民群众的支持，获得交通情报、粮食供应、武器弹药补充、伤病员救护以至直接配合作战等方面的支援，所以不但保存了自己的力量，而且促进了该区武装斗争和群众工作的开展。防城县游击大队发展到200余人，各地方中队也进一步壮大起来，这为以后十万大山游击根据地的创建打下了基础。

（摘自《战斗在十万大山》，广西民族出版社1995年版，有改动）

第九章　广东南路人民抗日解放军第一团参加滇桂黔边区革命斗争概略

唐才猷　全　明①

广东南路人民抗日解放军第一团（惯称"老一团"），原是雷州半岛的敌后游击武装队伍。1945年8月，日本投降后，该团执行区党委和特委的指示，从雷州半岛跳出外围，西进十万大山坚持斗争，后转边境整训。1947年冬，在中共桂滇边工委的率领下，老一团进入广西靖镇区开展革命斗争，建立根据地。1948年冬，老一团进入滇东南地区与当地人民武装相结合，进行武装斗争并建立根据地。1950年初，边区各省解放，老一团除已调出的干部留下工作外，其余依照中央指示回归两广参加剿匪和建设工作。现将这一过程简要叙述如下。

一、在广西靖镇区的斗争

1947年3月，中共中央发出在国统区发动农民武装斗争的指示。5月，发出关于华南工作的指示，要求南方

---

①　全明，广东廉江人，1917年生，1940年5月加入中国共产党。历任南路人民抗日解放军第一团军需，中国人民解放军滇桂黔边纵队司令部供给处处长，滇桂黔边区贸易局局长，云南省财贸部副部长，云南省人大常委会副秘书长，云南省第一届、第六届人大代表，云南省政协第一届委员会委员。1985年离休，2011年逝世。

"靠本身力量于本年底建立起三四个成块的游击根据地，组织几支成为中坚的游击队，准备迎接与配合明年北方人民解放军的全面反攻"；同时批准香港分局领导下的武装向滇东南地区发展。香港分局贯彻执行中央指示，做出了各项决策，其中之一是命周楠、庄田、郑敦等组建粤桂边工委，周楠任书记，领导广东南路、桂东南和桂西左右江地区，发动群众开展武装斗争。粤桂边工委于7月建立并接受左右江的组织关系后，原计划率领老一团回广东南路参加斗争，至10月间，分局来电，要边工委考虑不回广东南路，把老一团开至桂西开展斗争，进一步向滇桂黔边发展。边工委几位领导同志反复考虑商讨，鉴于当时南路和桂东南地区游击战争已全面恢复发展，部队发展到几千人，组成六七个团；左右江地区也举行了武装起义，在右江的万冈、凤山、果德、田东、田阳、天保和左江的龙章、凭祥、思乐、扶南、靖西、镇边12个县，我党组织武装游击队，认为分局建议把老一团开至这一地区开展斗争是富有远见的战略计划。建立滇桂黔与粤桂边两个遥相呼应的根据地，对西南和华南革命战争的发展，有着极其重大的意义。边工委从这一全局出发，认为应该坚决执行分局的指示，遂决定改变原计划，把老一团开往桂西。在改变计划前，老一团的第二营大部、第四营和一批领导干部已回到广东南路，到桂西的只有第一营、第三营、第二营一部和华侨武装100余人以及机关干部共七八百人。粤桂边工委在转向桂西途中，奉命于11月8日召开干部会议，改建为桂滇边工委（周楠、庄田9日给分局的报告称为滇桂黔边工委）。1948年春，分局派梁广到南路另组粤桂边委。

桂西靖镇区原属左江党组织领导，当时已建立靖镇工委，邓心洋任书记。这个地区在红七军、红八军创建后，便有我党活动。红七军撤离后，留下的革命火种一直没有熄灭。该区居住着各少数民族，长期受国民党地方反动势力的压榨，群众中潜藏着巨大的革命力量，并普遍建立了秘密的革命同盟会和农会组织。

老一团指战员经过一年多的整训，军政素质有了提高，所以一进入靖镇区，便犹如猛虎下山，不到一个月便三战三捷，连续攻克果梨、百合和弄蓬3个据点。这三仗都是歼灭战。当时老一团指战员在军事理论上懂得不多，只是根据自己的实践，采用晚上运动，包围据点，出其不意，拂晓突然袭击，四面围攻，力求避开正面，从侧背攻击的战术。现在看来，这是符合我军依照敌我情况和客观条件作战的要求的。

三战三捷，大大震动了敌人，鼓舞了群众。在初步打开局面后，边工委决定放手发动群众，进行根据地建设工作。组织政工干部协助当地党组织，深入各民族村寨发动群众，大力发展农会、民兵、妇女会、少先队等群众组织，并根据群众的要求镇压了一批作恶多端的"土霸王",搬掉了压在群众心头的大石头。这些工作激发了各族群众对反动势力的仇恨,他们积极要求参军,投入埋葬蒋家王朝的斗争中。在开始的两个月时间里,部队人数翻了一番,民兵人数也翻了一番,农会人数由1000多人发展到1万多人,根据地十几个乡连成一片,成立了"靖镇区民主政府",恢复和发展了圩镇贸易,恢复了小学教育,开办了识字班,出版了靖镇简报,群众兴高采烈,热气腾腾。

到1948年二三月间,部队发展了,边工委整编部队。老一团除抽调出的部分骨干,编为第一支队;抽出来的骨干与当地发展起来的部队,组成第二支队。此时,敌广西保安副司令莫树杰率领第一七四旅和保安第三、第六、第九团的部分部队前来扫荡,并派龙州保安副司令杨丽天赴越与法国殖民军签订联合围剿密约,妄图消灭我军革命力量。即便这样,敌人也不敢长驱直入,而是步步为营,构筑防御阵地,逐步向我军根据地推进。边工委鉴于敌我力量对比悬殊,不打算与敌硬拼,便做出"小股坚持,大股插出"的决策,留廖华、梁家率领第二支队在那里坚持斗争。边工委率领第一支队和直属机关做战略转移,准备进入滇东南地区开展斗争,以建立滇桂黔边根据地。

主力第一支队撤出时,为了迷惑和牵制敌人,边工委派林杰率领第二连向东奔袭广西边境重镇水口。在左江党组织和群众的配合下，经过周密侦察，利用夜晚下雨的条件，强攻固守之敌，只经约40分钟的激烈战斗，就全歼敌一个加强连170余人，缴获一批武器、弹药和电台等物资，又给了广西反动派一次打击。

回顾在靖镇区斗争的经验教训，首先应肯定成绩是主要的，组织了群众，发展了部队，消灭和牵制了敌人，策应和支持了广西其他地区游击队的斗争。但也有缺点和错误。在军事上，打了几次胜仗之后（三战三捷后，还打了几次胜仗），未及时抓紧镇边空虚的时机，分兵去发动群众，以求更广泛的发展。在指导思想上，急于求成，企图集中力量一下子把局面扩大。敌增援到来时，我部在德窝前线与敌对峙半月之久，失去时机，这些都是教训。在地方工作上，当群众发动起来之后，我们由于缺乏建设根据地的经验，不研究主客观条件，未待时机成熟，所以在平孟乡一些农村进行土改试点工作时犯了"急性病"；镇反扩大化、打击面过宽等，犯了"左"的错误。这些都使我们脱离群众，增加了反"围剿"的困难。

二、边界会师

从老一团延续下来的桂滇边区主力第一支队，从靖镇区撤出后，转到滇东南边界休整。在边工委的领导下，总结在靖镇区斗争的经验教训及学习形势和任务。

1948年春，滇东南地区在中共云南省工委的领导下，武装斗争遍及罗平、路南、弥勒、泸西、师宗、陆良各县，并组成逾千人的队伍。人民武装斗争犹如燎原之火，继续向前发展。

5月，中共中央华东局的钱瑛和香港分局的方方为了统一滇东南与桂西武装斗争的领导，特派郑敦到昆明向云南省工委传达，将昆明至河口铁路以东、昆明经曲靖到平彝（富源）线以南的滇东南地区及其发展起来的游击队划归桂滇边工委领导（见郑伯克《解放战争时期云南武装斗争概略》）。经云南省工委请示钱瑛认定后，游击队南下边界会师整训。云南人民游击队到达广南里达，于7月1日宣布成立云南人民讨蒋自救军第一纵队，并公布了领导干部名单。部队继续前进，在边界与桂滇边部队主力第一支队会师。

边工委和第一支队热烈欢迎自救军第一纵队的到来。这为边工委进入滇东南领导斗争，为桂滇边部队与自救军第一纵队结合起来开展斗争，创造了重要条件。第一支队的指战员积极投入协助自救军第一纵队的整训工作，并向第一纵队指战员了解滇东南的情况，学习第一纵队的斗争经验。

1948年10月，香港分局电示边工委："由庄（田）、郑（敦）负责组织前委，率主力390余人，开到滇桂黔中心地区，发展斗争，开展工作……"第一支队指战员立即准备进入滇东南战斗。

三、进入滇东南参加斗争

1948年秋，中国人民革命战争已进入全面反攻阶段，解放军正准备进行辽沈、淮海、平津三大战役，与国民党军进行战略决战。国统区矛盾重重，怨声载道，民不聊生；蒋家王朝已到了日暮途穷、惶惶不可终日的地步。10月，香港分局电示桂滇边工委组织前委后，由于形势不同，边工委认真贯彻执行香港分局8月指示中关于"大胆前进，放手发展，敢于胜利"的精神，即组成以庄田为书记的中共滇桂黔边工委前方工作委员会和以我为首的滇东南工委与滇东南指挥部。边工委决定，两个指挥单位大致以南盘江为界，两地区独立活动，相互策应。在部队的分配上，经反复研究决定，第一支队分作两部分：一部分组成"立功大队"归前委指挥，与自救军第一纵队合编后北上；另一部分组成一个大队作为滇东南指挥部的主力，在边界一带积极开展斗争，以策应前委渡江北上。

实践证明，分局的指示和边工委的部署是正确的、成功的。两个指挥单位率部进入滇东南后，互相策应，互相配合和支持，很快便打开了局面。前委率部在盘江以南打了几场胜仗，全歼两个正规营和麻栗坡少将督办谢崇奇部等敌后,于1949年1月渡江到达罗平,与当地坚持斗争的部队会师,很快便解放了罗平、师宗、泸西等地,扩展了盘江北岸根据地,支持了盘南地区的斗争。滇东南指挥部在开广(即文山、广南)地区,很快解放了马关、麻栗坡、西畴等地,进一步向广南(此前,广南易手过两次)、富宁、邱北和文山推进,有力地策应了前委渡江和配合盘北地区的斗争。至5月,滇东南地区连下10余城。边工委书记周楠率领解一团、解七团和解八团北上,派老一团攻克反动据点高良,消灭何四麻子,渡江到达罗平,与前委会合,从此盘江两岸连成一片,建立了边区最大的一块中心根据地。这对边区斗争的发展起了重大的推动作用。

在滇东南斗争过程中,老一团所参与的工作大体是:

(1)在开始阶段,边工委准备进入滇东南时,便从老一团抽出几批指战员,结合当地干部组成武工队,深入农村开展工作。1948年6月,派由郑钧、洪居德等10余人组成的武工队进入麻栗坡的攀枝花地区;9月,派由唐森、林三、廖文达、牛琨、张仲梁等组成的武工队进入马关地区;不久,又派由谢森、黄海、温华和邓毅等组成的武工队进入富(宁)、田(蓬)地区。这些武工队按其自身实践经验,首先在受压迫最深的各族贫苦群众和进步知识青年中开展工作。开始时由于人地两生,他们便背着盐巴进来,走村串寨,解决贫苦群众的困难。群众初步被发动后,他们便组织民兵。在民兵中挑选骨干，组成民兵基干队，基干队经过斗争锻炼，发展为护乡团，由护乡团发展成解放军。这样组织发展起来的部队是坚强的，经得起扫荡与反扫荡斗争的考验，也是建军所要走的道路。这些地区山高坡陡，土地贫瘠，居住着汉族和壮、苗、瑶等少数民族，他们深受国民党、封建土司头人残酷的超经济压榨，一听说共产党武装队伍来领导他们翻身解放，很快便参军。经过一段时间的工作，普遍组成民兵基干队，1948年11月组成马关护乡团，12月组成麻栗坡护乡团，1949年1月组成西畴护乡团，2月组成富田护乡团，3月组成广南护乡团和砚山护乡团。

在发展过程中，老一团的指战员既是战斗队，也是工作队。作为工作队时，他们吸取在靖镇区斗争的经验教训，打击地方当权派中的罪大恶极者，团结可以团结的力量，分化瓦解敌人，注重民族工作和统战工作，不重犯"左"的错误。

（2）至1949年4月这半年时间里，滇东南地区的工作大大发展了。1949年元旦，中央公布中国人民解放军滇桂黔边纵队建立。3月，广东南路的新一团也到达滇东南。新一团是由老一团留在南路的骨干发展组成的，老战友久别重逢分外高兴，在此期间，第二支队的第一、第二大队从靖镇区调入滇东南，归滇东南指挥部领导。2月，边工委在麻栗坡召开干部会议，部署工作并整编部队。由老一团留在开广区的主力大队、庞自带回的华侨大队以及由靖镇区调过来的梁汝钦大队（也是由老一团的骨干组成），合编为解一团，黄建涵任团长，梁家任政委。新一团到达时，也编入解一团。孙太甲的第七支队和老一团派出的骨干编为解七团，孙太甲任团长，陆琼辉任政委。前委带至盘北地区的立功大队，后来编为纵队司令部的警卫营。至4月，麻栗坡护乡团编为解四团，李鸿基任团长，郭芳任政委；马关护乡团编为解九团，唐森任团长兼政委；西畴护乡团编为解十团，彭大同任团长，陈熙古任政委；砚山护乡团编为解十一团，张鸿谋任团长兼政委；广南护乡团由杨宇屏任团长，陆琼辉兼政委；邱北护乡团由陈庆芳任团长，刘振江任政委；富田护乡团由谢森任政委（缺团长）。以上共编为9个团。此外，还有几个未编入团的独立大队。除解一团、解七团有原来的基础外，其余7个团都是在此期间发展组成的。

（3）至1949年6月，除文山外，开广地区其他7个县都解放了。我们在这个地区建立了根据地，建立了纵队司令部和政治部，以及第一、第四2个支队和9个团的领导班子，1个专署和7个县的党政领导班子。由于工作发展很快，所以从新、老一团中抽出大批干部来进行配置。据不完全统计，原开广地区地下党和自救军第一纵队留下的干部共70余人，新、老一团中调出的干部共140余人，两部分干部结合起来，在边工委领导下互相尊重，互相学习，取长补短，团结战斗，很快便打开了局面，发展了部队，建立和建设了根据地。

中国人民解放军滇桂黔边纵队建立主力第一支队时，解一团、解七团编入主力第一支队，命名为第十五团、第十六团和第十七团，它们在纵队司令部的领导和指挥下转战盘江南北。1950年1月，纵队配合野战军进行滇南追歼战。边区各省解放后，纵队各部编入各省军区和军分区。广东南路进入边区参加斗争的两个团遵照中央指示，返回两广参加家乡建设。当时中共云南省委提出要留下一批骨干，因而除已调出的干部留在云南继续工作外，其余数百人于1950年3月，在张鸿谋、陈熙古、李恒生的带领下，回归故里。临行前，中共云南省委在胜利堂开会隆重欢送。

这支部队自奉命离开家乡后，转战于十万大山、桂西和滇东南，千里迢迢，经过5年多的时间，打不散、拖不垮，曾与日、法、蒋军及土匪地霸武装作战，一直坚持到边区完全解放，尽自己的一分力量。在完成党的任务过程中，得到边界、桂西、滇东南各族人民以及兄弟部队热情、有力的支持和帮助，没有这些条件，要完成任务是不可能的。各族人民和兄弟部队所给予我们的同志之情，永志不忘！

（摘自《广西党史研究通讯》1989年第4期，有改动）

第十章　采取什么样的作战形式

唐才猷

根据我国国防战略方针，在未来防御帝国主义侵略的战争中，我们的作战形式是以阵地战为主，还是以运动战为主？是机动防御，还是阵地防御？这些问题，我们时有争论。

一、我国的国防方针是积极防御的战略方针

彭德怀同志指出，我国的国防方针是积极防御的战略方针。在战争初期，我军采取的作战形式主要是阵地战结合运动战。所谓阵地战结合运动战，在许多场合是以部分军队依托预设的、坚固的工事进行阵地防御，并与外线的、速决的进攻战相结合；此外，还有独立的运动战和游击战等。在这一作战方针指导下，阵地战是主要的作战形式。但是，阵地战不是孤立地进行，而是与运动战紧密结合、互相为用的。我军为什么确定这一作战形式为主要的作战形式呢？这是根据战略的要求和我军的物质技术条件确定的。从战略的要求来说，当敌人向我国发动侵略战争时，我们需要争取一定的时间，把我国从平时状态转为战时状态，以便动员与组织全国的人力、物力（特别是沿海地区

的人力、物力）支持战争。这就要求我军能阻挡住敌人的进攻，争取在一定的时间内，把战争稳定在预定的地区，使敌人不能长驱直入，打乱我军整个动员和部署。同时，为了粉碎敌人速战速决的作战企图，也需要在战争初期给予敌人有力的回击，挫败敌人的进攻，给予敌人重大的消耗，迫使敌人不得不与我军持久作战。因此，采取阵地战结合运动战的作战形式，才是符合我国国防战略方针的要求的。

但是从我军的物质技术条件来说，能否采取这样的作战形式呢？在抗日战争时期，阵地战在我国当时的技术条件下，一般很难执行。同时，由于我国土地广大，敌人可回避我们的阵地设施，因此，阵地战不能作为重要手段，只能起辅助作用。所以抗日战争第一阶段的战争形式主要是运动战，而以游击战和阵地战辅助之。这在当时是完全正确的，是符合敌我客观情况的。但是，现在情况不同了，敌人虽然还是强大的帝国主义，并且是比日本更为强大的美帝国主义，但是我国的情况与抗日战争时期已经不同了。我国已由半殖民地半封建的落后国家变成强大的社会主义国家，我军已是一支具有相当现代化规模的军队，加之我们有了坚强的国防工事设施，就有可能以阵地战结合运动战的作战形式来粉碎敌人的进攻。但是我们能不能因此理解为阵地战将是唯一的主要的作战形式呢？应该认识到，我们所进行的防御不是单纯的阵地防御,不是分兵把口,处处设防,处处坚守,也不是倾整个主力过早地与敌人决战或做过大的消耗。战争初期的作战目的是大量消耗敌人,争取时间,迫使敌人与我军进行持久作战,以打破敌人速战速决的企图。要求既能大量消耗敌人,又能保存自己;既不是拒敌于国门之外,又能在一定时间内控制住一定的地区。如果只是单纯地进行阵地战,在我国物质技术条件下,势难达到这一要求。只有阵地战结合运动战,控制强大的战略预备队(在战役战术范围内也是如此),进行外线的、速决的进攻战,才能有成效地达到上述目的。

二、防御战斗主要包括阵地防御与机动防御两种方式

防御战斗总的来说有阵地防御与机动防御两种方式。阵地防御一般要达到消耗敌人和坚守阵地的目的,有时要经过阵地的反复争夺才能达此目的,但它志在坚守,不轻易放弃,因此也叫坚守防御。机动防御是以空间换取时间,给予敌人重大的消耗,或是诱敌深入,聚而歼之。在战争初期,我们将根据作战企图、物质技术装备、地形和工事等条件,采取不同的防御样式。

有人说,阵地防御是未来战争中的基本作战样式,因而只着重研究阵地防御就可以了;也有人说,在现代条件

下只能进行机动防御,而否定阵地防御的必要性和可能性。我认为两种说法都是片面的。采取阵地防御或机动防御是根据我军作战企图和具体条件而确定的,不是凭主观臆想出来的,因此,不能一般地去肯定一种方式而否定另一种方式,更不能一般地说这一方式优于另一方式。

我们可以设想,在战争初期,阵地防御将是防御战斗中的一种主要方式,它将被采用在战略要地和重要物体(城市)的预有设防地区。因为我们对这些地区和物体是不轻易放弃的,所以在这些地区应当建筑坚固的国防工事,以这些工事为依托进行阵地防御,并与外线的、速决的进攻战相结合,来挫败敌人的进攻。认为战争初期就应来个大的运动,是错误的。

在现代条件下,我军能否进行阵地防御呢?在未来战争中,可以设想主要的战略方向,敌人会倾其陆海空军的主要力量向我国进犯,特别是向我国这些地区和物体实施核突击,战斗将是激烈的、残酷的;但是朝鲜战争的经验证明,只要我们有坚强的工事做依托,有一定的物质技术条件,加上顽强的战斗意志和灵活的指挥,是可以粉碎敌人的进攻的。根据敌我情况,可以设想阵地防御有以下特点:

第一,战斗是激烈的、艰苦的。因我军志在坚守的地区,往往是敌人进攻的主要方向,所以敌人将会大量使用现代技术、兵器且不顾重大伤亡地发向我军连续进攻，战斗将在敌优我劣的情况下进行。

第二，战斗是持久的。战争初期，我军须把战争在一定时期稳定在一定地区，因之许多阵地的坚守须做长期战斗的打算，要经得起敌人连续进攻的考验，而不是硬拼一两天就算完事。

第三，战斗是错综复杂的。敌人会将正面进攻和向我阵地后方的进攻（如空降）相结合；敌人会使用多种技术、兵器；我守备部队可能暂时被敌人包围分割；战场上会出现反复争夺、彼此渗透、包围与反包围等情况。

根据以上特点，在战术上，我们要考虑以下几个问题：其一，阵地编成应该是多阵地的、纵深的，各个阵地应构成核心的、环形的防御，以便独立战斗。工事构筑要充分运用志愿军在朝鲜的坑道工事与地面工事相结合的经验，建立以坑道为骨干的阵地，以避免人亡地失的危险。其二，在兵力、兵器部署方面，应做分散的、纵深的梯次配置，层层掌握机动部队。志愿军在朝鲜战争中所采用的"兵力部署前轻后重，火器配置前重后轻"的原则，在未来战争中一般还是适用的，这也是适用于敌优我劣的情况的。其三，反冲击问题是防御作战中极端重要的问题。过去军事教材中按苏军的经验所规定的各级反冲击的原则，我们不应机械地搬用，因为苏军的物质技术条件与我军不同。而对我志愿军在朝鲜战争中的经验，特别是上甘岭防御战役的经验，应予以重视和研究，如白天坚持阵地，夜间反冲击，反冲击时火力高度集中和兵力按需要适当使用等，朝鲜战争都提供了宝贵的经验，总结提炼这些经验对今后战争是很有用的。

反冲击（反突击）是防御中的进攻，其战斗行动和要求一般应符合外线的、速决的进攻战的原则，并与守备部队的战斗行动密切配合，其战斗行动的隐蔽、突然，战斗指挥的坚决、果敢，战斗的全面保障，解决战斗的速度等要求更高。反冲击的方向一般应指向威胁我军最大的敌人集团的翼侧和根部，因为这符合外线作战的要求，更能达到包围歼灭敌人的目的。

反冲击的目的是以歼灭敌人为主还是以恢复阵地为主呢？应该说，无论什么战斗，都是以歼灭敌人的有生力量为主的。反冲击当然不例外。防御中巩固与坚守住阵地，也是歼灭敌人有生力量的结果。朝鲜战争中，许多阵地的坚守与巩固，都是经过反复争夺、大量歼灭敌人之后的结果。

上面说过，阵地防御是战争初期防御战斗中的主要方式，但并不是唯一的方式。在没有坚固的工事设防的地区，以及在一般野战条件下，机动防御将是主要的，而阵地防御只能是局部的、辅助的。至于在战争中期，采取机动防御的范围就更加广泛了。因此，我们除研究阵地防御之外，还要研究机动防御，忽略和否定机动防御是错误的。

机动防御是运动战的必要部分。运动战的特点是流动性强，它允许大踏步前进或后退，执行防御的军队在不利或必要的情况下可以暂时放弃某些阵地，以改变敌我态势，为尔后歼灭敌人创造有利条件。

三、现代条件下野战防御中机动防御的必要性

在原子条件下，野战防御的军队实行机动防御更有必要。因在野战条件下进行阵地防御很难经得起敌人原子武器和现代技术兵器的突击，搞不好就有人亡地失的危险。有人说这种情况下的机动防御要有强大的空军和强大的压制兵器的保障，否则往后运动和往前运动都难以实施。应该承认，在某种场合下的确是有困难的，但不能因之而否定机动的可能性。如良好的隐蔽、伪装，行动的迅速、突然，战斗行动多利用夜间，都可减少敌空、炮的威胁。应该说，正因为敌人技术兵器占优势，我们就更需要进行机动防御，才能避开敌人之优势，改变我方之劣势，创造歼敌的机会。

有人说，只能在战役范围内实施机动防御，在战术范围内则谈不上机动防御。其理由是，在战术范围内机动性

很小。这种看法是不全面的，这是把战役与战术对立起来，不了解两者之间的一致性。机动范围有大、有小，否认在战术范围内实施机动是不对的。如某一个兵团（部队）承担诱敌深入的任务，是可以采取机动防御的。

我军过去对机动防御很熟悉，有丰富的经验，这是很可贵的。有人却因之认为不必再去研究学习机动防御，这是不对的。随着现代军事科学和技术条件的发展，在战役战术上也相应地出现了许多新问题，如进攻军队强大的突击能力、进攻的快速性、战斗的纵深能力和发展速度，都给进行机动防御的军队增加了许多新的困难。如果只满足于过去的经验，墨守成规，就难以适应战术和技术上日新月异的变化。

在现代条件下，进行机动防御的军队要求有高度的机动性和灵活性，以及高度的组织性和坚韧性，否则就有招架不住的危险。我们知道，机动防御战斗的中心问题有二：一是是否招架得住；二是如何以反冲击（反突击）的手段消灭突入之敌。上面说过，在现代条件下，敌人的突击能力是强大的，行动是快速的，要招架住并不是那么容易的。除了要有严密的战斗组织、良好的战斗保障、旺盛的战斗意志和坚定的指挥，在战术上还应当考虑以下几个问题：第一，在战斗部署上应做纵深的梯次配置，层层掌握强大的后备力量；第二，善于利用和改造地形，进行顽强的、灵活的战斗,并与短促的反冲击相结合;第三,严密地组织火力并及时有效地设置障碍;第四,互相支援、互相配合、密切协同有着极其重大的意义;第五,及时预见情况的变化,适时机动。机动防御更能体现战争的领导艺术和人的能动性,这有待于我们进一步去探讨,进一步去发挥。

(摘自中国人民解放军军委机关主办《八一杂志》1958年第131期,有改动)

第十一章　消灭当面之敌与向纵深发展

唐才猷

在进攻战斗过程中,情况复杂多变,是消灭当面之敌,还是向纵深发展进攻,是不能一概而论的。正确解决这两者之间的关系,根据情况分别对待,是战斗指挥上极其重要的问题。把战斗过程"公式化",显然是教条主义的做法。

一、消灭当面之敌与向纵深发展密切相关

消灭当面之敌与向纵深发展密切相关。前者正是为后者创造条件。对敌人打击得愈狠,尔后的发展就愈快。而向纵深发展又可使当面残存之敌(或由纵深调来之敌)处于孤立不稳的地位,最后围歼之就更为顺利。所以两者是矛盾的统一,是互为因果的。不切实际地过分强调向纵深发展而忽视消灭当面之敌,或是不从全局出发而与当面残存之敌纠缠不休,都是片面的、错误的。

有些军事教材与想定作业贯穿着这样一种思想,即过分强调向敌人纵深发展进攻而认为消灭正面之敌无足轻重。在这些想定作业和教材的编写者看来,既然是在现代条件下进行大规模的诸兵种合同作战,我军又拥有现代化的技

术装备，因此进攻就必须是大纵深的、高速度的，就必须实施大规模的合围，歼灭敌人的重兵集团。在这一思想指导下，就是在敌人战术地幅内，也强调毫不停留地向前发展进攻，而把消灭当面之敌降低到次要地位。若是抗击敌人的反冲击，一般也是用部分兵力抗击，主力则仍继续向纵深发展。军、师二梯队进入战斗，通常也是用来向纵深发展突破，而很少甚至从来没有听说可以根据不同情况用它们去消灭当面之敌或抗击敌人的反冲击。在战斗推演的综合情况判断中，都是根据理论上的进攻速度来假设情况的进程，只要到达了指定地区，就被认为已经完成了当前任务或后续任务，至于是否消灭了敌人，消灭了多少敌人则不计。总之，是一味导向如何提高进攻速度，如何向纵深发展进攻，如何去抢占敌人的阵地，不达指定地区就不终止。所有这些，当然不能说违反了战术原则，而且在军、师作业范围内，对敌人战术地幅的进攻，还只是进攻战役的开端，并不能显示出一个战役的全貌；但就战术地幅内歼灭敌人这一点来说，也有体现其不足的地方。

在进攻战斗中，迅速向纵深发展进攻是有重大意义的，因为这样我军就可以迅速前出到敌人翼侧和后方，打乱敌人的防御配系和指挥系统，使其来不及占领纵深防御，从而给我军实施广泛的机动创造有利的条件。进攻速度越快，我军的主动性就越得到发挥，就越能破坏敌人的机动，迫使敌人处于难以招架的被动地位，最后达到分割合围，把战术胜利发展为战役胜利的目的。但我认为，向纵深发展进攻，消灭敌人的重兵集团，亦必须建立在稳妥的基础之上，不能脱离客观情况和具体条件。不要忘记，苏军在条令中强调向纵深发展进攻，歼灭敌人重兵集团，这里所总结的主要是苏德战争后期的经验。那时，希特勒德军正趋于崩溃，苏军由战略防御转向战略进攻，他们有现代化的技术装备，力量也远远超过敌人。如果我们不考虑这一点，那么机械地搬用上述原则是不对的。

在未来的卫国战争中，我们可以设想，在战争初期，因沿海地区是我国富饶之区，有充足的人力、物力，沿海大城市又大部分是政治经济文化中心和战略要地，这些地区是不能轻易放弃的。我们必须顽强地抗击敌人，挫败敌人的进攻，在一定时期使战争稳定在一定的地区，以争取时间实施总动员，完成战略部署，打破敌人速战速决的迷梦，迫使敌人与我军持久作战。所以我军的主要作战形式是阵地战结合运动战，是守备部队和机动部队相结合。在这种情况下，我们所实施的战役进攻，就不会是大纵深的，不是矛头一指就是数百公里。同时，敌人在某一方向上，初期力量还可能较集中，这就要求我们的进攻战役必须是坚强有力的、勇猛而迅速的，是歼灭性的，而不是击溃性的。如果设想一开始就是大规模、大纵深地进攻，希图大口吃掉敌人,那是不符合我军的条件和客观实际的。

进攻,目的在于消灭敌人。但是消灭敌人要一口一口地吃,一般应由弱及强,由小口到大口,这才符合集中优势兵力各个歼灭敌人的原则。特别是在敌人技术装备占优势的条件下,更要注意到这一点。在抗美援朝战争中,我们就感到我军要吃掉美军一个师甚至一个团,如果我军不是处于绝对有利的地位,不具备优势条件,也是不容易的。所以一切要考虑到具体情况和具体条件,灵活地运用战术,要把消灭敌人建立在客观条件允许的基础之上。否则,我们的作战计划就不会是切实可行的,就会给下级力所不能及的任务。在战术指导上,就会强调以向纵深发展,抢占敌人的地方为主,战斗的结局很可能是击溃战而非歼灭战。如情况的发展不理想,有时还可能蒙受不必要的损失。

二、集中优势兵力各个歼灭敌人是我军战役战术的重要原则

集中优势兵力各个歼灭敌人,是毛主席军事思想的重要部分,也是我军一贯遵循的战役战术的指导原则,是我军的优良传统。我军的历史经验证明:凡能掌握贯彻这一原则就能胜利,凡是违背这一原则就要失败。在现代条件下,尽管军事科学得到迅速发展,但我们的技术装备在相当长的时期内还不如敌人,因此,只有更好地掌握这一原

则，才能达到每战必歼的目的。

消灭当面之敌，是向纵深发展的基础。只有消灭了当面之敌，才能顺利地克服前进道路上的障碍，逐步削弱敌人，陷纵深之敌于更孤立的地位，促使敌人整个防御体系趋于土崩瓦解。如果在进攻过程中，敌人的基本力量并未消灭，他们就会汇集起来，重新组织抵抗，或是加强纵深防御，这对我军的发展进攻也是不利的。所以在进攻过程中，要善于边切割边包围，边歼灭边发展，给敌人愈来愈狠的打击，使其士气沮丧，军心不振，为最后全歼敌人创造条件。苏军在总结卫国战争经验时，也追述过这样的情形："有时一直等到合围完成之后，才着手消灭敌人，这样就把战役机械地划分成合围和歼灭两个步骤，而使敌人从容地建立防御进而拖延战役的顺利完成。"这一教训，我们应当引以为戒。

在想定作业中，抗击敌人的反冲击，也不要成为公式。情况的构成，应能体现实际战斗过程中的复杂性和艰苦性。一般不应把抗击敌人的反冲击设想得那么容易，既要使学员懂得在有利情况下的处置，也要使学员懂得在不利的复杂情况下的处置。我军在显著有利情况下进行处置是比较容易的，而要能在复杂不利的情况下做出正确的决定就不简单。如果每次作业中学员毫不费力就可以做出"部分兵力抗击敌反冲击，主力向纵深发展进攻"的决定，那就成了公式,就会使人忽视其他的样式,并且容易产生盲目轻敌的思想。这对训练学员是无多大好处的。我们要善于训练学员的思考能力,使他们思考如何在复杂的情况下灵活运用战术。在战争实际中,既会出现有利的情况,也会出现不利的情况。为了走直线而走曲线,为了前进而暂时停顿或后退,这是在战争实际中经常有的事情,我们不能把战斗的发展过程看得过于简单,没有起伏。

第二梯队进入战斗的样式和任务也不要一成不变。原则上规定第二梯队的主要任务是增强纵深突击力量以发展胜利,但不要忘记,它一样可以用来抗击敌人的反冲击,消灭当面被包围之敌,或是巩固已占领的地区,因此运用起来要灵活多样,不要把战斗的推演简单化。既然我们承认战斗过程往往是曲折的,那么第二梯队进入战斗也就应该体现出多种样式,这样才契合战争的实际。

以上所说,当然不是提倡战术上的近视和裹足不前的保守主义。只顾局部而不顾整体,只见树木而不见森林,只从近处着眼而不从远处着想,当然不是勇敢而明智的指挥。战斗过程中所出现的情况既然是错综复杂的,就要及时判明敌我情况,预见情况的变化,抓住战斗过程中的主要矛盾,不失时机地集中主要力量继续向敌人纵深进攻,这样才能不断地发展胜利。特别是当敌人正面防御已被突破,纵深部署尚未就绪,整个防御体系呈现不稳状态之时,迅速向纵深发展进攻就有特别重大的意义。在这种情况下，发展进攻就是主流，消灭当面残存之敌就居于次要地位。如果这时把次要矛盾当成主要矛盾，把支流当成主流，就会迷失方向，坐失歼敌良机。毛主席说过，我们承认战争现象较之任何别的社会现象更难捉摸，但战争不是神物，仍然是世间的一种运动。问题就在于能否从复杂现象中找出规律，掌握其本质。敌人有时看来似乎在反扑，但实际上有可能是掩护撤退；敌人正面有时表现得似乎很坚强，但实际上有可能是最后的挣扎。这时，我们不能为表面现象所迷惑，而放弃向纵深发展的机会。

上级的意图与所受领的任务是兵团部队行动的主要依据。在进攻战役中，指挥是集中的，计划是统一的，各个兵团部队的行动又是构成整个进攻战役的基础。他们在受领任务时，有的在主要方向，有的在次要方向；有的在第一梯队，有的在第二梯队；有的担任正面突击，有的担任翼侧迂回。因受领的任务不同，他们在具体行动上也有快慢缓急、先后主次之分。如这个兵团是以消灭当面之敌为主的，那个兵团是以纵深发展为主的，而担任迂回穿插的兵团部队，又旨在插向敌人的纵深，等等。因此，各兵团部队的具体行动必须符合上级的意图，不能离开上级的意向行事，否则就不能实现总的战役目标。

对具体情况做具体分析，是马列主义的活的灵魂，在军事科学上也是如此。一切要从实际情况出发，一切决定于时间、地点和条件，要使我们的军事学术建立在辩证唯物主义的基础之上。若忽视了这些，不加区别、不加分析地搬用别人的经验，就会成为脱离我军实际的教条主义。我们知道，一个作战原则在人家的情况和条件下可能是正确的，但在我们的情况和条件下就不一定完全适用。所以应该考虑到我军的具体条件和未来卫国战争中可能发生的情况，正确地处理消灭当面之敌和向纵深发展的关系。

（摘自中国人民解放军军委机关主办《八一杂志》1958年第135期，有改动）

第十二章　"保存自己，消灭敌人"

——学习《毛泽东选集》笔记

唐才猷

"保存自己，消灭敌人"是战争的目的，是战争的本质，是战争的基本原则和一切战争行动的根据。它普及于战争的全体，贯彻于战争的始终。

一、"保存自己，消灭敌人"既是战争的目的，也是战争的本质

把战争的目的揭示出来，并把它作为指导战争的基本原则，这是毛泽东同志的创建。以往的军事家，虽然都知道在战争中要力求保存自己，消灭敌人，但是并未认识到这是战争的基本问题。能从中找到基本规律，这对无产阶级军事科学是一个重大的贡献。

战争行动是一个复杂的社会活动形态，但它是有征兆可寻，有端倪可察的。这是因为敌对双方不管怎样活动，终究离不开战争的目的而行动。战争中的进攻和防御、前进和后退，以至一切战略战术行动，都是为实现战争的目的而被采用的。我们抓住了战争最本质的东西，就有可能认识战争的真实面貌。

"保存自己，消灭敌人"这一战争目的，也就是战争的本质，反映了战争的规律，成为指导战争的基本原则。一切从事战争的人，不管你愿不愿意，自不自觉，都必须受这一原则约束。战争中有胜利和失败，胜者必由于运用这一原则的正确，败者必由于运用这一原则的不当。因此，当我们制定战略战术原则时，除了要依据军事、政治、经济、自然条件，还必须依据"保存自己，消灭敌人"这一基本原则。毛泽东同志说："一切技术、战术、战役、战略原则，一切技术、战术、战役、战略行动一点也离不开战争的目的。"又说："抗日战争的各级指导者，不能离开中日两国之间各种互相对立的基本因素去指导战争，也不能离开这个战争目的去指导战争。"

"保存自己，消灭敌人"这一原则反映了战争中的辩证关系，两者是矛盾统一、相反相成的。战争实践证明：不消灭敌人就不可能保存自己，不保存自己也就不可能去消灭敌人。这是一个问题的两个方面，是密切联系着的。只顾一面而忽视另一面，都会犯"左"或右的错误。

二、消灭敌人是矛盾的主要方面

但是，在一对矛盾中，必有一方面是主要的、主导的。毛泽东同志在论述"保存自己，消灭敌人"这一原则时，有一个重要的论点，即消灭敌人是主要的，保存自己是第二位的。因此,作为消灭敌人之主要手段的进攻是主要的,而作为消灭敌人之辅助手段和作为保存自己之一种手段的防御,是第二位的。这一论点充分体现了歼灭战的思想和指导战争的积极主动精神。我们要反对战争中的保守主义,同时也要反对军事冒险主义。

为什么把消灭敌人放在第一位呢?这是因为战争是你死我活的斗争,你不消灭敌人,敌人就要消灭你。同时,战争的目的与战争的政治目的是直接联系着的。在革命战争中,战争的政治目的是打倒阶级或民族的敌人,以扫除社会前进的障碍。为实现这一政治目的,只有全部彻底干净地消灭敌人才有可能。"战争是政治的继续",同时,"战争是政治的特殊手段的继续",消灭敌人之所以被放在第一位,是由战争的阶级性和特殊性所决定的。

作为革命军人,确立以消灭敌人为主的思想有特别重大的意义。英勇牺牲是我们的优良传统,为了消灭敌人,应当贡献出自己的一切乃至生命,不能借口要保存自己而产生保命思想。战争是要流血的,为了消灭敌人是要付出代价的,部分的牺牲是为全体的永久保存,我们要树立局部利益服从整体利益的思想。

勇敢是革命军人的崇高品德,也是战术思想的主要基础。在一定意义上,我们可以说勇敢就是战术。没有勇敢牺牲、前仆后继、勇于战斗的精神,一切所谓战术都将成为空谈。特别是现代战争，战斗是剧烈、残酷的，没有勇敢牺牲的精神，就经不起战争的考验，要战胜敌人是不可能的。当然，我们提倡的不是盲目之勇，而是不但要有压倒一切的勇气，而且要有驾驭战争发展变化的能力。勇敢加战术、技术，才能无往而不胜。

以消灭敌人为主的思想要被贯彻于一切战略战术行动之中。在战略上，我们首先要敢于胜利，敢于消灭一切敌人；在战术上，我们要贯彻积极主动、勇于战斗的精神，一切都要以消灭敌人为主要目标，当消灭敌人与保存自己发生矛盾时，后者必须服从前者。强调以保存自己为主的战术是消极保守的战术，这与无产阶级的革命精神和战争的要求是不相适应的。

三、保存自己是消灭敌人的必要条件

但是，这并不是说保存自己不重要了。保存自己是消灭敌人的必要条件。特别是在革命战争中，一支革命武装的成长，总是由小到大，由弱到强，不但要注意保存自己，还要发展自己，这样才能消灭敌人，完成革命任务。拼命主义是错误的，是绝对要避免的。我们提倡打得赢就打，打不赢就走，就是贯彻了在以消灭敌人为主的同时注意保存自己的精神。在新的战争中，由于技术条件的发展和突然袭击的可能性，加强防护措施更有意义。

中国革命战争极其成功地处理了保存自己与消灭敌人的关系。第二次国内革命战争和抗日战争时期，是中国革命武装力量的准备、组织时期。在这一时期，首要的问题是在对敌长期斗争中如何不断消灭敌人，同时保存自己、发展自己，以便聚集力量，创造革命战争最后胜利的条件。在第三次国内革命战争时期，我党我军力量已经有了很大的发展，这时主要的问题是如何消灭敌人，争取革命战争的最后胜利。毛泽东同志根据各个时期的不同情况和革命任务，制定了正确的战略方针，如第二次国内革命战争时期所确定的积极防御的战略方针，抗日战争时期所确定的基本是游击战但不放弃有利条件下的运动战的战略方针，第三次国内革命战争初期提出的以消灭敌人有生力量为主而不以夺取和保守地方为主的作战方针，这些都是灵活运用"保存自己，消灭敌人"这一原则的光辉典范。

为了保存自己，消灭敌人，在战争中主要可以采取攻、防两种基本战斗形式。消灭敌人是主要的，因此，作为消灭敌人之主要手段的进攻也是主要的。毛泽东同志正确地解决了进攻与防御的关系，指出进攻是主要的，防御也不能偏废，两种斗争形式互相运用，才能达到保存自己，消灭敌人的目的。冒险主义者只讲进攻而不讲防御，保守主义者只讲防御而不讲进攻，都是片面的、错误的。

中国国内革命战争的攻防关系呈现出复杂的形态。这就是"围剿"、反"围剿"和攻、防两种战斗形式长期的反复。在敌强我弱时期，我们采取了积极防御的战略方针，在战略上是防御的，但在战役、战斗上则主要是进攻的。我军的进攻又采取了外线的、速决的进攻战和集中优势兵力各个歼灭敌人的方针，因此能化劣势为优势，化被动为主动，战胜有优势装备的敌人。战争实践证明：我军采取上述方针是正确的，消极防御是错误的。

防御是基本战斗形式之一，它是直接保存自己和辅助进攻的手段，是不可缺少的战斗形式。但是战略上的防御是为了创造条件转入反攻和进攻，战役、战斗上的防御则是为了辅助进攻或准备转入进攻，单纯为了防御是毫无意义的。

积极防御的思想，是毛泽东同志伟大的战略指导思想。中国革命战争由于贯彻了积极防御的战略方针，所以能创造条件转入战略进攻，最后战胜敌人，取得革命战争的胜利。

中国革命战争的实践证明：掌握"保存自己，消灭敌人"的基本原则对指导革命战争有非常重大的意义。今天我们学习毛泽东同志所制定的战略战术原则，必须与"保存自己，消灭敌人"这一基本原则联系起来，这样才能深刻地领会毛泽东同志的军事思想。

（摘自中国人民解放军高等军事学院训练部、政治部编《教学通讯》1961年第43期，有改动）

第十三章　对未来游击战争的探讨[①]

唐才猷

战争形式有运动战、阵地战、游击战。未来卫国战争是这三种作战形式的密切结合。从战争的总体看，运动战是主要的，阵地战、游击战是辅助的，但游击战争在未来卫国战争中仍占有重要的战略地位。

一、游击战争是未来人民战争的重要组成部分

在未来卫国战争中，游击战争将成为敌后人民抗敌的中心。它将把敌后军民在军事、政治、经济、文化各条战线上的斗争结合起来，密切配合正面战场，使之成为全面全民战争，使敌人陷入人民战争的汪洋大海。

开展游击战争，可以密切有力地配合正规军作战，在战略防御阶段，可以抗击迟滞的敌人的进攻，牵制分散敌人的兵力，威胁扰乱敌人的后方，破坏切断敌人的交通补给线，杀伤消耗敌人的有生力量，拖住敌人，使敌人不能长驱直入，从而为我军战略反攻创造条件。在战略反攻阶段，可以配合正面战场的反攻，切断敌人的退路，前后夹

[①] 此文系唐才猷在湖南省军区为军区及民兵上课所写的讲稿，有改动。

击敌人，达到彻底消灭敌人的目的。

由于我军开展游击战争，敌后广大地区将仍为我军所控制，所以敌人无法进行全面的占领。这样，我军就可对敌人形成反包围，使敌人处于被分割、被包围的不利形势。而我军有敌后广大地区作为依托，可以大踏步前进，进行战役的、战略的迂回包围。战争将不是一面往后倒的，而是呈现出犬牙交错的形态，呈现出前后左右夹击敌人的奇观。

在过去国内革命战争和抗日战争时期，我们曾进行过大规模的游击战争。但未来的游击战争又有许多不同的条件和新的特点。未来游击战争是在我们社会主义国家反对外来侵略的情况下进行的，这与抗日战争时期我军在敌后开展艰巨的、复杂的游击战争大不相同。我们现在是强大的社会主义国家，开展游击战争不但有正面战场的有力配合，而且有各级党政军的坚强领导，有雄厚的群众基础、武装基础和物质基础。游击战争在各族人民的支持下，将团结一致，同仇敌忾，为反抗异族的侵略而斗争。

未来游击战争有较为正规的地方军作为骨干，有广大的民兵作为基础。武器装备和过去大不相同了，战斗能力大大提高了。不但能进行一般的、小型的、分散的游击战，而且能够进行游击性的运动战；不但能在广大农村开展游击战，而且能在城市进行游击战。

群众性、进攻性、流动性、分散性、非正规性、灵活性，是游击战固有的特点。未来游击战仍将表现出这些特点，但这些特点在未来游击战中程度已不相同。即是说，群众性更加广泛了，进攻性的要求更高了，流动性在战略上相对减少了，但在战术上则相对增多了，分散与集中的变换更加频繁了，组织性、纪律性要求高了，非正规性减少了，灵活机动的能力和要求更高了，等等。游击战争要很好地掌握这些特点，结合未来的情况和条件，充分发挥游击战争的威力，这样才能有效地打击敌人。

二、未来的游击战争的五大任务

未来的游击战争，因为面向的是现代化的敌人，任务是艰巨的。未来游击战争的第一个任务就是坚决抗击敌人的进攻，就地坚持斗争。省军区、军分区、武装部、人民公社各级所属武装，即要就地坚持斗争，不脱离自己的地区，英勇顽强地打击敌人。特别是在战争初期，不为敌人大军压境所吓倒，要各自为战，互相配合，不怕被切断失去联系，不怕被分割包围。敌人虽然强大，但我军仍然有空可钻，有机可乘，依托我们的国土和优越的条件，就能就地坚持斗争。

游击战争的第二个任务就是配合正规军作战。配合正规军作战，有战略上的、战役上的、战斗上的配合。战略上的配合，主要是积极开展敌后游击战争，大量消耗敌人的有生力量，牵制敌人的兵力，拖住敌人。战役上的配合，主要是扰乱破坏敌人的战役后方，参加次要方向的作战，钳制敌人。战斗上的配合，主要是在战场上钳制部分敌人，妨碍敌人的运输，以及侦察敌情，充当向导，运输弹药，押送俘虏等。总之，游击战争必须根据当时的情况主动配合正规军作战，担负起力所能及的任务，尽自己应尽的责任。

游击战争的第三个任务，就是力求确保我控制区，恢复缩小敌占区，使敌后广大地区仍为我军所控制。我军控制住的地区就是游击战争的根据地。在我控制区，要确保我方各级政权的存在，摧毁敌人的伪政权，彻底铲除投靠敌人的民族败类，使敌人没有可以利用的社会力量；要充分发动群众，开展对敌的军事、政治、经济、文化、锄奸等各条战线的斗争。

游击战争的第四个任务是破坏切断敌人的交通补给线。这是游击战争的一个重要任务。敌人越是现代化，对后方的依赖就越大。切断敌人的交通补给线，就等于切断敌人的大动脉，敌人的机械化就不能行动，敌人的武器弹药、粮秣油料等物资就得不到补充供应。游击战争要抓住敌人这一生死攸关的要害，狠狠地打击敌人。

游击战争的第五个任务是侦察敌情。现代化战争情况复杂，变化迅速，情报侦察特别重要。只有及时了解敌情，才能做出正确的判断和部署。游击战争在敌后方进行，侦察敌情有很多便利的条件，对敌人的行动较易了解。游击战争的各级领导者，要采用各种侦察手段，结合群众的情报网，及时搜集敌情报告给野战军。这是游击战争必须担负起的一项重要任务。

三、游击战争的五种作战方式

游击战仍然要掌握过去我军行之有效的战略战术原则。根据未来战争的情况和作战任务的要求，特别要强调以下几种作战方式：

第一，袭击战。袭击战仍是未来游击战的主要作战方式。这样才能以己之长，击敌之短。袭击战包括袭击静止之敌和行动之敌。袭击的主要目标是敌人的运输队、宿营地、火箭导弹发射场、飞机场、炮兵阵地、兵站、仓库、后方机关、指挥机关等。在进行袭击战时，要掌握坚决勇敢、机动灵活、猛烈突然、迅速秘密的原则。

第二，破击战、交通战。也就是破坏敌人的道路桥梁、输油管道、雷达站、通信站和其他交通通信设施。在破坏敌人的铁路、公路时，要发动群众参加，使之变成群众性的大规模的破击行动，以求从根本上捣毁敌人的交通干线。

第三，麻雀战、抗击战。麻雀战就是游击队三五成群，分布在敌人行进的两侧和驻地周围，机动灵活地扰乱敌人，杀伤敌人。此外，还要利用有利地形和物体配置星罗棋布的抗击点，顽强抗击敌人的进攻，阻碍敌人的行动，杀伤敌人的有生力量。

第四，地雷战、反坦克战。我们过去进行地雷战有丰富的经验。今后的地雷战，除了用来杀伤敌人的人马，炸毁敌人的车辆，还要结合各种反坦克武器，开展反坦克战。现代化战争中，反坦克是重要的军事行动，平时要加强地方部队和民兵打坦克训练，以便将来能开展群众性的反坦克战。

第五，以小规模的、分散的、广泛的游击战为主，同时创造和掌握有利战机进行游击性的运动战，以便能整连整营以至歼灭更多的敌人。随着我游击部队武器装备的加强、战斗能力的提高，打这种游击性的运动战是有可能的。

四、诱敌深入与敌进我进的关系

随着游击战争的发展，我方必然会遭到敌人的围攻。打破敌人的围攻的基本方针是诱敌深入与敌进我进。诱敌深入是有计划、有步骤地引诱敌人到我控制区内来打。这种方法的好处是：我军可以得到人民的援助，敌人则陷入人民战争的汪洋大海中；我军可以养精蓄锐，以逸待劳，敌人则疲于奔命，士气沮丧；我军可以选择有利阵地，敌人则被迫在不利阵地与我军作战；我军可以集中兵力，机动歼敌，敌人则被迫分散，被动挨打；我军可以明察敌情，敌人则变成瞎子、聋子；我军可以捕捉战机，敌人则易发生错觉与过失，使我军有乘敌之危的可能性。采取诱敌深入的方法时，我军主力位于内线，一部分兵力可挺出外线。在内线的作战部署，必须是集中兵力打敌人薄弱的一路，以次要兵力钳制其他各路，一路击破再及其余，也就是各个击破；挺出外线的部队，则应积极活动，扰乱敌人的后方，吸引敌人，调动敌人，有力地配合内线作战。

敌进我进，是调动敌人，把战争引向敌占区，以打破敌人围攻的一种方法。在抗日战争期间，我敌后根据地在敌人进行大规模围攻的情况下，曾采用这种方法打破敌人的围攻。未来战争对付的是现代化的敌人，更应重视运用这种方法。在采用这种方法时，我军主力应及时打出外线，向敌人的后方发动进攻，吸引调动敌人，从中找寻战机，打击敌人。在内线控制区则应留置一部分部队，在民兵的配合下就地坚持斗争。

诱敌深入与敌进我进是矛盾统一、相反相成的。在具体运用时，可视情况把两者结合起来，互相配合，交替运用。实际运用时，我正面战场的野战军应积极密切配合，打击敌人，支援敌后的游击战。未来战争虽然是面向现代化的敌人，但我军如能正确运用诱敌深入与敌进我进的方针，打破敌人的围攻是完全可能的。

五、游击战争必须有严密的组织和指挥

游击战争要出色地完成自己的任务，必须有严密的组织和指挥。游击武装是由地方军的骨干、民兵为基础组成的。省军区的主要任务是开展游击战争，要有若干个独立师作为游击兵团的主力。军分区要有若干个独立团，县要有若干个独立营，公社则以武装基干、民兵为基础，平时不脱离生产，随时集中，随时分散。

游击战争必须在各级党委的统一领导下进行。在配合野战军作战时，应接受野战军的领导，执行野战军所赋予的任务。游击战争的指挥原则，应仍如毛泽东同志所指出的，"一方面反对绝对集中主义，同时反对绝对分散主义，应该是战略的集中指挥和战役战斗的分散指挥"，这样才能在统一的战略意图下，发挥各级游击武装的主动性，斗志昂扬地进行游击战争。

未来游击战争是现代化条件下人民战争一种不可缺少的形式，它将在更高的水平上进行，在卫国战争中将上演有声有色、威武雄壮的活剧。我们要很好地研究未来的游击战争。

第十四章　缅怀周楠同志

唐才猷

周楠同志是抗日战争时期特委书记、南路人民抗日解放军司令员兼政治委员，解放战争时期任滇桂黔边区工作委员会书记、中国人民解放军滇桂黔边纵队政治委员，新中国成立后曾任广东省高级人民法院院长、省政协副主席等职。今年 5 月 22 日是他逝世十周年的日子，谨以此文表示纪念。

1944 年，周楠同志奉命到重庆向南方局汇报并请示工作。中央领导同志董必武、林伯渠、王若飞等听取了他的汇报后，对南路工作做了重要指示，指出在雷州半岛敌后，当前最紧要的是建立一支由党领导的独立自主的武装队伍。他带着这一使命，千里迢迢回到南路。在特委会议上，他把南方局的指示做了传达和布置之后，即来到遂溪西区检查布置开展敌后游击战争的工作。

1944 年 8 月 9 日，按照周楠同志的布置，我们在老马村举行了起义，建立起一支约 200 人的抗日游击队伍。周楠同志非常高兴，并将这支队伍命名为"雷州人民抗日游击大队"，任命我为大队长。至 1944 年底，这支武装队伍发展为 3 个大队，正式编为南路人民抗日解放军第一支队，我被任命为支队长。当我率领第一支队到化北中垌与周楠同志会师时,他紧紧握住我的手说:老唐,这回不仅要想到雷州半岛,还要想到整个南路啊!

1945年8月,周楠同志亲自率领我部开往海康、徐闻,结果日本宣布投降了。针对形势的变化,他当机立断,把队伍拉到遂溪,并指示我们以第一团为基础,充实实力,立即开往十万大山,以保存力量,坚持斗争。他指出:那里有大山,有中越边界可以利用,钦防地区有我党和群众基础。我们在十万大山坚持斗争,打破了敌人的围攻,并胜利开展了滇桂黔地区的斗争。这时,我们才深深体会到这一指示的正确性和远见性。

1947年秋,我们接到香港分局来电,要求部队向滇桂黔方向发展。当部队进入广西左江的靖西、镇边边境时,周楠同志立即召开干部会议,研究制订打开滇桂黔边区的计划,决定先发展桂西地区即左右江地区的武装斗争,然后向滇桂黔方向发展。我们在靖镇区三战三捷,初步打开了局面。广西国民党当局调集一个旅的兵力向我部围攻,周楠同志马上召开边委会议,定出"小部坚持,大部插出"的方针,实行战略转移。部分兵力就地坚持发展斗争,周楠同志和庄田同志则率领主力向云南方向发展,与我云南武装力量会合,并肩战斗。不到一年时间,就创立了以滇东、滇东南为中心的滇桂黔中心根据地。

1949年秋，当周楠同志率领队伍向滇桂黔边区胜利进军时，上级党组织把他调回华南分局另行分配工作。当这位具有政治远见和宽阔胸怀的领导者要离去时，同志们都依依不舍。

周楠同志的形象，深深地留在我的心中。

（摘自《世界反法西斯战争、中国抗日战争胜利五十周年纪念特辑》，1995年版，有改动）

第十五章　纪念新、老一团西进斗争54周年座谈会发言

唐才猷

各位同志、各位老战友：

今天，我很高兴召开座谈会，纪念我们新、老一团西进斗争54周年。首先，我向在革命战争中牺牲的同志和在社会主义建设中病故的同志表示深切的怀念，致以崇高的敬意。

新、老一团西进斗争是一段光荣的、胜利的斗争史，也是一段艰苦的斗争史，这段历史值得我们纪念。他们在两国边境进行战斗，历时将近5年，行程几千里，在西进过程中经历了艰苦曲折的斗争：吃过不少苦，打过不少仗，多数是胜利了的，也有受挫折的；有过辉煌的战果，也付出了一些代价和牺牲。经过几年的斗争，我们终于经受了战争的考验，达到了保存自己、发展自己、战胜敌人的目的，为十万大山地区和滇桂黔地区的武装斗争做出了积极的贡献，还为越南抗法战争做出了一些贡献，尽了一些国际义务，最后迎接和配合解放大军解放了云南。新、老一团完成了党交代的任务后，才组成了一个临时支队，由张鸿谋、陈熙古率领凯旋，临走时，陈赓四兵团和云南省委

开了隆重的欢送会。

我们为什么能在西进斗争中做出一些贡献呢？原因有很多，我认为主要有四个方面：

1. 形势有利

解放战争爆发后，我解放大军经过一年的作战，就由战略防御转入战略进攻，把敌人的正规部队都吸引到了北方。敌人后方兵力空虚，人民反蒋情绪高涨，国民党统治摇摇欲坠。这给我们创造了发展的机会和条件。

2. 上级党组织的正确领导

我们在西进斗争过程中，在每个重要关头、重要问题上，都得到了上级党组织的正确指示。如抗战胜利后，国民党派两个军到南路企图消灭我们，特委及时指示我们把老一团开到十万大山，坚持斗争，保存力量。当我们打破敌人的第一次围攻后，国民党又调刘镇湘一个旅来围攻我们，特委又及时指示我们把部队转入越南，一方面休整部队，另一方面帮助越南抗法。特别值得提出的是，我部回国参战时，原本是决定回南路和粤桂边区的。在队伍返回的半途中，香港分局来电指示我们不回南路，改变方向向滇桂黔方向发展，这是有远见的战略决策。当我们回到靖镇区发展受阻时，边委又决定把我部调往云南去建立滇桂黔中心根据地，这都是正确的、及时的。这对打开滇桂黔地区的局面有决定性的意义。

3. 有地方党政军民的积极支持和配合

不论是在广西十万大山、云南，还是在越南，我们都得到了他们的支持和配合。没有他们的配合和帮助，我们要取得生存和发展是困难的、不可能的。

4. 新、老一团是一支党领导的革命武装队伍

新、老一团政治素质较高，战斗力较强，继承了我人民解放军的优良传统。具体表现在：

（1）有远大的共产主义理想。这是我们政治思想理论和行动的基础。我们重视共产主义思想的教育，我们不仅仅是爱国主义者、民族主义者、革命同情者，也是共产主义者。我部党员较多，每个连都有党支部，支部成为连队的核心和战斗堡垒。

（2）有人民军队、人民战争的思想。新、老一团是南路的人民子弟兵，来自人民，依靠人民，为了人民解放事业而结合、而战斗。诚心诚意为人民服务就是我部的宗旨。我部纪律严明，秋毫无犯，军民鱼水情，发动群众参军参战进行人民战争。人民战争是毛泽东军事思想的重要组成部分，我们坚决贯彻了这一思想。

（3）有不怕苦、不怕死的精神。我们勇敢战斗，不怕牺牲，不怕艰难困苦，经得起战争的残酷考验。敌人吓不倒我们，困难拖不垮我们，在敌人和困难面前，我们勇往直前，无所畏惧。

（4）有无私奉献的精神。个人利益服从革命利益，为了革命事业，不怕牺牲，乃至付出个人的生命。这种高尚的品德是非常可贵的。

（5）有团结的精神。我部不仅内部团结，外部也团结。内部是官兵一致，尊干爱兵，同甘共苦，互相帮助，坚决执行命令，遵守纪律，共同战斗。对外是拥政爱民，尊重地方党、政、军。

（6）敢于斗争、敢于胜利的战斗精神。袭击飞机场就是这种精神的表现。从实际出发，执行机动灵活的战略战术，善于保存自己、发展自己、消灭敌人。我们的战略思想是明确的，战术思想是灵活的。

我们继承和贯彻执行解放军以上这些优良传统，虽然学得不够，做得也不够，但对我们是有很大作用的。

上述6个因素的结合，使我们在西进斗争中做出了一些成绩和贡献。我们感到自豪，但不能自大，更不能夸大我们的功劳和贡献。

关于西进斗争的具体情况就不再详谈，这次我们出版了一本小册子（《铁旅征程》），供大家参考。

同志们，我们是战争的幸存者，革命胜利后又参加了社会主义建设。现在我们都老了，过去是小鬼的，现在也变成老人了。但是，我们是乐观主义者。我们这些老同志是有两条命的，一条是人的生命，一条是政治生命。人的生命虽是短暂的，由于自然规律，人总有一天是要死亡的，但为共产主义而奋斗的革命精神是可以永存的。精神不死，浩气长存。所以，我们一方面要保重身体，争取健康长寿，另一方面要永葆革命青春，为共产主义事业奋斗到底，让革命精神永存。

我就谈这些，祝大家健康愉快。开好这次座谈会，把新、老一团西进斗争的革命精神继续发扬下去。

（此手稿写于1999年，已捐赠湛江博物馆，有改动）

第十六章 纪念中国人民解放军粤桂边纵队成立50周年大会讲话

唐才猷

各位同志、各位老战友：

今天，我们怀着喜悦和崇敬的心情来纪念中国人民解放军粤桂边纵队成立50周年。

粤桂边纵队是党领导下的革命武装，是中国人民解放军的一个组成部分，列入中国人民解放军的战斗序列。这是粤桂边区人民的光荣，值得我们自豪和高兴。

粤桂边纵队是一支坚强而有战斗力的部队。它为边区人民解放斗争做出了重大贡献，并为支援友邻地区做出了贡献。

粤桂边纵队是在抗日武装的基础上发展起来的，经过抗日战争时期和解放战争时期的武装斗争。它从小到大，从弱到强，在战斗历程中经受了艰苦曲折的斗争，积累了丰富的战斗经验，培养了许多优良的革命传统。

在这些优良传统中，较突出的有如下几点：

第一，有远大的共产主义理想。这是我们政治思想和行动的基础。我们重视共产主义思想教育，我们不仅仅是爱国主义者、民主主义者、革命同情者，也是共产主义者。

我部党员较多，一般连队都有党支部，并成为连队的坚强核心。

第二，我们是党领导的队伍。是党指挥枪，而不是枪指挥党。我们坚决执行党的路线、方针、政策。

第三，我们是人民军队。我们来自人民，为了人民。诚心诚意为人民服务，是我们建军的宗旨。我们发动群众参战，所以进行人民战争。

第四，勇敢战斗，不怕牺牲，不怕艰难困苦。我们要经得起战争的考验，要有不怕苦、不怕死的精神。

第五，无私奉献，个人利益服从革命利益。为了革命事业，不惜牺牲个人的一切，乃至生命。

第六，团结精神。我部不仅内部团结，对外也团结。内部是官兵一致，尊干爱兵，同甘共苦，坚决执行命令，遵守纪律，共同战斗；对外是拥政爱民，尊重地方党、政、军。

第七，敢于斗争，敢于胜利。从实际出发，执行灵活机动的战略战术，善于保存自己，发展自己，消灭敌人。边区战略布局是正确的，战术是灵活的。

我们现在纪念粤桂边纵队成立50周年，要继续发扬这些优良传统，为社会主义建设努力奋斗。

（源于唐才猷本人手稿，亲属提供，有改动）

第十七章　致老战友信[①]

第一封

高黄[②]同志：

　　来信已收到，知你很好，非常高兴。

　　你打算离休回广州，这很好，我原打算争取回广州搞一两年军事科学研究工作再离休，现军委精减整编方案，各大军区已不再设科研机构，我只好申请离休回广州。希望能在广州同你及各老战友共度晚年。

　　关于老一团西征情况，遵嘱简写了一个提要，不一定准确，只供参考。

　　李夏湘同志均此致候。

　　祝你好并致

敬礼！

唐才猷

1980年11月12日

[①] 这两封信是唐才猷写给黄景文、黄建涵战友的信，由他们的亲属提供，已授权发表。

[②] 高黄即黄景文，原老一团团长，原中国人民解放军滇桂黔边纵队参谋长，原海军第二十三训练基地副司令员。

附：

老一团西征情况

日本投降后,国民党军开到南路向我部进攻。我老一团当时集结遂溪坭地一带,形势紧迫,举棋未定。此时(大约是9月中旬),特委指示我们向西转移至十万大山,利用中越边境,坚持斗争,保存力量。

我们决定分两批突围。第一批由你率第一营,先转至廉、博边境。第二批由我集结第二、第三营,与你会合。你率第一营至廉、博后,击退了廉、博敌军的进攻,我率第二、第三营突击了敌飞机场。

我们在廉、博边境(马子嶂)停留了半个多月,利用这一空虚地区休整、动员、联络,了解合、灵情况,并派人回遂溪收集部队(张鸿谋部就是此时到)。温焯华同志最近写的材料说,我们在廉、博长期徘徊,有被敌人消灭的危险,这种说法不准确。

西征路线有两条:一条是经合浦、钦州南部去防城入十万大山;一条经灵南小董以北,沿十万大山山麓入防城境。我们采用了第二条路线。西征第一站是钦境贵台。入贵台不经天鹅湾,经贵台背后高山插下,避免了敌人在天鹅湾设置的伏击。我们在贵台停留了数天,及时转移;并在那天①与敌人发生了战斗,激战竟日。当晚沿十万大山山

---

① 地名。

脚转移至防城大勉，与防城地方同志取得联系。部队决定开入峒中（中越边境）。

我们刚到峒中，敌保安团即追到。我们决定敌进我进，以营为单位在3个地区活动：第一营在防城附近；第二营（涂营）在那良滩散一带；第三营（牛营）在北仑北基一带（即十万大山山脚一带）。涂营、牛营与敌人发生了战斗。我部打退了敌人的第一次进攻。

大约是在1946年2月，敌刘镇湘部（一个正规师）及钦廉保安团、广西保安团联合向我部进攻。鉴于敌人压力大，我地方基础弱，地区回旋余地小，我部决定转移入越南休整。

在越南，我们得到了越共的帮助。我们在越南也做了力所能及的工作，例如：把一部分部队编入越南卫国团，参加抗法战争；派干部到越南北江省，组织了一个华侨中团；派干部到高平、太原为越南办训练班；派一批干部给越南做华侨工作和在敌占区做情报工作等。

在越南期间，我们除了积极参加越南抗法战争，还积极整训部队和训练干部，为参加祖国武装斗争做好准备。1947年底，部队奉命开返祖国。原本决定开返南路，但途中由香港分局电告，要我们考虑去滇桂地区开辟根据地。我们认为，香港分局这一考虑非常正确，即回电表示同意坚决执行。

部队首入桂西靖镇区，经果梨、百合、南坡等战斗，控制了一部分地区，开展了桂西地区的游击战争。

1948年底，部队转入滇境，与云南部队会合，分两批开入滇东、滇东南地区开展游击战争。我们取得了很大胜利，发展迅速，控制了滇东、滇东南广大地区。

第二封

老牛[①]同志：

湛江别后又已数月，你很好吧？这次调整领导班子，你是在职还是离休？希告。我的离休命令最近已下，是提为正军职离休。这样我就有可能今年底或明年初进广州沙河离休点，你和世英同志每年到广州就可住进我的新居。

老一团史稿经多次修改后已写好上审稿，经组织审定后就可上送广州和中央党史办。我已告湛江党史办多印几份送老一团同志。

去年上庐山，今年参加第一团党史座谈会，现在离休，均有所感，写了几首诗，现抄录给你指正留念。我不会作

---

① 老牛即黄建涵，原老一团第三营营长，原中国人民解放军滇桂黔边纵队第十支队司令员，江西省林业厅原副厅长。

诗，只是以此来表达内心的感情而已。不妥之处请勿见笑。

去年唐壮寄给你广东音乐录音带一盒，请去你单位收发室查阅是否已收到。

世英同志均此致候。致

敬礼！

唐才猷
1983年6月17日

附：

上庐山二首

其一

昔闻庐山好风光，今日登临览群山。
冰川变幻留胜景，壮丽山河天下扬。

其二

儿女喜事上庐山，欢聚一堂喜洋洋。
五老奇峰永偕老，含鄱朝阳放光芒。

参加老一团党史座谈会有感

南路子弟老一团，西进桂滇斗志昂。
万古流传征战史，今挥笔墨记沙场。
吾辈残躯幸存者，英雄壮士永不忘。
喜看江山换新色，红光普照万年长。

离休有感二首

其一

戎马生涯四十年,壮志已酬今离休。
青春消逝人已老,喜看湘江日夜流。

其二

戎马生涯四十年,依稀沥沥感万千。
人生岁月如流水,壮志犹存度晚年。

第十八章　诗词选摘

唐才猷

奔

深秋的太阳晒不起光亮，
他们的脸像巴拿马十月的浓云，
每人都锁住一个沉重的心，
在坡岗上投射下枯瘦的影子。
朦胧的黄昏摇着一个大的凄凉，
吱吱的鸟声柔和地伴着他们的步子，
饥饿的光芒渐渐地在鼻尖上长大，
异乡的影子更觉渺茫；
山后的家乡变了那么一个模样，
吓得他们再也不敢转回头来。
凉爽的晚风在原野中轻轻地扫荡，
一幅可怕的图画不禁摆在他们的面前：
枯衰的稻泛不起金黄——
海潮抚摸后留下的惨痛！
连年的希望都打了空，
娘儿们荷着腹皮嚷！
家中几件值钱的东西都已当尽，
没有什么可再换得钱来。

真奇怪，米缸织满了蜘蛛网，
苍蝇在湿地上晒着太阳，
狗儿缩在角落里闪着饥饿的强光，
篱棚下显得那么凄凉。
屋脊上泛不起缭绕的炊烟，
猪屎公公死在病榻里有谁知？
门前张师爷咬紧牙根在嚷，
三七租算是天大的情面，
一月不交那就更糟！
萧条的空气里浮荡着呻吟，
然而你听：
在这呻吟的声音中，
也混合着悦耳的音乐。
这可使谁都不明白：
上帝既造了人，
为什么分割得这么不像样？
难道祖宗种下了遗孽，
留给后代的子孙来担？
屋子崩塌得住不下人，
乱七八糟像什么模样？
什么税捐都一天一天地增多，
人们为什么不睁开眼睛瞧瞧？
阿大他们可迫得不知组织了什么"长毛队"，

一去就不见再回来,

一切景物都摆着凄凉的模样——

寂寞,空虚,死亡……

…………

这一切,想起来都使他们心惊,

肚子咕噜着叫他们向前,

家乡的影子在脑子里打转;

然而焦急的心也牵不起留连,

阳光放射着最后的力量,

黑暗将吞噬天地间原有的脸目,

原野中送来一阵原始的风,

晚霞渐渐由隐约而朦胧,

轻轻地,笼罩着他们这流亡的心!

1935 年 9 月 24 日

(摘自雷师期刊第二号,广东省立雷州师范学校学生自治会出版部编印)

1945 年带老一团西进时作诗二首

(一) 出发

黝黑的夜吞噬了大地,

砰砰的枪声震碎了自然的柔情,

同志们整装待发,默默无语。
已是午夜时刻,
传来了上级的号令。
队伍迅速在蜿蜒的山坡上移动,
绕过大山,越过原野。
离别了,可爱的家乡;
离别了,熟悉的战场。
同志们无限感慨。
但是为了光明的未来,
火红的心在跳动,
革命的火焰在燃烧。

（二）马子嶂

马子嶂——
气势磅礴,
巍然耸立,
横断于廉博之边。
往昔人们曾对你发出无比的仇恨,
今天人们又对你发出崇高的敬仰。
我们这支人民子弟兵,
从四面八方,都汇集到你的怀抱。

山上山下,
歌声嘹亮,

红旗招展。
你这严峻的山头,
成为我们前进的起点,
我们站立在你的山峰顶上,
遥望西方,
直指十万大山。

永别矣!母亲

月台相送慈母心,依依难舍泪沾襟。
抱头痛哭心肠断,我知永别在此时。

1962年,我回湛江疗养,看望了母亲。离湛返京时,母亲送我到霞山火车站。"生我者,父母也。""教我者,马列也。"但在当时"左"的路线下,我不可能接母亲到身边来奉养。因地居南北,我知今后不可能再见到母亲了。登上车厢后,就倒在卧铺上抱头痛哭。永别矣!母亲。

1962年6月

故乡行

别离故乡三十年,重返南天面貌新。
荒凉山坡变林海,水库渠成变良田。
新建山村处处是,道路纵横往无前。

绿色秧苗长势好，春风送雨报丰年。

1980 年 5 月

嘱儿女

我年已老迈，不久入黄泉。

喜看儿女大，后继有来人。

再嘱学马列，革命代代传。

千万莫沾染，资产恶劣根。

人生要明确，为国为人民。

红专身体健，要做有为人。

江山来不易，捍卫志要坚。

前途无限好，幸福万万年。

1980 年 12 月

赠饶华[①]同志四首

（一）

握别沙场数十年，今日重逢格外亲。

[①] 饶华（1917—1986），广东潮安县人，1938 年加入中国共产党。原中国人民解放军滇桂黔边纵队第四支队政委，云南省社会科学院原副院长，云南省第四、第五届政协常委。

战斗友谊话不尽，壮志犹存永向前。

1980 年 5 月

（二）临别赠言

滚滚流溪水，青葱荔枝林。
祝君早康复，征舟万里航。

1980 年 5 月

（三）

流溪一别已经年，今日春城又逢君。
人生岁月如流水，有生之年再向前。

1981 年 5 月

（四）参加滇桂黔边纵队党史座谈会
——缅怀饶华同志

昔日转战滇桂黔，今朝盛会缅怀君。
沙场勋绩留青史，耿耿忠魂在人间。

1987 年 3 月

附：

甘泉诗话

饶 华

今年4月，唐才猷同志从湘区任所到广州，知我在从化温泉，相邀于"五一"节到穗，与他和另外几位袍泽，做一次难得的欢聚。

才猷和我是开辟桂滇边区时的老搭档。1948年秋，云南人民讨蒋自救军与滇桂边区纵队会师合编后，庄田、朱家壁、郑敦诸同志即率一批部队经滇东南向罗（平）盘（县）地区进发，在南盘江受到敌第二十六军和地方反动武装的强力堵截，一时未能渡江北进。这时，桂滇边委机关尚在原地，留在机关的边工委书记、边纵队政委周楠同志当机立断，决定由才猷和我迅速率领第二批部队进军滇东南，配合地下党组织，广泛发动反蒋武装斗争，使敌顾此失彼，达到策应庄、朱、郑所部渡江北进，同时在滇东南建立根据地的目的。这样，才猷和我继在桂西并肩作战之后，又在滇东南并肩作战了。

1949年春，庄、朱、郑所部已进入罗盘地区，扎下滇桂黔边区的前进阵地。滇东南的反蒋武装斗争也节节取胜，建立起几个县连成一片的地区人民政权。边工委机关和周楠同志随之移驻到滇东南。而作为滇东南我军第一个指挥员的才猷，这时奉调离开边区，尔后一直未通音讯，近年虽听知他在湖南省军区任副司令员，但仍无一字往来。

才猷到广州，使我因即将和他会晤而欢欣，又因回首前尘而陡增离绪，迫不及待地寄给他如下一首七绝：

寄唐才猷同志

珠海滇池两梦君，九嶷烟雨洞庭春。
流溪修竹千竿翠，待劝离人倾玉樽。

才猷见诗，在我赴穗之前就赶到从化温泉，与我会晤于流溪河畔，翠竹丛中的一角楼台，说是来倾玉樽。我说，可惜我已戒酒，不然真该一醉。才猷说，他也已戒酒，但玉樽还可以倾，倾茶。随之，我们即畅饮青茗，又畅谈往事，不知今夕何夕了。

才猷之来，使在穗的昔日袍泽也改到从化温泉来欢聚。战友们各以旷世的坚毅，踏平漫长征途的坎坷，终于又聚在一起，互倾情怀，莫不喜极而泣，给宁静清幽的从化温泉添上一抹雄奇悲凉的色彩。

才猷刚一见面就说，他虽不作诗，但也要赋诗相赠。果然，在见面的第二天，便工工整整地抄给我一首赠诗（即第三首），临别时又以遒劲的笔力给我写了一首赠言（即第二首）。

这是两首运用旧体诗的格式而不受平仄约束的方块自由诗，具有质朴无华、情真意切的特点。

（摘自《春城晚报》1980年7月4日第3版，有改动）

赠梁家①同志二首

（一）

昔日进军滇东南，横渡盘江斗志昂。
与君共策追穷寇，转战当年未能忘。

（二）

三十二年转瞬间，今日同游滇池边。
春城景色多美好，忆往瞻前喜开颜。

1981 年 5 月于昆明

昆明有感②

昔日进军滇东南，横渡盘江斗志昂。
罗盘奉命鞭东向，未进昆明返粤南。
途结良缘两相欢，携手同行不畏难。
万山重叠路途险，千里征程一月还。
三十二年转瞬间，今日同游滇池边。
春城景色多美好，回想当年夜难眠。

1981 年 5 月

---

① 梁家是唐才猷昔日进军滇东南的战友，曾任滇桂黔边纵队第一支队政委，后任云南省委副书记、云南省政协主席、第七届全国政协常委。

② 1981 年 5 月，唐才猷偕夫人尹惠清去昆明参加滇桂黔边纵党史座谈会，在梁家夫妇的陪同下游览昆明滇池西山。《赠梁家同志二首》是在昆明感怀而作，临别时赠梁家。《昆明有感》则是回到长沙后意犹未尽，加了中段。

参加老一团军史座谈会有感

南路子弟老一团,西进桂滇斗志昂。
万古留传征战史,今挥笔墨记沙场。
吾辈残躯幸存者,革命英雄永不忘。
喜看江山换新色,红光普照万年长。

癸亥年(1983 年)三月

离休

戎马生涯数十年,战云滚滚记犹新。
人生岁月如流水,壮志永存度晚年。

1983 年 7 月

纪念二亭[①]

思源亭

思想出马列,源泉入海流。

---

① 标题为编者所加。

留芳亭

留得英名在，芳香感后人。

遂溪县烈士碑拟建思源、留芳二亭，特书纪念。

1985 年

纪念防城县武装起义四十周年

巍巍十万山，茫茫北部湾。

往昔凌云志，今日换新颜。

战斗情谊重，缅怀梦魂酣。

遥望旗山①月，新征越雄关。

1985 年 10 月

富贵竹

——怀念沈斌②同志

君赠富贵竹，叶绿好长青。

英名留千古，常念友谊情。

1986 年 9 月

---

① 旗山是老一团指挥部所在地。

② 沈斌（1914—1986），广东遂溪人，原粤桂边纵队第二支队政委，广东省地震局原局长。

致黄建涵同志二首

（一）

君赠垫饭桌，此物胜千金。

运送千余里，寄托友谊情。

1987 年 6 月

（二）送君行

雄心壮志气如牛，声波震荡撼虎威。

战胜病魔早康复，祝君跨进新朝晖。

1994 年 3 月

七十二岁

老夫今年七十二，滚滚风波①志不移。

天塌不下地照转，灭资兴无势必矣！

1989 年 12 月 25 日

---

① 指 1989 年政治风波、东欧剧变。

纪念防城"三光企"武装起义五十周年

烽火燎燃十万山,一声惊雷敌胆寒。

岁月迁移已五十,革命精神永流传。

1997 年 5 月

欢庆香港回归

百年雪耻庆回归,一国两制放光辉。

星岛繁荣人欢笑,东方彩虹报春雷。

1997 年 7 月 1 日

怀念杨针①同志

人走榕树在,挺拔在庭间。

人生谁无死,忠魂永流传。

1997 年 10 月

---

① 杨针,陕西人,原广州军区第四十二军军长,离休后与唐才猷同住一干休所。杨针门前有棵大榕树,唐才猷在家远望榕树,见树常怀念杨针同志。

看形势

天有阴晴月圆缺，何必惊心又痛心。

航向已定有人掌，安度晚年就可以。

某同志看了一篇材料后，对当前形势表示惊心和痛心，我说要冷静观察，寄予希望。

1998年9月

乐观主义
——八十生日感怀

人生如舟，岁月如流。

逆流而上，顺流而下。

快哉！快哉！

1998年12月25日

缅怀莫志中①同志

君赠盆景十五年，青翠挺拔似盘龙。

晚年不幸离人世，革命友谊永留长。

1999年3月

---

① 莫志中，广东海康沈塘镇平余村人，原遂南游击大队大队长，原广东省财贸干部学校副校长。

中编 战友文汇

第一章　夜袭遂溪飞机场战斗①

廖　华②

1945年8月，日本投降前后，国民党军队从大后方出来，进攻我人民武装控制的广东南路解放区，企图消灭我人民抗日武装，抢占胜利果实。为粉碎敌人的阴谋，我广东南路人民抗日解放军第一团组织了夜袭遂溪飞机场的战斗。这次战斗，我军以1名战士伤亡的代价，全歼敌100余名，俘飞行、机务人员8名，缴获20毫米机关炮2门，重机枪3挺，飞机用机枪8挺，步枪130余支，子弹3万余发，其他军用物资一批。

在敌人重重包围、扫荡之下进行的这一奇袭，打乱了敌第四十六军的部署，粉碎了敌人妄图消灭我南路人民抗日武装的阴谋，使敌跟踪追击我突围部队的一个师，不得不由廉江回师遂溪，从而保证广东南路人民抗日解放军主力第一团顺利突围西进，到达粤桂边十万大山地区。

---

① 此文系1981年6月廖华同志根据洪田、沈杰、陈炳崧、唐才猷等人的共同回忆整理。

② 廖华，广东省电白县凤山田乡人，1921年7月生，1941年加入中国共产党。在遂溪县东区组建抗日游击队，历任雷州人民抗日游击大队中队指导员、连长，南路人民抗日解放军第一团第一营政委、营长，广西左江区工委委员，桂滇边部队第二支队长，中国人民解放军滇桂黔边纵队第四支队司令员。新中国成立后，任云南省军区文山边防区副司令员、北京高等军事学院训练部研究员、甘肃省军区司令部副参谋长、中国人民解放军军事学院训练部研究部部长。1987年3月离休，2003年逝世于北京。

日本投降时，我广东南路人民抗日解放军共5个团的兵力，集结于广州湾（今湛江市）周围地区，其第一团在遂溪县中、西区，准备接受日军投降事宜。这时，国民党第四十六军和第六十四军等部已开进广东南路解放区边缘，向解放区发动进攻。我区军民实行化整为零，分散隐蔽，以保存力量、待机破敌的方针。敌人在遂溪县的村村寨寨几乎都驻了兵，大村多至一个营，小村少至一个班，把我抗日武装挤到野外的山林树丛里，或到甘蔗地里挖洞藏身，情况十分严重，人民抗日武装有被各个歼灭的危险。

10月上旬，根据特委指示，我第一团奉命突围西进十万大山。因情况紧急，部队分散隐蔽各地，团部决定分两批突围。团长黄景文率团部和第一营作为第一批队伍首先突围，在遂溪县中区隐蔽的以排、连为单位，边集结边行军，第一夜即突破敌包围圈，到达廉江县新塘区。敌人以一个师及保安第五团追击突围部队。10月11日，在廉江县塘蓬山区，我部与敌追击部队激战一整天，敌军伤亡50余人，我部伤亡3人，乘天黑各自撤离。10月13日，我部又在殷塘村一带与敌鏖战终日。10月15日，我部到达预定目的地——粤桂边境的马子嶂山区，隐蔽等待第二批突围部队到达会合。这时，敌追击部队被我部甩在廉江地区。

10月13日，团政委唐才猷集结第一营第二连和第二、第三营隐蔽于遂溪县中区和西区一带，准备突围。此时，地方党组织送来的情报及第二连的侦察证实：国民党军队正在接收遂溪机场和风朗村的武器仓库，该仓库存放着一批武器弹药；机场附近驻有敌军一个师；仓库只有一个连的兵力守备，且有我群众在机场内当炊事员。我部袭击敌人的有利条件很多，如果袭击成功，既可夺取武器弹药装备自己，又能调动敌人，打乱敌人的"围剿"追击部署，我部便能转危为安。据此，我部下定决心，准备袭击遂溪机场。

一、具体情况和精心部署

10月14日，唐才猷派5名侦察员化装成民夫混入机场进行侦察，和民夫们一起搬运武器至风朗村仓库，查明了仓库位置，武器、弹药、油料存放情况，敌军住房位置。同时，还派风朗村女青年党员谭少芳返回该村，查明了敌人夜间哨兵位置及周围敌情。

10月15日，于拂晓前周密组织战斗，以团驳壳枪队为基础，从连队中选抽善于打袭击的干部、战士，组成25人的突击队；第三营第八连和地方党组织的可靠群众共100余人为搬运队，准备接运武器弹药。

编组完毕，突击队于15日上午化装成农民，从山内村一带出发，下午到达机场西南2公里的凤凰村附近潜伏，并与侦察员取得联系。侦察员汇报情况如下：机场及其周围有敌军一个团分驻5个村庄，风朗村为敌军一个连，警卫仓库及飞行员、机务人员；另有已缴械投降的日军400

人住大稔山，距凤朗村及飞机跑道700～800米；还有未缴械投降的日军600余人住上沙泥坡，距大稔山约1.5公里；凤朗村周围夜间有哨兵5名。

10月15日20时30分，团政委唐才猷率第八连到达，了解情况后，即具体组织战斗。突击队分为4个战斗分队：第一分队，以团驳壳枪队为主，由12人组成，洪田任队长，负责突击敌警备连驻地；第二分队，由4人组成，赖二为队长，负责突击敌飞行、机务人员驻地；第三分队，由5人组成，负责突击敌仓库；第四分队，由4人组成，负责消灭西门的哨兵，迎接搬运队进入仓库，并指挥搬运武器弹药①。由左成同志率领第二连，位于遂城至凤朗村公路距营门500米处，负责阻击遂城方向来援之敌。搬运队于凤朗西门铁丝网外待机，等消灭哨兵、打开大门后，按信号进入仓库，搬运武器弹药。现场指挥由第二连指导员沈杰负责；由唐才猷、陈炳崧同志组成团指挥，指挥位置在凤朗村西门里外河边处；规定战斗打响后一小时内撤离战场。

二、战斗经过

10月15日23时，突击队出发。16日②零时通过小河，登上彼岸，到达敌机场外围铁丝网跟前，剪网进入机场内，

---

① 据查，突击队以团部便衣队为基础，抽调有战斗经验的连排骨干共25人组成，洪田为队长，唐森为指导员，下分为5个战斗组。
② 据当时《大光报》报道，应为公历10月10日。

然后由大稔山、风朗村之间，插到遂城至风朗村的公路上。这样，从遂城方向来突击敌东门，能出敌意外，同时有利于迅速突击敌警备连的住处。

零时30分，摸掉了路口的哨兵，突击队继续沿公路摸进。1时左右到东门20米处，1名敌人托枪向前走来，我第一分队潜伏于路侧，准备当敌兵走近时将其抓捕，但敌兵进至距我第一分队5米处即折回，我第一分队只好跟踪将其击毙，随即以迅雷不及掩耳之势发起冲击，突进营门，各战斗分队按分工突击各个目标。第一分队直逼警备连住处，把房门、窗户都封锁住，并向屋内投手榴弹，激战10余分钟，敌3次企图冲出营房，均被消灭于门口。同时，第二分队突击了机务人员宿舍，俘敌8名。第三、第四分队打开了武器库、油料库和西门，迎接搬运队。这时，警备连残敌仍坚守住房，1名突击队员从油料库搬来一桶汽油，倒在破布棉絮上，点燃了敌住房，房内的手榴弹、子弹连续爆炸，敌人全部被消灭。凌晨2时，战斗结束。2时10分，团政委唐才猷下达了撤离战场的命令。暂时用不上的笨重武器，沉于风朗村西河潭深水处。部队分两路撤回，先后向南走约5公里，然后向红家山、塘村、洋口仔村前进。天快亮时，即迅速隐蔽于山林中。同时，派侦察员化装成商人，至遂城方向了解敌情。黄昏时，又兵分两路：驳壳枪队向遂溪东南地区活动，佯作主力返回，引诱廉江追击我突围之敌第四十六军的一个师转回遂溪，以便于我突围部队顺利到达马子嶂地区会合；团政委唐才猷率主力向遂溪西区洋青方向活动，联系第二、第三营其余部队，组织第二批突围，经廉江向广西马子嶂山区进发，与第一批突围部队会合。果然不出所料，我军之行动调动了敌人，敌第四十六军的一个师赶忙从廉江调回遂溪。我第二批突围部队顺利到达马子嶂山区。

三、主要经验

我军能以小的代价换取这次大的胜利，主要原因有以下几点：

一是抓住了敌人的弱点，利用了矛盾。敌人以胜利之师自居，又因初进解放区而对情况不熟悉；同时，日军有600人尚未缴械，国民党军怕日军向其进攻，日军亦怕国民党军强行缴械杀害他们。战后查明，当时敌误认为是尚未缴械的日军抢占机场，故未敢贸然行动；日军则认为是国民党军向其发动进攻，而固守村内阵地，不敢出动。我军利用了这一矛盾，因而夜袭机场取得成功。

二是我军长期在这一带活动，对情况熟悉，战前我侦察员和地下党员对敌情况又进行了详细的侦察，做到了情况明、决心大，又有广大群众的支持和掩护，尽管在24平方公里的地幅内有敌人一个师的兵力，我军也能胜利地完成袭击敌人的任务。

三是发扬了我军的优势。突击的目标有敌150余人，我军突击队只有25人，敌兵力、火力均占优势，但我军发挥了夜战、近战的优势，动作勇猛、突然，攻其不备，战而胜之。

四是突击方向选得准确。敌人的西门防守较严，我军则选择从东门突入，出敌意外。由于敌东门警戒松懈，哨兵被我军顺利摸掉，从而使我军能很快突入敌人营区，一举歼灭敌人。

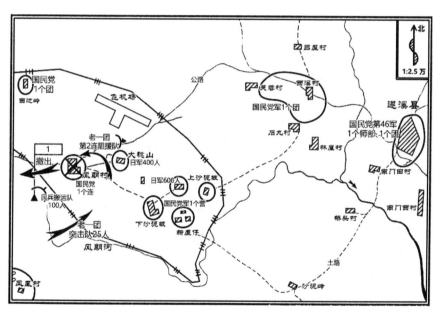

夜袭遂溪飞机场战斗示意图

（摘自中共湛江市委党史研究室编《铁旅征程》，1999年版，有改动）

第二章　关于夜袭机场的战斗①

沈　杰②

时间：1980 年 12 月 21 日
地点：广西百色地区招待所 32 号房
访问人：遂溪县委党史办李尊、吴意
整理人：李尊

1941 年约农历八月，组织调我到遂溪风朗村一带负责地下党的工作。1943 年春节期间，日本占领遂溪县城后，我仍在风朗村和遂溪县城一带负责党的地下工作并组织一些游击小组，杀汉奸、敌探等。到 1944 年下半年，组织起一支有 100 多人的游击队伍。1944 年底至 1945 年初，我这支游击队才正式编入老一团，我也离开地方到部队工作。1945 年 9 月，我随老一团西征到广西十万大山，后入越南，所以我对遂溪党组织建设了解不多，很难谈党史。不过，

---

① 根据沈杰同志书面回忆和口述整理。
② 沈杰，又名沈自豪、廖原，广东省湛江市东海岛民安镇下山村人。1921 年 7 月生，1939 年 7 月加入中国共产党，在东海岛开展地下工作。1941—1944 年任遂溪县中区区委特派员兼风朗、泮塘、文相村党支部书记，任游击队指导员兼中队长。1945 年 5 月任广东南路人民抗日解放军第一团（老一团）第一营第二连指导员、桂滇边部队第一支队政治处主任。在广西果德中心县委游击大队，先后担任那武特支书记、县长，那马县委书记。新中国成立后，历任广西马山、田林县委书记、县长，百色地区行署副专员等职务。1992 年 1 月因病在广西南宁逝世。

在西征前,我参加过夜袭风朗飞机场的战斗,我可以谈谈这个问题。

一、撤出包围圈与重返包围圈

1945年8月,日本已宣布投降,但尚未被正式接收,国民党已调来一个军压在南路准备接收,并企图消灭我抗日武装力量。因此,司令部为保住第一团这支主力,给我们的任务是突破敌人的重兵包围,西进到广西十万大山。当时第一团的第二、第三营在海康还没拉上来。住在遂溪县坭地的第一营先兵分两路进行突围。团长黄景文和第一连指导员陈熙古率领第一连为一路,我率领第二连为另一路,约定在敌人包围圈外会合。

1945年8月底,一个风雨交加的晚上,我军开始突围,我率领第二连冲出敌人的重重包围,天亮时发现离敌人的包围圈只有2里,还可以看到敌人在搜索村庄。可是,在当晚的突围中,我第二连有一个排掉了队。中午,我们派人和第一路联系,却联系不上,估计他们尚未突围出来。在这种情况下,我们怎么办?前进吧,不知西进的去向和地点;回去吧,又要冒很大的风险。大家商量后决定,冒风险也要找到团长和我连一个排。因此,天黑之后,我们冲过敌人的封锁线并绕过封锁路口,经过一夜的行军,又重新回到敌人的包围圈内。天亮了,发现到处都有敌人,无法进村,只好将部队开进甘蔗地和小树丛中隐藏起来,随后派人化装成农民进村了解情况,结果得知团长率领的第一连和我们第二连的一个排已在我们回来的同一个晚上突围出去了。这样,我们更无法找到他们了,只能暂时把部队带到我曾多年坚持地下工作过的群众基础比较好的凤朗村隐藏起来。我们找到并请示了唐才猷政委,看能否同已突围的部队联系上,他说:"既然住下没问题了,就等第二、第三营从海康回来一起突围西进好了。"我们就把武器藏起来,白天同群众一起参加生产,晚上出来活动。

二、精心准备袭击机场

遂溪县凤朗村与敌机场隔河相望,我们敢在凤朗村住下来,敌人是料想不到的,所以有时敌人过河来凤朗村也不会怀疑我们。同时,凤朗村谭少芳和几位妇女也经常挑柴和挑米水进出敌机场,并且掌握到机场内部许多具体的情况。谭少芳同志是凤朗村党支部委员,在她向我们汇报机场的情况后,我便请示刚从湛江回来的唐政委,他说要我们做好准备,但未向司令部请示,还不能做打的决定。唐政委第二次从湛江回来后,决定袭击凤朗飞机场,并做了全面分析,对一些问题进行了充分讨论,做出了正确解答。

(1) 能否取胜?首先,群众基础比较好。凤朗村建党较早,有较强的骨干力量。同时,日本侵略者为建筑飞机场而占用当地农民大量土地和民房，群众早有消灭侵略者的愿望，群众基本上是我们的，许多突击队员就是风朗村人。其次，机场里的营房、仓库就是风朗村的民房。尚未建机场前，我和洪田同志曾在该村住过，对地形比较熟悉。再次，我们有许多游击夜战的经验，不怕敌人多。我们个个都能打，最善打夜战，打得进去，定能取胜。

（2）打后能否撤退？这是个主要问题。因为袭击机场不是以消灭敌人有生力量为主的，解决部队装备才是我们的目的，所以，唐政委命令我们要在一小时之内解决战斗，结束后立即突围撤退和西进部队会合，否则，迟一步行动就会有被敌人歼灭的危险，同时还会影响到整个战略方针。

（3）怎样打？袭击机场整个战斗是由团政委唐才猷同志部署和指挥的。

第一，把握战机，确定袭击时间。第一团突围西进是一个具有战略性的任务，一定要把握好战机，团长黄景文已率领第一连和我第二连的一个排突围了，但第二、第三营还在海康，不能打草惊蛇，待第二、第三营从海康回来后，做好突围准备就打。

第二，兵力部署体现出以少胜多的原则。由于袭击目标多，敌强，数量又多于我军，所以在兵力部署上，我军根据敌飞机场这一具体情况，确定组织4个分队，分别攻打敌警卫连营房、敌飞行员住地、弹药库和敌步哨4个目标。第一分队以团部便衣队为主,挑选各连部分精干战士组成短枪突击队,共十二三人,队长是洪田,向导是陈新(风朗村人),主攻敌警卫连营房;第二分队以第三连副连长陈安天和赖二(陈耀明)为队长,组织七八人,攻打敌飞行员住地;第三分队共五六人,攻打敌军火库;第四分队4人,负责吃掉后门2名敌步哨。此外,由第二连副连长左成率领一个排20多人负责警戒遂溪方面的援兵,由唐协森(别名山贼)负责带一个连100多人为搬运队。

第三,为便于指挥作战,在机场内4个敌据点的中心设有作战指挥所,由第二连的副连长李池和我负责(第二连连长唐林患病离队),并配有七八支步枪和一挺轻机枪。

三、成功袭击风朗机场

袭击风朗飞机场的战斗开始了,那是在1945年10月的一个晚上约零点时分。担任战斗任务的部队涉水过风朗村边的一条小河,穿过敌据点第一道铁丝网后,直插入敌第二道铁丝网,秘密进到敌两据点内围,绕到敌人两据点(即风朗村和大稔仔村)之间,以洪田率领的第一分队为前锋,冲入敌据点警卫连营地时,被敌步哨发现,敌哨边跑边鸣枪,突击队立即开枪追击,此时双方已接上火。在对打中,我方因误枪打中便衣队向导陈新,陈新光荣牺牲。幸好洪田曾在该村住过,清楚敌据点位置,继续率领队员向敌警卫连营房冲去，封锁住门、窗口，敌兵出不来，我们猛投手榴弹杀伤敌人。接着，第二、第三分队也冲入并封锁住敌飞行员和后勤人员住地的门、窗口，敌兵一个也跑不掉，但仍在顽抗。我们向据点猛投手榴弹，给敌歼灭性的杀伤力。宣传了投降缴枪不杀政策后，敌飞行员的据点才停止射击，敌兵举手出来投降。我们又利用投降敌兵向弹药库据点叫话，仓库之敌也停止抵抗，乖乖地投降了。敌警卫连的机枪还在猛烈扫射，我们无法进入营房内，如用强攻，要付出很大的代价，相持下去，时间也不允许。我们立即向据点内投入用棉花沾煤油燃烧着的火球，顿时整个营房燃烧起来，火光冲天，枪弹声、爆炸声响彻夜空，据点内敌兵、武器全部烧毁。战斗即将结束时，我派出去同搬运队联络的魏仁（又名魏志斌，第二连战士，风朗村人），被搬运队误认为是敌逃兵，给开枪打伤了，耽误了一些时间。我又派人去联络，才把搬运队接进来。经过几次来回搬运，仓库里的武器、弹药几乎搬完了，我就下撤退命令，"呼！呼！呼！"大叫三声，带着俘虏和胜利品撤退出机场。经过40多分钟的激烈战斗，我们提前完成了袭击风朗飞机场的战斗任务，仅死、伤各一人。

夜袭机场取得胜利后，唐政委向俘虏宣传了党的俘虏政策，把他们释放了；同时指示我们把能带走的轻便武器全部带走，较重的带不走的则抛到深潭里，然后部署兵分两路撤退。唐政委和团便衣队及第二连为一路，撤到红家村山上；李鸿基为一路，撤到麻村塘隐蔽。为迷惑敌人，当夜第二连和唐政委又从红家村转移到遂溪县城东10多里的那架山上，距离湛江市赤坎30～40里地；第二天晚上来一个急行军，突出敌人重围，到达遂溪西区和第二、第三营会合；第三、第四天晚上又急行军，到达廉江的青平、车板附近，然后进入广西博白县的马子嶂，和团长黄景文率领的第一连会合，准备挺进十万大山。

夜袭机场虽取得很大胜利，但从整体来看，亦受到一些损失，主要是在战斗前为保守秘密，没有和当地党组织取得联系；战后又来不及部署群众撤退，使当地群众受到一些损失，据说凤朗村有10多人被敌人残杀。同时，凤朗村支部委员谭少芳也暴露了，国民党悬赏几万斤稻谷要她的人头。

（来源于遂溪县委党史办采访沈杰的复印件，其亲属已授权发表，有改动）

第三章　忆参加抗日与西进

——离休干部李池①同志谈话记录

（1982年3月17日于阳春县林业局宿舍）

李　池

我原籍遂溪县杨柑公社布政村（现分为豆坡公社），出生于1920年。我小时听祖母说，我家几代单传，祖父、父亲都当雇工，父亲有一个妹妹被卖给地主做婢女，家中只剩下父亲一个独子。父亲也只养得我一个单丁。我识事时，祖父已不在世，祖母带着我生活；我7岁时母亲也死了，父亲外出做长工。祖母有病，经常咳嗽。我12岁就给人家看牛，16岁当长工，19岁时父亲死了，20岁时祖母死了，全家只剩下我一人。所谓家，只是一间烂草屋，夜间望见星星，雨天到处漏水，真是上无片瓦，下无寸土。我全年不在家，布政村全村姓李，但多数人都不认识我了。

---

① 李池，广东省遂溪县杨柑豆坡布政村人，1920年生。1939年8月加入中国共产党。历任交通员、雷州人民抗日游击大队第三大队排长、南路人民抗日解放军第一团（老一团）第一营第二连连长、桂滇边部队第一支队第一营连长、营部参谋、中国人民解放军桂滇黔边纵队第九团副团长。1950年5月返回广东，任信宜县公安局局长、阳江市平岗农场场长、阳春县交通局局长、阳春县林业局局长，1965年离休。1992年去世。

一、青抗会深入农村

1938年,我已经18岁,在遂溪县泮塘村做雇工。当时广州沦陷,各地在广州读书的学生返乡。党在溪遂县领导开展抗日群众运动,组织青抗会。青抗会员一开始是一帮青年知识分子,下乡宣传抗日救国,日间下田帮农民做工,夜间开办农民夜校。青抗会在农民中发展会员,组织农村青年参加抗日救国,遂溪县东区的黄略、甘蔗林、茅村等地搞得很红火。我做工的泮塘村属于遂溪县中区。我在夜校读书,夜校老师有4人,一个是湛江东海人唐多慧,一个是莫怀,还有两个是泮塘本村人陈醒亚、陈醒吾。

我党利用办夜校宣传抗日,发现和培养积极分子,暗中发展党员。1939年8月,唐多慧(花名叫"高佬唐")介绍我加入共产党。这时中区的青抗会搞得轰轰烈烈,夏天的一个大热天,青抗会在洋青圩西田村附近的一个小山头召开抗日自卫武装动员大会,到会的有好几千人,大会开了一天。

抗日群众运动搞起来了,国民党就来镇压抗日群众运动,搜捕共产党员,解散青抗会。1939年冬天,天气非常冷,敌警到泮塘村抓我们的老师。青抗会的领导人(4位老师)都已转移到新区工作,敌人什么也没有抓到。泮塘一带已打下群众基础,发展了一批党员,继续秘密抗日,不再公开办夜校。

1942年，我地下党支部进行紧张的活动，积蓄力量，做好应付日军侵略南路时的武装抗日准备工作。1943年春节过后的一个晚上，日本兵舰于天黑时从海康、遂溪两县交界的海面开近海岸，随后登陆，当晚约8点一枪不发进入遂溪县城，第二天早晨5点到了洋青圩。国民党军队和官员不响一枪，走个精光。新村有个农民早晨起来，见鱼塘对面人马嘈杂，不知是什么军队，胡乱打了一枪过去，对面日军马上轻重机枪一齐向村庄横扫过来。村民看清了日本侵略军的旗号、铁帽和战马，才惊慌逃命。

二、组织武装抗日

这时，我的党关系介绍到麒麟山（现其连山）陈熙古处。陈熙古是个学生，家里很穷，有几块旱地，这时从学校回家种地，主要做党的工作。我到麒麟山村给地主陈仕联做长工。陈仕联家种了很多田地，雇请了十几个工人，亚福做工头。陈仕联倾向抗日，同情我党。我名为雇工，但负责党的交通工作，经常在日间、夜间外出带信，捉汉奸。陈仕联知道我和陈琳（麒麟山本村人，也是党员）两个经常离开工地外出活动，有时一去几天才回来，他也不过问。工头亚福有意见，对陈仕联说："阿池经常去外边，没做工。"陈仕联也不出声表态，亚福无可奈何。后来我们组织武装起义抗日。日军投降后，国民党诬以"通匪"罪名，杀害了陈仕联和他的侄子陈章，陈仕联只剩下一个十二三岁的小儿子，跟我参加了革命队伍。

1943年春节后，日军进入洋青圩的第二晚，日军全部离开洋青圩去遂溪县城。洋青村边有一个祠堂，国民党设有一个转运站，转运军火去海南岛，有十几二十个兵守卫这个临时军火仓库。日军一来，国民党走个精光，枪支早已运走，丢下100多箱手榴弹。半夜，陈熙古领导我们几十人进入祠堂，把手榴弹全部搬到陈仕联的田头屋，放进草堆里藏起来。1943年三四月间，周文熙、陈熙古、沈汉英领导麒麟山、竹山、麻宋、钱村等几个村30多人武装起来，组成一个排，排长是我，指导员是陈熙古。队伍成立初期，战士日间继续耕作，夜晚进行抗日活动。不久接到上级指示，陈熙古和我带领这个排开到遂溪县南区北就村，把队伍交给老洪（洪荣）领导，并把从东、南、西、中4个区来的队伍编成一个大队，老洪任大队长。我和陈熙古继续回麒麟山发动群众，吸收积极分子参加抗日队伍。

1939年，青抗会开始掌握祠堂的枪支，到起义组织队伍就把这些公枪拿到手。我们揭露国民党"一枪不响""一夜失雷州"的消极抗日行为，控诉日军奸淫掳掠、烧光、杀光的罪行，宣传抗日游击队，号召地主交出私人枪支。如果地主顽固不愿交出枪支，我们就采取行动迫他交出。遂溪县新村塘有户地主杨××，是个暴发户，雇十几个人耕田，有20支长枪，还有快掣驳壳。汉奸指名向这家地主要枪要钱，我们抗日游击队也向他要枪，他都不肯给。1944年初的一天，他要去赶圩，怕路上被人拦截，就扛一把锄头假装去看田水，往田洞走去，我们也化装成农民往田洞去，把他抓回了驻地，要他交枪。他抵赖说"没有枪"，我们把他吊起来，他仍然不承认。硬的不行，就用软的，我们叫陈仕联和他谈话。陈仕联对他说："现在日本人、汉奸向你开刀，要你交枪交钱；抗日游击队也要你交枪支持打日本人。你如把枪交给日本人，当汉奸，抗日游击队饶不了你；你不如把枪交给抗日游击队，中国打败了日本，国家被挽救，你一家人才有出路。你好好想一想，究竟走哪一条路。"杨××想通了，自愿交出步枪20支，"鲍鱼唛"快掣驳壳手枪1支。于是抗日游击队公开到杨××的塘寨活动。

1944年，我们组成新的抗日队伍，指战员都是抓锄头的农民，没有战斗经验。日本兵的武器好，枪法准，我们多次战斗都没有捞到多大便宜，大都是主动避开日军正规部队，打汉奸的"和平军"。有一次，在北坡圩白水塘村驻的日军经过洋青圩，我们打死了一个掉队的日本兵。日军前面走的是白水塘"和平队"，后面走的是三四十个日本兵，我带一个中队30多人，选择一处松林小路掩蔽伏击，开枪袭敌。我们原本想伏击"和平队",吃他们一口,没料到日军在后面,用机枪猛扫松林。我们有一位同志受伤,于是主动撤出战斗。日军对附近各村庄进行烧村报复。夏天以后,我带领的中队深入敌后沦陷区,在中区、东区一带活动,收缴武器,发动群众参加抗日队伍,把武器、弹药送给抗日联防队。

1945年初,南路各县抗日队伍在发展,各县都组成了一个团。遂溪县有个老一团,还有马如杰在界炮一带发展的第二团。我们在麒麟山一带收缴枪支、发展队伍,组成南路抗日人民解放军第一团第一营第二连:第一营营长是金耀烈,教导员是王平,下辖3个连;第二连连长是唐林,副连长是我,指导员是沈杰;陈熙古调到第一连任指导员。我们第二连有80多人,在中区、东区活动,发展队伍,活动到黄略、甘蔗林、茅村一带。黄略村有汉奸成立了一个伪乡公所,有十七八人,我们计划收缴他们的枪。

1945年春节,伪兵夜间赌钱,早上还未起床,伪乡公所门口的哨兵抱着大枪打瞌睡。大清早,我们10多个人挑着十几担山草,把驳壳枪藏在山草内,一行挑着草从伪乡公所门口走过。行经哨兵身边,一个同志丢下草担,一把抱住哨兵,用毛巾塞住了他的口。紧接着,十几个同志一齐从草担中拔出驳壳枪冲入哨兵住房,收齐了伪兵的枪支,而大多数伪兵还大睡未醒。有一个醒了爬起来,我们用驳壳枪指着他，喝道："不准动！"我们喝令伪兵全部起来，把他们赶入一间小房，关上门并加了锁。我们割断电话线，进入茫茫的甘蔗林中。由于我们第二连连续缴获枪支，所以我们的武器特别好。

6月插秧时，有一天，我连队在天色入黑时从别村转移到黄坡村，还未放下背包，群众便跑来向我报告：西北方向有一队穿黄衣服的国民党军，大约有一个连，绕过飞机场从小路向黄坡开来。我们马上转移到村边的树林和茂密的甘蔗田里，就在村边很近的地方隐蔽休息，还能听到国民党军排队点名的声音。这时，村中群众煮好了饭，派人担到甘蔗林里给我们吃。国民党兵喝问："你们煮这么多饭担到哪里去？"群众说："我们的工人在外面做工，要担饭去田头。"由于我们和群众鱼水相依，所以敌人压境时，我连队一直没有暴露过。

三、奇袭遂溪机场

1945年8月，日本宣布无条件投降，国民党抢收胜利果实，妄想消灭我党领导的南路抗日武装力量，以三个军及一个南路挺进队的重兵压下雷州半岛。党的上级领导分析敌我力量后，为了保存革命力量，保存主力，指示我南路部队缩编为一个团，组成约800人的队伍进行西进，其余革命力量分散掩蔽。西进部队的团长是黄景文，政委是唐才猷，我任老一团第二连连长。

我西进部队受到国民党军的层层封锁，先头部队到达廉江县塘蓬，和国民党军接触并发生了激烈的战斗，第一营营长金耀烈负伤了。我带的第一营第二连序列在全纵队的后卫，隐蔽于遂溪机场附近的黄坡。由于我军和群众关系极好，所以我们100多人很长一段时间在敌人的鼻子底下活动，敌人也毫无知觉。

团部为了打乱敌人的包围部署，震慑和迷惑敌人，使主力能顺利突围，就以我们第二连为主力，奇袭国民党军刚从日本侵略军手中接收过来的遂溪机场。

日军侵占雷州时，选择风朗村一块平川地带做飞机场，把风朗村农民赶到附近搭茅寮居住。我党在风朗村设有地下交通站，第二连战士刘仕贞、冼明、刘奇等就是风朗村人，对飞机场的地形地物很熟悉。10月上旬，我们第二连驻在风朗村。一天，团政委唐才猷到风朗村交通站女交通员谭少芳的茅屋里和我们第二连的干部开会，传达了特委要我们第二连抓紧时机奇袭飞机场的意图；政委和团便衣队队长洪九（洪田）一起在地上设了沙盘，要我们在沙盘上把机场的地形、营房位置安上模型，研究突袭的行动计划。为了使奇袭战斗万无一失，唐政委认为还要再做一次详尽的侦察，让我带领家在风朗村的战士侦察外围，让女交通员谭少芳和另一位姑娘侦察机场内部。会议结束后，唐政委返回 30 里外的团部驻地山里村。

女交通员谭少芳同志当时只有 21 岁，非常干练，模样也周正。第一天，谭少芳带着另一个姑娘，装作拾柴火，到机场东边侦察。这机场只在东边偏南方向开了一条大路，直通遂溪县城，其他方向无路可通；机场周围环绕很深的战壕，壕外围了铁丝网，壕内是一圈茂密的簕竹林，除了正门大路可进入，四面再无别的路径。谭少芳拾柴时，敌军官兵色眯眯地走过来搭话，谭少芳机警地对付敌人，又提出"请长官准许进入机场厨房担米水回家喂猪"。敌军官兵不知打什么鬼主意，一口答应了。谭少芳当天回村向我们汇报了情况。第二天，她们挑起木桶从大路直入机场，进入敌人兵营，从东到西转了一圈，把飞机场的兵营、宿舍、仓库位置记了个清楚，敌人一个连就住在机场入口大路南边的三间平房，西边尽头是飞机师和行政人员的宿舍，北边飞机跑道旁就是仓库区。两个姑娘挑着米水大大方方地离开机场回家。

我和战士冼明、刘仕贞、刘奇几个同志反复弄清了机场外围的地形地物，谭少芳弄清了机场内部的情况，指导员沈杰就给唐政委写了一份详细的报告，派通信员送到山里村。唐政委马上写了回信，批准奇袭飞机场的行动方案，命令立即行动。

突袭飞机场的主力是第一营第二连及以团部便衣队为

主的突击队。当时第二营、第三营因公事和请假探亲而未赶上自己队伍的10多位同志,也请求领导批准和第二连一起行动。我记得第二营通信员陈光绪也请求参加突击队。突击队挑选了20多人,由指导员沈杰指挥,洪九(洪田)为队长,深夜从机场大路爬行接近敌门哨,硬冲硬打突入机场。我指挥第二连第一排排长左成带领第一排跟着突击队冲进,以火力封锁机场一个连驻军的三列兵房;第三排排长陈兴带领第三排,分派一部分人员在机场周围做掩护,另一部分人员进入机场接应突击队,打开军械库收缴武器;第二排排长乐文昌带领第二排到离遂溪县城四五里的一条小河边,利用地形埋伏,如遂溪城敌军出动救援机场,即突然给敌军以猛烈的狙击,好让机场突击队听到枪声后安全撤退,第二排打几轮火之后也可安全撤出战斗。

当时已近10月中旬,深夜1点,天空黑乎乎的,突击队员身插树枝做伪装,从大路爬行接近机场大门暗堡岗哨。同志们已经爬到离敌哨很近的地方,敌哨兵才发觉,喝问一声:"什么人?"随手一枪,打中了黄健生的手。我突击队员边开枪边跃进冲锋,却没有打中哨兵,敌兵溜出哨位,朝营房跑去了。我带领第一排长枪队冲入机场大门,立即布置火力,封锁了南侧敌人三列兵营的路口。敌人一连兵龟缩在营房里,三次妄想冲出来,都被我突击队员从营房后包抄消灭在门口。我们高叫着"缴枪投降"。沈杰、洪九突击队和第三排一部分同志按分工分别逮捕飞机师和开仓库。洪九同志带一个组包围了飞机师的宿舍，里面10多人用短枪抵抗。突击队员用驳壳枪压住宿舍大门和窗口，陈安天同志把两颗手榴弹丢进宿舍里。轰然巨响过后，屋里敌人死伤多人，突击队员高喝："不要开枪，缴枪不杀。"里面活着的人举手出来投降，被我活捉的人员中有3个是飞行员，其余是文职和地勤人员。另一部分同志砸开了军械仓库，里面轻重机枪、长枪和各种子弹塞得满满的。原本团领导派麒麟山陈勃（陈拔）带领地方党员发动人员来机场接应搬运东西，但他们要走30多里路，因天黑摸错了路，没有及时走到机场。突击队和第三排只有50多人，各人都有武器和背包，尽力把能扛走的武器、弹药搬了一部分出来。这时机场战斗已结束，我们怕拖延时间而陷入被动，就用汽油泼湿东西丢进仓库纵火焚烧。这时，机场内大火冲天，仓库里的弹药、汽油桶爆炸声震天，遂溪城内的敌人闻声胆战，怕中我军埋伏，虽有装甲汽车，却不敢出城。我第二连和突击队尽力扛着缴获的武器，押着3个飞行员，安全撤出飞机场。

我连队和突击队战士扛着战利品到达风朗河边时已近天亮，半空一弯蛾眉月，微透着朦胧的亮光。一些战士把扛不动的武器丢进风朗河，其中有几挺重机枪。后来我们把丢武器下河的情况告知了地方党员陈勃，在解放战争时期,他们把这批武器捞起来,配备给了新一团。1948年,南路东进粤中部队使用的重机枪,就是从风朗河捞上来的。当时第三营的陈贵也参加了突击队,他个子最大,很有力气,坚决扛回一挺重机枪,这挺重机枪后来在西进的历次战斗中发挥了很大威力。我第二连这次共扛回40多支步枪。天快要亮时,我们进入黄坡村休息。

上午9点,遂溪城的敌军才敢开着装甲车到飞机场观看已被我们烧成废墟的仓库。风朗村交通站的两位女交通员到黄坡村向我们汇报了这一情况。当天黑夜降临,我们扛起缴获的重机枪到山上,这摸摸那拉拉,朝机场方向扫了一梭重机弹,才从容撤走。一夜急行军后,第二天早上才回到山里村吃饭睡觉。晚上,我们又行军到廉江新塘。第三晚才在塘蓬附近赶上西进先头部队,把袭击遂溪机场的战斗经过向团部领导同志做了重要汇报。

四、西进途中

西进队伍在敌军包围中钻了空子,从山地偷偷突围,没有发生战斗,过了广西博白县。这时,重庆谈判正在进行,我们住下休整,等候重庆谈判结果,还幻想谈判成功就可以回老区。西进部队团部带有从香港取回的电台,和上级及党中央保持着经常性的联系。特委指示我们,要保留雷州半岛的革命武器,设法和合浦、防城两县的游击队取得联系，以当地党组织的力量，建立以防城一带为中心的十万大山根据地。

随后，我们部队到达灵山县时，了解到灵山县的游击队受国民党军扫荡已经分散转移。我们进入钦县贵台圩，开仓库，取补给，住了三天，被追兵追上。我们在贵台乡公所、仓库等处的门头挂上炸药包才关起大门撤走，追兵只要开门就挨炸。撤退的第三天，即1945年12月初，我部到达钦县与防城交界处，开始进入十万大山门口。敌人追及，我军回头迎击，敌军迂回侧面攻我团第三营，第三营第七连连长廖培南牺牲。从当天上午10点打到天黑，我团才摆脱敌人，撤入十万大山。

我团在防城县内与沈鸿周大队会合，敌人大部队又压入十万大山，我们立刻分散展开活动。当时部队经济困难，团部抽调一些同志组成两个小分队，专搞经济给养，每队十二三人，到从越南海防市入我国东兴县境的外埠（设有海关报关处）活动。两个小分队的队长，一个是唐森，另一个是我。我队到达外埠后，当地党组织交通站提供情报，称有个国民党师长乘电船从海防入国境经过外埠回东兴。于是我们去截击，但电船提前开走了。第二天晚上8点，又有一艘电船从海防市开入外埠报关，电船停在海朗树边，我们摸着齐胸深的海水接近电船，一齐朝电船上丢了三四颗手榴弹，炸得船上的敌兵晕头转向。响声一过，我们站在海水里把小战士宋养托上电船,再掩护全队登船,缴了两个敌兵的两支驳壳枪。我们收缴了船上人员的钞票,每人背了一大包,还砸烂了电船上的机器,命令电船司机开船离开报关处。唐森小分队则开了一艘帆船与我队配合,最后全队上了唐森的帆船撤走。我们打电船的海边离乡公所仅50米,原以为敌乡兵会开枪,但他们始终不敢放一枪。

我们两个小分队集合在一起后,到处找不到团部,到几个有联络点的村都发现有人开枪,找群众查问,才知敌军已进驻这一带村庄。我们返回海边原活动的村庄等待上级联系,东兴地下党的同志送来团部给我们的通知,才知道部队已撤离防城县境,进入越南。团部指示我们把搞到的钱汇回湛江市我党办的商行(秘密据点),小分队想办法到越南找团部归队。

在防城县境内,我部曾袭击国民党一个师长的家,这家人大哥当师长,小弟当参谋长,两兄弟一起回家过春节。我军用三个大地雷炸开围墙,连师长家的三只凶恶的大狼狗也被炸死了。门楼炸烂了,大门炸烂了,敌人也震晕了。我们入屋逐房搜查,敌师长跳窗逃上山,其弟参谋长、老婆、舅父开枪抵抗,被我军全部击毙,缴了23支枪。我部装备已经很好,于是把这些枪全部留给了防城县我地方游击队。有一次打军阀陈济棠老家,也缴获了两挺机枪和几支步枪。

团部指示我们20多人找机会到越南，我们就和防城县地下党的同志想办法。地下党有个叫"大鼻刘"的同志带几个人随我们队一起活动，他们帮忙找到一条船开进越南水域。我们的帆船有30吨，共有30多人，用的都是快掣驳壳枪。越南边境一带已是越南党领导，当地人见有中国帆船靠岸，一齐开了20多条小船围拢过来，制止我们靠岸。我们请船家用越南话与他们讲清楚，中国共产党"红军"的一个团已从陆路进入越南，我们小队要上岸归团，请准我们派两个同志乘小艇上岸联系。越方同意派小艇接唐森等两人上岸联系。我们团部有无线电台，每晚和党中央都有联系，我党中央已同越南党胡志明主席联系好，说明中国南路西征部队在情况危急时将过越南，中央电台也通知我团，越南党允许我团进入越南。因此，唐森上岸和越方交涉，经通电话请示上级，准许我们小分队30多人乘越方小船上岸，原中国来的帆船则开回中国。

我们上岸后，越南地方干部和群众称我们为"中国红军"，但见我们服装不整，看不起我们，对我们不理不睬。他们向中共中央通电询问："这样一批服装不整的人入境，怀疑是土匪，他们究竟是不是中国红军？"我团开到高平省时，听说越南党和中共中央研究决定，正式把我们西进入越的老一团改称为"越北部队"，发了越南军装，供给粮食。

五、在越南的日子

在高平省改换越南军装之后,部队主力由团长黄景文带队,开向越南中部(称为中圻),向越军传授游击、摸营等实践经验。部队抽调部分干部留在高平省,由纵队政委周楠、司令员庄田、团政委唐才猷及政治部主任饶华(外号"大炮饶")领导,负责为越南训练中团级干部(相当于我们营级);由廖华负责战术课,讲游击战、伏击战等。越南中央首长常坐小车到训练班来,和大家一起打球。我们为越南训练了三批干部。

留在高平省的同志,也分散搞群众工作,像在我们家乡一样办夜校,教华侨和越民识汉字,教他们革命道理。农忙时,我们到越南农民田里帮忙插秧、割禾;收工时,我们回营房吃饭。逢年过节,越南老百姓会担很多果粽到营房来,摆成一大堆,吃也吃不完。总之,当时中国军队(他们称"中国红军")和越南老百姓关系非常好。

我入越南后,在广宁省生过重病,部队留下两个小护士照顾我。越南有个号称"同志陆"的干部,在边界一带很有威信,他给我留下一张字条。我病好后,和护士三人带着这张字条从广宁到谅山省的北汕,又到高平省,行程一个月,每到一个村都拿出这张字条,当地干部就给我们安排食宿,不收钱。可见越南边界一带到处都有人认识这个"同志陆"。到高平省后，老一团抽调第二营和防城来的同志——他们会讲客家话——组成工作队下乡。当地年纪大的越南人都会讲客家话。经过做群众工作、办夜校，打下了基础，就发动部分华侨参加我们的队伍。

我曾在司令部学习，听说少数地方有排华情绪，越民和华侨发生冲突，烧了华侨的房屋，抢了耕牛，赶得华侨带了枪支上山。可见早在1946年、1947年就有过排华事件。我们司令部向越共中央反映情况，越共中央同意我们和地方组织一起调解越华纠纷。协商结果是，由越南地方当局赔偿烧了的房屋，赔回拉去的耕牛，给回夺去的田地，准许华侨回原住地居住生活。

1947年五六月间，中共中央来电指示，全国各地所有我党领导下的武装抵抗国民党的进攻，配合全面反攻。7月间，司令部收回派出的队伍，集结学习。我们原属粤桂边纵队，计划通过东兴返回防城十万大山开展武装斗争。但是，法国殖民部队深入北越，封锁了通往广东边界的公路，我们在越南边界转战了几个月，才从广西靖西县进入中国国境。

这时，南路新一团又举行第二次西征，到达十万大山。1949年3月，新一团经越南到达云南和老一团两次西征的部队会合，在广西、云南边界开辟新的根据地，中央命名部队番号为"中国人民解放军滇桂黔边纵队"。

六、开辟滇桂黔边区

1947年近秋收,靖西县的稻谷黄了,部队整编,我营第一连和第二连合并为第一连,我继续任连长。部队士气很高。回国第一仗,是攻打靖西县百合圩。国民党在百合圩驻一个连。我第一连担任主攻,我带领一个排冲击敌人的排哨,副连长"跛手黄"突击敌人兵房。冲敌排哨的一个排首先爬行前进接近敌人,开枪射击,这时突击兵房的那个排刚从大路直达,敌人听见排哨响枪,开枪抵抗,副连长"跛手黄"中弹牺牲。掩护排接着上来,以强大火力把敌人压下去,敌人逃跑了一部分。第三营负责堵住敌人的退路,但不够稳,被部分敌人冲了出去。这一仗缴获了敌人很多军用物资。

李济深部下的一个"剿匪大队"到了靖西县弄蓬村。我军趁敌立足未稳,全团1200人深夜四面包围弄蓬,以优势兵力务求全歼敌人。第一连登弄蓬后山形成包围,第二连主攻入圩。敌人蜂拥从圩后逃上后山。我第一连早布置机枪、步枪火力封锁上山的唯一山路,敌人刚走上山路,我第一排排长左成就用"特别射手枪"(配有放大瞄准器)一枪击倒了敌方正在吹指挥号的号兵;敌人转向另一个山头,又被我连的交叉火力射死很多人。我团全歼李济深部驻弄蓬的"剿匪大队",生俘100余人,活捉"剿匪司令"

张卓然。俘虏的敌军官兵上送司令部处理，听说全部被教育后释放。张卓然回去宣扬我军优待俘虏的政策，被国民党当局枪杀了。

在广西靖西县百合圩打了几仗之后，我调到营部任参谋，营长是李鸿基，政委是陈熙古。第一连抽调了很多干部去扩编新队伍，但仍留下较强骨干，另抽调部分参队的越南华侨补充入第一连。第一连仍是全团战斗力最强的主力连队，平时跟随团部，哪里有强敌就把第一连放到哪里。

1948年春节，司令部准备攻打德窝县城，我营夜行军两晚。这时，国民党军派一个中队七八十人插入我司令部队伍后面，司令部派通信员命我主力连夜回平孟，这个中队敌人又跑了。我队转而打下一个乡公所，正在煮饭吃，敌人又来攻平孟。我们又拉主力返平孟，敌人又逃跑。敌人逃到一条大村住宿，我军追至，敌人退守后山，我军登对面山布置重机枪阵地。第二天早上8点，敌人派几个兵从后山下村找东西吃，我们开重机枪扫射，由于布置包抄不及时，大部分敌人逃跑了，我连队截击消灭敌人一个排30多人。

老一团从越南回广西边境，军事上是胜利的，但执行政策过"左"，错杀一些人，靖西县地方党组织有意见。后勤部队大搞退租退押，刺激了敌人，国民党又派重兵来围剿。我们司令部指挥部队伸向云南省，于1948年底到达滇东南，攻下马关县城，挺进广南县。我部指战员和当地群众语言不通，依靠地方党组织，发动广南县大队大队长孙太甲起义（孙太甲的父亲是县参议员），司令部任命孙太甲为第七团团长。孙团有卡宾枪，装备很好，老一团就从孙太甲的部下中抽调人员当翻译。

广南起义后，国民党派了一个黄团的正规军及云南省保安队9个中队追赶我们队伍，我们日日行军，敌人日日紧追，疲惫不堪。"敌疲我打"，我们在芹菜塘布置了一个伏击圈，老一团和第七团布置成一个网袋，早上8点多，敌军一小主力营入网，我军一齐开火猛冲，到11点结束战斗，全歼敌军主力营，缴获六〇炮3门、重机枪6挺。敌第二营跟上来，我军转移到第二个山头。敌第二营见我方山头毫无动静，就溜走了。老一团第一连得到美式枪械，全部给其他连换了新枪支。敌人不敢再追，提枪就逃。"敌退我追"，我军回头消灭了云南省保安队3个中队（每个中队七八十人）。战后，我们枪械精良，弹药充足，从飞机场缴获的那挺重机枪，按三三制配弹，第一发穿甲弹，第二发爆炸弹，第三发燃烧弹，威力很大。我们专攻县城，打下广南县后，又打下西畴县、砚山县、文山县（文山城是专区所在地），把滇东南地区连成一大片解放区。解放区境内敌区乡政权和圩镇，顺我者存，逆我者亡，一部分自动投降，一部分由地方解决，一部分由我大部队攻下。1949

年初，中国人民解放军滇桂黔边纵队发展到4个支队，派另一部分插入贵州省发展。

1949年初，部队扩编，司令部委任我为第九团团长，唐森为政委，第九团的主要任务是镇守马关城，到砚山、广南、西畴活动，收拾敌地方区、乡、保、武装及地方恶霸。1949年秋收，接上级指示，老一团返广西百色和南下大军第四野战军第三十八军会师。我第九团和李鸿基任团长的第八团合并，作为第二野战军第四兵团的向导，带大军入云南。我和李鸿基两人都抽调出来搞支前工作，各带一支宣传队。我们宣传队带领第四兵团的先头部队抢占蒙自机场，包围歼灭国民党军一个师。

1949年12月底，各部队开到昆明市，第四兵团政委宋任穷动员进军解放四川。我边纵部队编为两广支队，返十万大山剿匪，抽部分干部组成干部连，营级以上入第一连，连级以下入第二连。我队返回广东时，已是1950年5月。返回广东后，领导调我到信宜县任公安局局长，指挥公安队、县大队剿匪，开始镇压反革命。从此，我转到地方工作。

记录整理人：钟万金
阳春县委党史资料征集办公室
1982年4月5日

（来源于阳春县委党史办采访李池的谈话记录，其家属已授权发表，有改动）

第四章 主力西进

卢　文①

一、老一团初次西进困难重重

1945年8月，日本宣布投降后，国内形势发生了巨大的变化。蒋介石决心用美帝国主义援助的和从日本侵略军那里接收来的强大军事力量，发动反共反人民的内战。在粤桂边地区，调动大量军队到南宁、湛江一带，加紧部署对革命武装的进攻。特委据此决定，我游击队主力第一团（惯称"老一团"）西进十万大山，其他武装分散隐蔽活动。九十月间，老一团进入合浦、博白县交界的马子嶂山区，因事先没有和合浦、灵山方面取得联系，故不能继续前进。那时，小江队和灵山队自西进受挫后，一直在合浦、灵山交界的深山中隐蔽活动，和上级没有联系；钦州的党组织和武装活动还没有恢复；防城自"新街事件"后，队伍刚刚重建。因此，老一团要到十万大山，遇到了不少

---

① 卢文，1922年4月生于北海，1939年1月加入中国共产党。历任浦北县白石水区、灵山县、钦县中共党组织工作负责人。1945年2月在钦县发动武装起义，1947年10月组织上思县武装起义。曾任粤桂边区人民解放军第二十一团政委、中国人民解放军粤桂边纵队第七支队政委，新中国成立后任钦县县委书记、中共广西党校教务处处长、校党委副书记、中共中央党校政治经济学教研室副主任、中共中央农村政策研究室联络室主任。1989年离休后，仍继续从事农村问题的调查研究，曾5次被评为优秀党员、2次被评为先进工作者。2016年在北京辞世。

困难。

此时,我和朱守刚准备自灵山经小董回到十万大山,并派人到小董找朱守刚的叔父朱鸿昌和姚维富,他们都很熟悉从陆屋到小董及小董周围的路途和情况。通途已不成问题,只等拎上几支手枪后就起程。

正在这时,钦廉四属党组织联络员谭俊从合浦来找灵山队,传达上级指示,说老一团准备到灵山。我们听了这个消息都很高兴。我和朱守刚决定等老一团到达,了解了上级指示后再走。

过了十几天,老一团到了灵山,在灵山东南部的古文水同灵山队、小江队会师。这一天,"蝉噪林愈静,鸟鸣山更幽"的山间,顿时人声喧闹,战马长嘶,空荡荡的沟壑,突然变得狭窄起来;罕见人影的山路,仿佛赶集的大道一样,部队来来往往,川流不息。人们怀着喜悦的心情,走起路来劲头大了许多,言谈间眉飞色舞。

老一团是在战斗中发展起来的一支坚强队伍,在敌后的雷州半岛进行过许多有名的战斗,领导干部坚强练达,战士作战经验丰富,装备较好,战斗力较强。大家都把它看作坚强的支柱。

二、古文村会见老一团

我在古文村的一间大屋里,见到了老一团的领导同志,大部分都是熟人。最使我高兴的是见到了督导员杨甫（三叔）。他原是钦廉四属的领导人，"烟铺事件"以后，被停职审查，4个县的组织也因此停止联系。在这种情况下，特委通知各县举行武装起义，由于没有统一的领导和周密的计划，起义队伍受优势敌人打击，损失巨大。经过一年多的狂风卷袭以后，再见他回来，我真是无比高兴和万分激动，眼眶都湿润了。他对我们非常热情，详加慰问，使我感到党的关怀和温暖。团政委是唐才猷，遂溪人，身体结实，富有农民工作经验，曾在合浦担任过县委领导工作，武装起义后，一直领导部队，已成为文武双全的军事干部；我在湛江和合浦跟他见过。团长黄毅（黄景文）是我和陈铭金在特委训练班学习时的同学和老师，当时他讲授游击战术。他有一副俊秀的相貌和修长的身材，大家都叫他"高黄"。他言谈温和斯文，打起仗来却很勇敢沉着。政治处主任李廉东（李新农）是合浦人，身材瘦弱，脸色苍白，有点白面书生的模样，工作活跃，和蔼可亲，我和他不熟，但是一见就很亲热。

杨甫和唐才猷告诉我们，老一团要经过灵山，到十万大山去，所以找我了解钦州和十万大山的情况。杨甫为了及时完成灵山的工作部署，先找其负责人陈铭金谈，叫我先和唐才猷等同志谈钦州和十万大山的情况。这个机会对我和朱守刚来说，真是喜从天降，因为我们不仅可以随老一团回到十万大山，而且有老一团作为主力，发展游击战争、建立根据地都将能顺利进行。

我和朱守刚去见唐才猷和黄毅，向他们汇报钦县的政治、经济、地理和我们的工作情况，叙述小董起义的经过、失败原因和经验教训，介绍十万大山接近钦县一带的山势和群众情况。他们听了很感兴趣。但是，我们没法讲清防城县的情形，因而没能讲清十万大山地区的具体情况。

在另一次谈话中，唐才猷和黄毅摆出五万分之一的军用地图，要我们提供一条到十万大山的行军道路。我和朱守刚提出我们曾多次研究过的路线：经钟灵、陆屋南部、青塘南部、过九脉坳到小董以东，然后自小董以北经过，沿粤桂两省分界线越过大寺，直到贵台。这条路线不仅有群众基础，而且已经找来现成的向导，随时可以行动。他们听了以后，不断询问沿途情况，如沿路是否有反动派的据点，是否会有反动派武装伏击，陆屋江、小董江是否可以涉水，什么地方可以宿营，什么地方可以征粮，等等。我们都尽自己所知提供情况。经过几次讨论，他们决定按照这条道路走，随即用红笔在地图上画出来。钦州段则找姚维富和朱鸿昌带路。

三四天后，杨甫大体部署好灵山的工作后，找我和朱守刚去谈。我们向他汇报"烟铺事件"后钦县党组织采取的措施、钦县武装起义的经过，我和朱守刚等6人（其中5

人是党员）在那礼被捕和到那楼的过程，小董起义后牺牲的同志、逃跑和自首的党员（共2人），我们到灵山后的情况，等等。目前，钦县党组织还处于瓦解和情况不明的状态，急需了解情况，恢复联系，重整组织。他听完汇报，经过考虑以后，决定恢复我和朱守刚的组织关系，仍由我负责钦县党组织的工作，指示我们随老一团回钦州后迅速恢复组织，开展武装斗争。对有些问题则准备在行军过程中进一步具体讨论。

部队在古文水一带停留了一个星期，杨甫部署好灵山、小江的工作，唐才猷等确定好进军路线并在当地筹足了行军的给养以后，便决定向西进发。

三、古文水谋划给养后继续西进

部队出发时，陈铭金和灵山的同志都在村边的山坡上和我们依依惜别，互祝在战斗中取得胜利。我和朱守刚在灵山住了半年左右，对芳龙的山山水水、群众和同志，都怀有亲切的感情。这里的风景是优美的，群众是好的，灵山的同志对我们是亲热的。但我们在这里终究是做客。"梁园虽好，不是久恋之家。"我们一直怀着"羁鸟恋旧林，池鱼思故渊"的心情，渴望和准备着回到钦县，因为我们的战斗岗位在那里。我们抱着必胜的信心和决心踏上新的征途。

行军的队列像一条灰黑色的长蛇，在山道和田野之间迅速前进。战士们精神饱满，步伐矫健，队形整齐，间距适当。这时正值秋高气爽，丽日当空，云淡风轻，山间的树林还是一片浓绿；村边的柑橘挂满黄澄澄的硕果，田间水稻已结实垂头，微风过处，发出了"沙沙"的响声，并腾起层层稻浪。这是一幅壮丽的秋日进军图。久困芳龙深山的我们，置身在这个生气勃勃的行列中，满怀着美好的憧憬，有说不出的快乐。一路上，我和朱守刚不断商量回去如何寻找同志，如何恢复组织，如何重新发动群众，如何建立队伍和开展武装斗争，等等；有时，也和杨甫、唐才猷等同志谈论钦县和十万大山的情况。

我们走了20多里路，逐渐走出灵山东南部的山区，进入丘陵平缓地区和开阔的田野。在这里，队伍望不到尽头，更显得威武雄壮。国民党军或是慑于我们队伍的强大，或是因队伍来得突然而手足无措，都不敢出来接触一下。我们在秋风的乐曲中平静地越过了灵山中部。

第一天的宿营地在钟灵乡。这里的白鸠埠村是著名的革命村庄，灵山武装起义就是在这里策划和部署的，起义后，队伍曾回到这里，跟前来围攻的国民党武装战斗了多天。队伍撤出以后，它和司练一样，遭到了一场火劫，房屋全被烧毁，家具全被抢走或毁坏，田园荒芜，在很长一段时间内，成为无人区。我们到达时，这里的群众很高兴，热烈欢迎我们，纷纷向我们控诉国民党对他们的摧残和迫害，希望我们打倒国民党，为他们报仇雪恨。现在，房屋还没有修复，居民也多流离外乡，这里还是一片荒凉破败的景象，同志们目睹这种情形都十分愤慨，当晚部队在附近几个村庄宿营。由于群众的热情接待，很多问题迅速得到解决。

第二天，队伍由钟灵和陆屋的同志带路，继续向西进发。地势由丘陵逐渐平缓，出现波浪起伏的状态。从陆屋西南直至钦州，沿江两岸是一条平原地带，但由于水低岸高，灌溉困难，所以粮食产量不高，群众生活较差；地主势力不大，同情我们的人很多，我们都很放心地行进。黄昏时分，我们到陆屋西南40多里的江边村庄宿营。

第三天，由朱鸿昌和姚维富带路，涉渡陆屋江，从青塘南部直趋九脉坳。过了坳，便是我们工作过的地区。朱守刚赶到前头，沿途向群众打招呼："我们的队伍回来了。"这里的群众一直盼望着朱守刚带队伍回来，现在再见面，都喜笑颜开，奔走相告，纷纷出来欢迎和观看，情绪异常高涨。队伍在大塘、八甲、那料一带驻扎。小董的敌人闻讯，赶忙关闸布防，惴惴不安，连夜向县政府告急。

这时，最忙的是朱守刚。他一方面要替部队找驻地，解决给养问题，另一方面要找熟识的群众打听我们同志的下落，向群众宣传革命形势，鼓舞群众的斗志。群众听说他回来了，主动来探望他的人很多，一直闹腾到深夜。

在路上，我和朱守刚已商定，到小董后，他秘密留下来工作，杨甫也同意。群众散去后，我再找朱守刚商量这件事。据群众反映，在小董一带还有党员廖标廷、黄以群、韦健卿和参加过小董起义的骨干陈兆国等人，但都分散隐蔽，互相之间很少来往，有些人还不知道住在什么地方。自从起义失败后，直到四五月间，群众的情绪还很低落。灵山队经过小董附近的消息传开后，知道我们的队伍还在活动，群众的情绪才逐渐好转。估计这次老一团大摇大摆地通过，必将大大地鼓舞人心。我们认为，目前，不仅有在这里工作的必要，也有工作的有利条件。朱守刚留下的任务是：设法联系隐蔽中的同志，恢复组织活动，具体部署他们的工作，积极开展秘密活动，发动群众，准备重新组织队伍。下半夜，他便离开队伍转移到六虾村进行地下活动去了。

第四天，队伍经过卜丹坳，从北面越过小董，往西到龙眼村（陈浩和陈辅英曾在此工作过），跨过邕钦公路，到六马洞停留。

第五天，沿着粤桂边境，经过农师慎的家乡那桑村，通过望海岭脚，到大寺西面8里左右的敦民村宿营。这是我们的基本村庄，村庄中曾有人参加小董起义。这里的群众像小董的群众一样，热烈欢迎我们的队伍。

进村后，我立即找一向同情和支持我们的黄贤枢了解情况。他说，周才业、王旭林、农师慎等在防城和贵台一带隐蔽活动。我第一次听到他们的确实消息，非常高兴。可惜他了解的情况不多，远不能满足我的期望。我询问大寺和贵台的敌情，他说，由于我们突然到来，所以大寺和贵台的反动派都没有什么准备。他还主张我们立即进攻大寺，并且提出了进攻的具体方案。

四、占领贵台，西进告捷

我向杨甫、唐才猷等同志汇报，他们认为没有必要回去打大寺，那不仅不符合西进的目的，反而会引起敌人的注意；但是应拿下贵台，因为那里靠近十万大山山脚，是我们建立十万大山根据地该扫除的障碍。他们找了几个当天从贵台回来的人反复询问，都说圩上没有什么变化，乡公所只有几个乡丁，没有什么作战能力。他们随即摆出五万分之一的军用地图，研究如何攻占贵台。我说，贵台圩屹立在贵台江边，南面临水，圩上只有几十家店铺。北面有一所小学，可以俯览全圩。乡公所就在那里。学校的后面和东面是一座高山，只要占据这座山，贵台就会掌握在我们手中。唐才猷根据我讲的情况，仔细查看军用地图，看到在大路村以西不远的地方有一条小路直通贵台东部的山顶。他用红笔标出来，决定由此登山，发动进攻，随即找作战参谋和有关干部做具体的部署和准备。

贵台圩（局部）（卢文 2006 年画）

从敦民到贵台，只有 30 余里，但几乎都是山路，中间经过险要的斑鸠麓。队伍在清早出发，先头部队做好了作战的准备。过了大路，到那白村以后就接近贵台东部的大山。团部派一个营在向导的带领下，沿山间小路曲曲折折地登上山去。唐才猷、黄毅等同志随行，我也跟着他们一起去。赶到山头的西南面，就望见贵台圩和山坡上的那所小学，遥遥地坐落在山脚下。向贵台进攻的部队已顺着山坡向小学靠近，快接近学校时，突然从里面跑出一个人，朝我们的部队大喊。细心听时，只听到他叫道："里边没有敌人，不要开枪！"尖兵问了他的情况后，进校搜索，他仍然在外边等着后边的来人。我上前问他是什么人，是否认识王旭林。他说，他是王旭林的同学，跟王旭林很要好，名叫黄元松（后改名黄超），是这里的小学教师，特地出来欢迎我军进校。他还说，乡长和乡兵听说我军到了敦民并向这里前进时，全都吓跑了。乡公所和圩镇无敌情，队伍占领贵台以后，后续部队便沿大路进入圩上。团部设在学校里，附近的几个村都驻扎着队伍。

我等不及安顿好住处，就忙向黄元松打听王旭林在什么地方。他说可能在那绕村曾作祜家，离贵台10里左右。我请他设法派人去通知王旭林，说我们的队伍到了贵台，叫他赶快出来。随后，我带他到团部去见唐才猷等同志，汇报贵台及附近的情况。

下午1点左右，农师慎带着几个同志来到团部。我们一见几乎要拥抱起来，眼睛都发红了，好一会儿说不出话来。我冷静下来后，对他们说："三叔和团部的负责同志急于找你们了解这里的情况，请你们帮忙解决问题。"接着领他们到团部，向杨甫、唐才猷、黄毅等同志做了介绍，让他们汇报情况，我也在旁边听着。

据农师慎等同志反映，贵台乡长名叫梁子清，是当地头号大地主，家在贵台西南的羌良村，有一挺轻机枪，跟十万大山的土匪头子黄炳熙关系较好，可能会利用黄炳熙来保卫他的家，或骚扰我们。贵台以北是接近广西的南间、大塘，那边的民团势力颇大，值得提防。东南一带是曾作祜的势力，同情和支持我们。杨甫、唐才猷等同志听了汇报后，让农师慎派人去侦察敌情，调查敌人和大地主的财产，并向群众进行宣传，帮助队伍解决给养问题；此外，还叫他立即派人去东兴找谢祖佑，商量下一步的行动。

农师慎安排好工作以后，我抽空找他谈，他说王旭林去袭击东兴，尚未回来。他详细了解了灵西作战后我们部队的行动情况和同志们的去向，说目前在贵台附近的同志有王旭林、他、潘继业、赵善駬，此外，还有一批参加过小董起义的群众，如梁锦铨、张君廷、严国光、黄忠汉等。从那礼跑出来的潘德枢，一度到过此地和上思，现在在防城。至此，我才清楚我们长期得不到队伍消息的原因。我叫他赶快派人去找王旭林、潘继业、朱守伦、潘德枢等同志，以便迅速恢复组织，研究今后的工作。

晚饭时，部队运回许多金黄色的柑子，据说是从乡长梁子清的柑园中摘来的。贵台、大寺是有名的大柑产地，沿江两岸都是柑园，柑果肥大，水分充足，味道鲜美，远销南宁等地。我们高兴地饱餐一顿，赞不绝口，战士们也尽情地享受。

晚上在小学庭院中召开了庆祝西进胜利大会。在大会上讲话的有黄毅、唐才猷和杨甫3个同志。他们指出，日本投降后,国民党调动大军到广州湾一带,名为接受日本投降,实际上是要消灭我们。特委决定主力西进十万大山,不仅是为了保存力量,而且是为了进一步开展游击战争,建立革命根据地。部队经过一个多月的艰苦行军,打破了敌人的包围,胜利地实现了特委和司令部的指示,现已到达十万大山。今后的任务是要在此发动群众,坚持游击战争,建立十万大山革命根据地。干部和战士们都充满着胜利的喜悦,情绪十分高涨。

第二天上午八九点,哨兵来报告,在后面高山的对面山上发现敌情。团部作战参谋黎汉威立即带人上山部署战斗,一会儿即传来密集的枪声。据了解,是广西邕宁县大塘、南间一带的国民党区、乡政权发动民团来进攻,企图乘机掳掠贵台。不久,贵台西南方也有机关枪和步枪射击。群众报告,那是贵台乡长梁子清组织他的乡兵和打手干的。战斗发生后,贵台圩上的群众怕反动派烧杀抢掠,纷纷收拾家当疏散。我们派人做了不少工作,但还是没能使他们完全安定下来。

枪声愈来愈激烈,黄毅等同志都到后边的山头去了,杨甫、唐才猷摆开五万分之一军用地图,找我和农师慎去研究十万大山的形势。好几张军用地图拼在一起,标高线密密麻麻,尤其是在十万大山主脉的地方,简直像一团黑色的乱麻,一下子很难看清。不过,一到广西地界就不画了，贵台的北面留下一大块空白。唐才猷独自坐在床上，很仔细地观看地图。杨甫坐在一边。他们不断地向我们询问关于敌情、我们的力量、群众基础等方面的情况。经过反复交谈和研究，大致有这么一种印象：从地形来说，贵台距离十万大山的主要山脉如马笃山、黄岗山还有几十里远，西至马笃山隔着一条小河和一些较低的山岗与田野。背后的高山和邕宁县相连。从政治形势上来说，贵台的北面和西面10～20里处就是广西县境，广西的反动民团势力比较大，一下子不容易分化瓦解，他们从北面和西面威胁着这个地方。贵台西南面是黄莽岭，梁子清的羌良村和黄炳熙的肥淋村都在这山脚下，他们控制着这一带，阻碍我们直通马笃山。从群众基础来看，除了东南的那绕村和贵台附近的那逻村我们有较大的影响，其他一些村庄只有个别人和我们有联系，我们的同志过去在这一带只是隐蔽或做些秘密工作，还没有为广大群众所熟识，一下子很难组织起强大的群众武装配合主力作战。因此，在这里活动受到许多限制。如果能够打垮大塘、南间的民团和梁子清的反动势力，局面可能会有所好转，于是我们决定对这些反动势力进行出击。唐才猷叫农师慎找熟悉南北两方面地形和情况的可靠群众，和团部及参谋们共同研究作战计划。

约中午时分，王旭林和潘继业从那绕村赶来了，我们相见时也是异常激动。我们介绍他们跟杨甫、唐才猷等同志认识，谈论有关情况后，再跟他们另外交谈。王旭林谈了袭击东兴时的受挫经过。农师慎说这里的同志已和东兴的领导建立联系，他担任联络员，经常到防城去请示汇报工作；他还详细汇报了他和周才业在大勉附近被捕后得到苏勋（沈耀勋）等人的营救的经过。潘继业告诉我，钦州附近还有几个同志：赵善基在海边隐蔽，钟培福和章惠兰在大显教书。他还说，梁锦铨未受通缉，可以到钦州去。我即布置他找梁锦铨到钦州去联系那边的同志。

下午，大塘村的黄焕华带了八九个人来，那绕村的曾作祐也带了10多个人来，他们要求参加队伍。唐才猷给了他们派令，叫他们回去继续发展群众，组织群众，配合主力的活动。

山头上的战斗持续了一整天，大塘、南间方面的敌人起初以为这支队伍也像钦县和灵山的队伍一样，可以赶走或打散，便气势汹汹地进攻，被我们狠狠地打下去后，就只好隔着山头放枪了。我方坚守阵地，也没有什么大的伤亡。直到黄昏，枪声才停止。晚间，贵台圩上的一些群众还利用黑夜疏散到附近农村，我们并不阻止他们。

第三天天亮后，战斗继续进行。我们组织了一个营的力量，在轻重机枪的掩护下，向敌人发起攻击，很快突破敌方的阵线，占领他们的阵地，给他们以一定的杀伤力。但是，这些反动民团又在另一些山头继续抵抗，等我们的队伍撤回原阵地以后，他们又爬到原来丢掉的山头，重新向我们开枪。战斗照样在山头进行。

下午，团部作战参谋黎汉威组织一个排渡过贵台江，登上贵台对岸的大托岭，利用学校背后和大托岭的轻重机枪掩护，压倒梁子清的机枪火力。黎汉威亲自带队向敌人冲锋，击溃了梁子清的乡兵和打手，直追到羌良村附近，暂时排除了西南面的机枪威胁。

但是，这些地方民团都是土生土长的，他们熟悉地形、道路，来得快，跑得也快。一发现我们进攻，掉头就跑，很难包围歼灭。我们一撤离，他们又回来继续开枪。原来是国民党在后面监督他们，使他们不敢擅自离去。只要我们的队伍公开在哪里，他们就在哪里坚持下去。

这一天，我们地方同志除了帮忙准备对敌战斗和做其他支援前线的工作，有空就集中或分别谈有关钦县的情况和商量今后的工作，特别是如何组织队伍，配合主力。

第四天，山头的战斗仍在继续。团部的同志一起商量，认为这样不断打下去，不仅消耗弹药，而且没法开展工作，必须迅速摆脱这个局面。

上午九十点时，防城县的宋森从东兴赶到了。杨甫、唐才猷等同志见了他，十分高兴，立即找他去谈防城的情况并研究部队的动向，我没有参加他们的谈话。随后，杨甫告诉我，十万大山主要在防城境内，那里山势复杂，丛林密布，大勉、那良一带，群众基础较好，队伍到达后，地方同志可以立即组织二三百人的武装配合活动。因此，我们决定将老一团转移到防城去。他布置我在钦州迅速审查恢复党组织，建立起正常的联系，广泛进行群众工作，重新建立武装，在十万大山东面配合主力活动，并叫宋森和我商定跟他联系的地点。

五、撤出贵台，沿十万大山山脚向防城转移

下午，接到合浦送来的情报，说广东省保一团正向西面开来，追击老一团。团部讨论决定，晚饭后撤出贵台，沿十万大山山脚向防城转移。

我立即找王旭林、农师慎等同志商量部队转移后的工作。考虑到我们在相当一段时间内会处于很困难的境地，同时为了培养干部，我们决定把一些目前跟随我们行动有困难的同志暂时送到老一团去。当时商定去的人有何凤新、何凤清、刘珍、黄元松4人。我向唐才猷提出意见后，他也表示同意。当天，就叫他们准备随部队行动。

下午4点以后，天下起雨来，战斗停止了。部队整装待发。王旭林等同志先到那绕村一带，安排队伍宿营并布置其他工作。黄昏时，部队经过黄仙湾，在那洋村附近渡河，进入那绕村一带宿营。

次日，部队沿着长岗岭东南侧前进，跨过百夏岭脚，

进入那夜洞，团部设在独马村。那夜洞的地势很好，北面是海拔500多米的百夏岭，往西直连十万大山主脉的尖峰岭；南面是海拔300多米的牛肚岭，也连着十万大山主脉，背后是十万大山主脉的马笃山；中间是一条东西向的山麓，宽的地方有八九百米，窄的地方只有两三百米，是一处易守难攻的地方。

上午10点左右，敌保一团向那夜洞接近，显然是要寻找我们作战。团部立即派一个营守百夏岭，一个营守牛肚岭。敌人从两翼自西向东进攻，主攻方向是牛肚岭，因为那边得到屯宽村反动地主的支援，而且山势较为平缓，容易登上。敌方大部分火力都集中在牛肚岭，枪声十分激烈。他们几次冲到我们的阵地前，都被打下去了。我方也有好几个同志伤亡，但阵地屹立不动。

下午，敌人一度转移力量攻击百夏岭，在半山腰上打得很激烈，但很快就被打垮了，此后只有稀稀拉拉的枪声。

三四点时，敌人又集中力量向牛肚岭进攻，比上午更加疯狂，一度突入我们的阵地。老一团一个连长廖培南和两名战士在战斗中牺牲。团部知道情况后，即自独马向西面的一个村庄转移，派出预备队增援，经过激烈的战斗，将犯敌揍了回去，稳住了阵地。到黄昏，敌人才向屯宽方向撤走。

为了摆脱敌人的追击，团部决定夜行军，自吊旗坳绕过敌后，出黄岗山脚，向大萧东山一带前进。

临行前，唐才猷找到我和王旭林，说有11个伤员和病号，要我们留下照顾，以后再派人联系。他特别向我介绍，其中有一个日本人、一个中国台湾人，他们是日本投降后，在遂溪机场起义投向我军的，军事技能很好，希望我们妥为照顾。他还向我介绍了其中的党员及其思想情况，并留下钱作为他们的生活费。我们找群众把他们抬到那夜洞西头山上的一个石洞中安置。

入夜后，队伍开拔了，我们跟团部的同志握手告别。杨甫勉励我们努力工作，争取做出更大的成绩，开创新的局面。我们都向他表了决心。留下的人站在村旁，目送队伍往西而去，直到他们完全消失在青黛色的崇山中，再跟着向导到安置伤病员的那个石洞中去。

天刚亮，王旭林等便起来了。我醒来一看，大家都挤在一个半月形的石洞中。洞长十五六米，最宽处四五米，高一两米，洞口差不多和山洞一样长，只是较低矮，洞内上下较平坦，洞口有些地方不时滴下水来。11个伤病员紧挨着躺在用草铺过的地上，有的在熟睡，有的在低声呻吟。这是个阴雨天，洞外弥漫着一片灰色的烟雾。有时云雾散开，就可以看到那夜洞的村庄，隐约看到穿着黄色军服的敌人来来往往，甚至可以听到他们的呼号。老天爷帮了我们的忙，释放了浓厚的烟雾，像用灰色的纱罩蒙住了我们，使我们得以安全隐蔽。

我起来以后，王旭林说，要赶快到大塘去找地方安置这些同志，并动员群众来抬他们。我俩决定留黄美南在山洞照料，利用云雾掩护爬上山顶，越过岭岗，从黄水田到大塘村去找黄焕华商量，准备把他们安置在八角山的山谷丛林中。第二天，动员20多人，扎了11副担架，把伤病员运送到那里，并派黄美南继续负责照管他们。安排好后，我们便到那绕村去。

老一团进入防城以后，当地同志很快组织起200多人的队伍，配合活动。他们在防城县多次出击，重创敌人，取得了辉煌的战果。1946年春，国民党调刘镇湘的整编第一五六旅（师）来扫荡。四五月间，老一团奉命转入越南。1947年西出云南，成为滇桂黔边区武装的骨干，直到解放。

由于当时我们的经济和药物来源都很困难，所以留下的11个同志在八角山过着艰苦的生活。后来，有2个同志（包括1个日本人）病故了，有4个同志病好后去找队伍或回雷州半岛，留下的5个同志后来成为钦县的武装骨干。

（摘自中共钦州地委党史办编《艰难的岁月》，广西人民出版社1990年版，有改动）

第五章 芳草

——朱日成①革命回忆录

（摘录）

朱日成

一、抗日联防唐旭昇大队

1944年10月的一天，乐民圩街道上出现了一张"抗日联防大队"的布告，其内容摘要是："……不愿做亡国奴的人们！联合起来！拿起我们的武器，驱逐日寇，铲除汉奸卖国贼，组织联防……光复祖国的河山。我们是劳苦人民的子弟，我们是中国共产党领导的队伍……坚持抗战，最后胜利必属于我们……"布告的落款为遂溪县抗日联防大队大队长唐旭昇。这张布告像晴天霹雳划过西南区的长空，震撼了大地。人们奔走相告，唐旭昇的名字像闪电般传至家喻户晓，人们众口皆碑地说第二代共产党东山再起，

---

① 朱日成，广东省遂溪县乐民田西村人，1919年9月生。1938年参加青抗会，1940年加入中国共产党，开展党的地下工作，建立抗日游击港中队、祥川中队，任中队指导员。1945年加入南路人民抗日解放军第一团第一营第一连，任文化教员、指导员。曾任越南"抗战学校"政治部主任、中国人民解放军滇桂黔边纵队兵工厂厂长。1950年正团职转业，任广西钦州专署建设科副科长，龙州县建设银行筹建处主任、县党委常委、县工业部部长、"文革"处遗组长、县经委副主任。1986年离休，2002年于广西龙州逝世。

唐旭昇是黄学增的化身。当年革命村庄的父老们说："我们的队伍回来了！"

唐旭昇何许人也？他就是唐才猷。我们会师乐民之后，为了扩大声势，开辟西南区的抗日联防，陈兆荣用旭日东升的象征，给他起了这个大名。遂溪地下党的领导人中有两个姓唐：一个是个子高的唐多慧，人们称之为"高佬唐"；一个是个子矮的唐才猷，人们称之为"矮仔唐"，一路来队伍里的人，皆称他"矮仔唐"，有的战士入伍多年都不知他的真名实姓。

唐旭昇大队全称"遂溪县抗日联防大队"，但"抗日联防"这个名称的由来，不得不向读者讲个明白。1943年，日本人来了，日军和伪军"和平队"占领了遂溪的洋青圩，日伪汉奸大肆抢劫，洋青圩附近的许多村庄惨遭其祸；我地下党就在这几个村庄组织起抗日联防，曾几次打击日伪"和平队"，保护了人民的生命财产。凡是参加联防的村庄都称为联防区，由于战斗取得胜利，人民拥护，联防区日益扩大，给日军以沉重打击。

当时联防区有两种武装力量：一是抗日联防队，也称常备队，即由联防区抽出的优秀战士组成，编制按常规部队，战士皆脱离生产专门负责保卫联防区；二是不脱产的村队，即民兵，有的持有武器，有的没有武器，有的拥有简单的刀或原始武器。抗日联防队得到地下共产党的正确领导，声势日益壮大，联防区扩大到洋青、界炮两个区好几十个村庄。

联防队曾与日军较量过几次，立下显赫战功，弃地而逃的国民党龟缩廉江，眼看共产党领导人民掀起如火如荼的抗日运动，因而恼羞成怒，千方百计地进行破坏，甚至收买抗日联防队常备队长卜建中，解散常备队，陷害我们的干部。但这支武装已属共产党，战士和干部趁机化整为零，使国民党的阴谋破产。

到了次年，我党武装起义的条件成熟，于1944年8月在界炮圩（老马村）宣布起义。为适应当时的形势，起义队伍沿用抗日联防的形式，故称抗日联防大队，大队的骨干绝大部分是联防常备队的成员。

当时西南区有新旧两代的革命基础，而敌人的统治力量薄弱，唐才猷指挥大队进驻乐民。在乐民会师的不独有我港门中队，还有海康的廖培南大队，为了与之区别，故称唐旭昇大队。

如果没有大红印章，任何张贴的布告就等于白头贴。自从日本人来了以后，地方也出现过这样的白头贴，"和平队"第一次在河头逞强时，曾贴过日本皇军的安民告示；国民党在敌后组织这个队、那个队，统统是白头贴，人们连看都不看。而抗日联防大队的布告之所以如此有吸引力，当然有其历史根源，这与一个大红印章有极大的关系。

我们把这个问题考虑好之后，由莫进行（莫伪）主张，由我挥刀篆刻，仿军队的关防，用的是长方形篆体字——"遂溪县抗日联防大队印"。一张四开纸，用正体文字，盖上这个大红印，就意味着告诉人们这是一张正式的布告，是遂溪武装起义以来的第一张布告。这方大印，是我们队伍第一次使用的印章，也是最后一次。时隔40年的今天，那枚印章早已无存，可是"唐旭昇"的大名还在老一辈人们的脑海中回荡。

乐民是个很不寻常的圩镇，具有悠久的历史。曾几何时，大革命的农民自卫军曾在这里演过白话剧；现在，民众当然不是为了欢迎抗日联防大队而演大戏，而是出于巧合。附近村庄的人们异乎寻常地赶街，目的并不是看大戏，更重要的是看看那张抗日联防大队的布告，看看新一代的共产党员，看看令人们赞叹不已的唐旭昇是何许人。他敢在日本人的掌心宣传抗日，敢在白色恐怖、四面楚歌的当头立起共产党的大旗，若非谋略超人，岂敢如斯乎？

来龙不如坐地虎，正因我是本地人，和当地人说话能赢得格外好感，唐才献派我去街上宣传。我素来是脸皮厚的，不论在舞台演出，还是在大庭广众讲话，从不畏缩。我与平时一样，带上一颗木柄手榴弹、一顶雨帽，一个包袱扎着一张蓑衣。我走到下圩猪仔行的一片空阔地，在一株大榕树下摆开摊子。

当我站上一张独凳时,用不着鸣锣敲鼓,赶圩的人就围了个水泄不通。我还没有开口,就已听到人们对我的猜测,有的说我是远方来客,有的怀疑我在披麻戴孝,七嘴八舌,都感到很神奇。围观的人已不少,我开始演讲。头一段,回顾乐民地区自民国以来的频频灾难,接着讲大革命的前因后果,国民党欠下人民多少血债。第二段,讲日本人奸淫掳掠,汉奸卖国贼为虎作伥,国民党政府腐败无能。最后,要求不愿做亡国奴的人们联合起来,拿起武器,组织联防,驱除日军,铲除汉奸,推翻国民党的反动政府,建立人民的天下。我讲了近一小时,围观的人不管集市上如何热闹,也一动不动地倾听;我讲完,向大家鞠躬致敬时,数不清有多少人争着与我握手,钻不进人群的,也摇手致意。此时,我仔细观察,在场的人,我认识的并不多,但从表情看,大部分原来就认识我。这场演说虽然十分简单,但形成了情感交融的生动场面。

人怕出名猪怕壮,人们把整个西南区的革命活动都集中到我身上,把我吹得神乎其神,说什么消灭莫荣光大队是我干的,攻打江洪救出陈如周是我干的,血染港门惩罚反动派也是我干的……群众的舆论当然与事实有很大的出入,但对于我来说并没有很大坏处,只是我这个普通的教书匠,一下子变为闻名遐迩的了不起的人物,可把反动派吓坏了。不久,西南区革命再一次遭遇低潮,乐民街头出现了重赏取我人头的告示。

[摘自《芳草——朱日成革命回忆录(一九四〇—一九五〇)》,广西民族出版社2000年版,第113—116页,有改动]

二、广东南路人民抗日解放军第一支队

生活在第一连

经过半年多的艰苦斗争,南路人民革命武装的发展已由低潮走上高潮。半年前各地区蜂拥而起的武装队伍,已经汇成一支劲旅。1945年春,南路人民抗日解放军以正式番号宣告成立了第一支队,支队长是唐才猷,政委是廖冲(陈恩),参谋是林杰。这时,我和陈进宜一起调至第一连任教育员(即文化教员)。

由于摆脱了半年多来风雨飘摇、无亲可认的艰苦生活,所以到了正规部队,不论干什么,我都是高兴的。在连队当教育员,且不管这个位置如何,以我个人来说,乃是老本行。所不同的是,过去教的是儿童,现在教的是战士。第一连的战士,都是唐旭昇大队以及前港门中队的老战士,对彼此的底子都清楚。战士们不称呼我的职务,皆称我朱先生,对这个称呼,我十分满意。

没几天,支队召开政治工作会议,说政治工作是人民

军队的灵魂，要求各个连队开展政治工作。从这时起，一个连队的教育员也就不等于教书先生了。第一连的连长是金耀烈，他文化程度不低，但口才不好。指导员是陈熙古，他在队伍里威信最高，但文化程度不高，日常除了掌握党务和处理一些实际问题，连一首革命歌曲也唱不成。要把连队搞得朝气蓬勃，就要让战士的精神愉快，从而提高战士的革命觉悟，这样才能使这支部队战无不胜，攻无不克。我的特长是能说会道，论口才，我比金耀烈和陈熙古都强，尤其爱唱歌、爱演剧，在连队大有用场。我与陈进宜分工，他负责战士的文化课，其余的如唱歌、演戏、讲故事等，皆由我负责。

首先，我教战士唱歌。遗憾的是我学历太浅，没有机会学认谱，但我在学生时代学会了不少抗战歌曲，无论让我教多少首，都如囊中取物，战士们都说我有唱不完的歌。做学生时，我演过话剧、雷歌剧，扮演的角色也不差，但到连队来演戏就不是那么容易了：一没有剧本，二没有舞台，三没有女演员，更无法化妆。

不久，我发现连队生活十分丰富，战士们的创造能力很强，为何不自编自演呢？题材来自生活，演员来自战士，抓住某一个战斗过程或者连队生活中的突出事例，编排好情节，挑选一些战士，甚至各个演员的台词也由演员个人根据情节的要求自己临时创造。经过简单的排练，在部队的每一次晚会上，就可在平地上演出这些不像戏的戏，有时演得很成功。因而战士们也说我有演不完的戏。

第一连不独是一支战斗队，也是一支工作队。队伍所到的村庄，除非是特殊情况，一般皆召开军民联欢晚会，会上不但有战士们齐唱、独唱、二重唱，还有粤曲。全连唯一的乐器，是赵福的一支短喉管，由我来唱，赵福来吹。有骂汪精卫的《一代伪人》，有以抗日为题材的《巾帼英雄》《生命线》等。战士中有两位雷歌手——陈均林和赖二，他们经常对唱。尤其是赖二同志，虽没入过学堂，但才华横溢，如果有人和他对歌，连唱几小时，保证不离题、不重复。由于人多、功夫多、智慧多，有的讲故事，有的表演武术，丰富多彩，所以第一连所到之处，均得到群众的欢迎。

连队里的党务管理是一项十分艰苦的工作。当时，党支部在队伍里是不准公开的，所有的活动都是秘密进行的。培养一个党员要十分慎重和格外耐心。连部的人在公开的工作中有严格的分工，但对党务活动，任何时候都是统一的。第一连党支部是一个十分坚强的党支部，党员人数占50%以上，每次战斗，这个连队皆是旗开得胜。

[摘自《芳草——朱日成革命回忆录（一九四〇—一九五〇）》，广西民族出版社2000年版，第151—152页，有改动]

三、胜利凯歌——大难临头

国民党"送"来了一车钞票

我的信仰是唯物主义,从不相信命运,更不迷信鬼神。但在生活中,往往会出现一些意外的事情,使一些人在山穷水尽时,得到一些意想不到的收获,从而扭转局势。古代诗人说这叫作"柳暗花明又一村"。

日本投降,国民党大军压境,共产党销声匿迹,社会上免不了有人卜算南路人民抗日解放军的命运。连唐才猷同志也在"卜算"自己队伍的命运,钱少武器劣,这万里征程如何起步?俗话说"车到山前必有路",这只能说是幸运而已。

第三天,唐才猷派人叫我到团部。他与我握手时,异乎寻常的神态令人费解,从新塘回师到现在,没见过他如此开心。他立即解开一个大包袱,展现出一沓沓新束的关金(国民党的钞票)。老唐有趣地问:"你看!这是什么?""是银纸,哪里来的?""是蒋介石先生派人送来的!""多谢了没有?""不!蒋先生说还要送,暂不多谢!"说罢他拿出两大捆交给我,接着说:"蒋先生知道我们要西进,特地派遣汽车给我们送西进经费。这两捆由你保管,不准随便动用。""点过了没有,究竟有多少?""我也不知道,别管它,就是两捆。"我掂了掂重,起码有5斤,票面全是5

元一张。我也不去计算多少张多少元，就放进挎包，但我还是不解此钱从何而来，所以打破砂锅问到底，一旁的便衣队队长洪田才把这段有趣的故事给我讲清楚。

事情就发生在前天，便衣队队长洪田领着4名便衣战士到公路上去碰碰运气。国民党接收广州湾，车辆来往频繁，有运兵车，有运军用物资车，也有一些客车。洪田等观察这些车所装的都是一些硬头东西，不易消化，所以放过了许多辆。到下午3点，他们远远地望见一辆客车正加大油门，艰难地爬上长坡，速度很慢。洪田等想，一般客车都是轻车，应该走得快些才对，可是眼前这辆汽车走得这么慢，又显得那么重，估计此车并不是载客的，看来必有我之所求。坡长载重，这辆车好不容易爬到坡顶。事不宜迟，便衣战士像箭一样快步冲到车前，5支驳壳枪对着司机，叫道："停车检查！"汽车立即停下来。战士们打开车门，见到一个国民党兵抱着一支七九枪正瑟瑟发抖，战士们缴了敌兵的枪，取出枪栓，将空枪交回敌兵，命其站着不许乱动。战士们回头见车上所载的都是用白布包扎得十分牢固的东西，抽出小刀割开一看，哇，全是钞票！此时汽车司机使了眼色，战士们立刻会意。

公路往往与庄稼地相连，路边就是一片甘蔗坡。洪田用手一挥，汽车从人行道开进甘蔗坡，战士们七手八脚地将能推动的尽量推下车来，可是这些包太大、太重，5个大汉用尽力气，只能推下靠近车门的那几包，离车门远的那些大包，怎么推也推不动。正在战士们想办法把它全部取下时，只见公路远处尘土飞扬，汽车司机焦急了，回头又使了一个眼色。战士们让开，叫道："走你的！"汽车调转车头向广州湾开走了。战士们隐蔽在甘蔗坡，很快一辆装甲车在前，三辆装兵车随后，风驰电掣般向广州湾驶去。

蒋介石送来的款子太少了，不过1500万元。老唐接过话头说："纵队司令部决定500万元交我第一团西进时用，500万元留给南路活动，还有500万元上缴中央。"洪田讲得活灵活现，我听得入神入迷。是神话吧？或是一场梦？但两捆关金钞票已经装进挎包，这是真的，不是梦。老唐拍拍我的肩膀说："怎么样？500万元给我们西进嫌少吧？不要紧！现在的买卖比以前容易做了，国民党大军就像一群无头苍蝇到处乱撞，他们找不到共产党，尾巴翘上天，比当年日本人更麻痹。我们在这段时间尽可能寻找战机，狠狠地咬他们一两口，让他们尝尝南路人民抗日解放军的味道，让根据地的群众出一口气。"

奇袭遂溪飞机场

1943年，日本法西斯仍野心勃勃地进军广西，并吞东南亚。2月间占据雷州半岛之后，日军在遂溪以西驱赶风朗村的居民，强占全村房屋和一大片平原土地，建起一个简易的飞机场。机场周围围以严密的铁丝网，在风朗村南北建起两座炮楼，村子里的房屋用来做军火库。日本人用重兵把守，方圆数里的人稍微接近，都会成为他们的活靶子。日本投降了，国民党把机场作为重点接收对象，派来一个连的军队代替日本人把守。

风朗村不是一般的村庄，抗战初期就是遂溪青抗会的工作重地，我地下党已在此村建立起坚强的党支部，换句话说，风朗已是共产党的村。日本投降后，村民向国民党要求重返家园，但被拒绝。不过国民党的防守不像日本人那么严密，村民虽不能回到自己的家园，但个别人还是可以回村看看自己的房屋。根据这些有利条件，第一团选择了这个十分理想的攻击对象。

风朗村的青年女共产党员谭少芳接受组织委托，以回村看自家房屋为由，进机场重地去进行侦察。敌人问她来干什么，她说是看自己的房屋。最初，敌人还想阻拦她，后经一场说理，敌人无言以对，又见她是个十足的村姑，就让她进去了。本村人回村，对哪一家哪一户当然了如指掌，女党员一边走，一边看，哪一家驻兵，哪一家存放枪支、弹药，哪一家存放汽油，敌人的防卫和岗哨位置在哪儿，等等，经她一看，就一清二楚了。

自从国民党的大军压境，我军立即分散，目前唐才猷身边只有我们这支从海康回来的小分队，以及陈庆芳等队，几支队伍合起来编为第二连，唐才猷命我担任第二连的政治指导员，全部人员仅60多人；此外就是经常保护团部的20多个便衣战士。我们就凭这仅有的兵力，出奇制胜地吃掉了国民党一个正规连防守的飞机场，写下南路军革命史上光辉的篇章。

袭击遂溪机场由唐才猷负责总指挥，参加指挥的还有陈熙古、沈杰，他们三人在日本人来之前在风朗村工作过，对该村的大街小巷、各家各户、门前门后，以及一些地形地物记忆犹新。兵力部署是：负责突击的便衣驳壳队30人由洪田任队长，我第二连作为掩护部队，另从风朗村抽调几十个青壮年民兵，组成一支搬运队。1945年9月下旬某天夜里，各路队伍分头行动。由于是本地人打回老家，地熟、路熟、敌情熟，而且心切，所以行动异常迅速。零点前我连已到达预约地点，地平线上不远的地方显出几点闪闪的灯光，已经看得清楚，这就是原来的风朗村，现今的飞机场就是我们要攻击的目标。唐才猷和我们一起将队伍开到离机场只有500米的小河边，利用河岸的小丛林为隐蔽，等待突击队的行动。在这种情况下，战士们心急如焚，等呀等，好像等了一个长夜，但实际上不到半小时，还没超过我们预计的时间。

平原的午夜，即使是很小的声音，也传播得很远。"阿嚏！"从敌营传出很大的喷嚏声，弄得战士们几乎笑出声来。喷嚏声刚过，砰砰！两声驳壳枪响听得十分清楚。说时迟那时快，驳壳声伴以手榴弹的爆炸声和战士们的喊杀声，冲破了黑夜，震撼了大地，惊醒了正在酣睡的敌兵，他们还没来得及睁开沉重的眼皮，就成了新鬼。敌营顿时成为血海，机场上空星火纷飞，战士的手枪过处，敌兵幸存者已是寥寥无几。唐才猷挥起右手，命令我第二连立即冲过小河，接近敌营，占领阵地，准备战斗。万一突击失利，敌人反扑，就要决一死战，掩护突击队安全撤出。如听到突击成功，则果断抽出部分战士冲进敌营，保护搬运人员搬运战利品，勇敢果断，见机行事。

我与连长陈庆芳带领全连快步冲到离机场不到200米处，立即散开，战士们各找各的阵地。陈庆芳命战士不准把枪口对着机场，不准子弹上膛，不准随便开枪。一会儿传令兵带出喜讯："地面上的敌人已全部消灭，炮楼上的敌人还未投降，但不敢还击。"这时，勇敢的风朗村民兵像春潮巨浪一样一拥而上，冲进机场，执行他们的任务。此时，时间比任何东西都宝贵，我当机立断，把连队作战任务交由陈连长负责。

我和陈安天带领一个排冲进机场，因为我们都不是当地人，对原来风朗村的屋舍、道路都不熟悉，无法展开警卫，当时民兵已冲进军火库，把一箱箱的弹药扛出来。因为人多，又是黑夜，战士们也找不到我们，于是混进搬运队伍扛战利品。我和陈安天沿着一条巷，走到一间大屋，听到里面有人喊"冲啊"，陈安天立即占据大门，我占据一个窗口，敌人果然向门口开了两枪，喊着冲出来。陈安天一时拿不定主意，说："如果敌人冲出来怎么办？"我说："给他们吃手榴弹！"说完，我解下一个木柄手榴弹交给他，轰的一声巨响，里面的枪声、人声都哑了。我俩冲进去，在微弱的星光之下，见到横七竖八地躺着的七具尸体。我俩再往屋里冲，一片黑沉沉，什么也看不见。我听了一会儿，听不到任何声响，即划着一支火柴，这下看清了，满屋都是弹药。"来！我们扛。"我俩将驳壳枪插回腰间，每人扛起两箱弹药，往营地走。现在想来，不知当时自己哪里来的力气，两大箱子，上百斤，但扛上了肩，犹觉轻松。

我俩到了小河边，向老唐报告我们所见到的情况。正在这时，战士押来两个讲普通话的俘虏，交老唐处置。老唐又把这两个俘虏交给我审讯，说："若不是什么重要人员，战斗结束时就放了他们！"我命战士用俘虏的上衣蒙住他的眼睛，把他拉离营地进行审问。经审问，这两个家伙都是四川人，一个是会计，一个是保管员。我没这么多时间去理他们，把他们拉到一边，命令他们规规矩矩的，不许乱动。战斗结束后，队伍撤退，我也不知道他们跑哪里去了。

刚才我们经过的那条小河，本是一条溪流，溪流附近有个河湾，河湾之处是一个很深的积水潭。没想到这潭死水，这时竟成为我们收藏战利品的仓库。从机场搬出来的东西太多了，老唐当机立断，命令将这些战利品能带走的尽量带走，带不走的统统投进水潭。我记得，投进水潭的除了大量弹药，还有两门机关炮。

这时，战场上的枪声已经停息，龟缩在炮楼里的残敌也不敢妄动。星光之下，只见奔走如飞的人流络绎不绝，背的背，扛的扛，一箱箱、一架架，小河的地上堆起一大堆，有的是枪支，有的是弹药，其中有一挺十分完整的日本重机。太可惜！军火库的东西太多了，这么多人搬了将近一小时，只不过九牛一毛而已。不一会儿，听到两声巨响，大家皆不明其故。两分钟后，两位战士报告说，有两门架着车轮的大炮因搬不动，只好从炮口投进两枚手榴弹把它炸掉。

尽管机场里的东西这么多、这么贵，但这里离遂溪城很近，如果敌人增援，只要半小时就可赶到。从战斗打响到现在，已经一小时，时间再拖，唯恐不利，于是老唐下令全部撤退。全体战士抬的抬，扛的扛，带着战利品凯旋。不一会儿，熊熊大火从机场里喷出，火光照耀了原野，不久，像连珠炮似的巨雷震天动地，继而像怒海洪波，天崩地裂。火光照亮了战士们的归途，爆炸声为南路人民传送喜讯。

日本投降，国民党卷土重来，南路人民解放军化整为零，半岛上空阴霾四布，大地上黑沉沉的苦雨下个不停，凄风吹个不停。地方的反动豪绅、流氓地痞以及走卒到处张牙舞爪，造谣惑众，说什么国军来了，共产党完了；尤其是当地有名的同志，被造谣说，××被打死了，××被擒斩首了，××向政府投降自首了，害得不知情的军烈属哭倒于地。虎狼们趁机屠杀，掳掠、敲诈勒索无恶不作。父老乡亲在敌人的铁蹄之下，对这些谣言是不会相信的，但是自己的队伍又到哪里去了呢？当然不得而知。飞机场的一声炮响，给敌人以沉重打击，同时打消了根据地的父老乡亲的疑虑，树立了一个共同信念——共产党决不会被消灭，人民解放军仍在自己身边，并给今后的革命斗争坚定了无限的信心。有朝一日，雨过天晴，日月同辉。

[摘自《芳草——朱日成革命回忆录（一九四〇—一九五〇）》，广西民族出版社2000年版，第170—176页，有改动]

四、西进

誓 师

1945年9月下旬，袭击机场后的第三天，晴空万里。星光闪耀的夜里，根据地山内村的晒场上，集结了400多名南路人民优秀的儿女，他们雄赳赳、气昂昂地握着从飞机场缴来的日本三八式步枪，一挺雄壮的日本重机枪架在队伍前面，20多担的弹药排列在重机枪后面，显得格外威武。战士们知道自己即将负起新的历史使命——打到山区去，开辟新的根据地。

唐才猷，这个名字在战士中知道的人并不多，但"矮仔唐"这个绰号无人不晓。一年多来的刀光剑影已显示出他的才华，他成为每一个战士心目中唯一信赖的指挥员，不论在哪一场战役，只要他的身影出现，任何一个战士都会胆量倍增。由"矮仔唐"率领西征的消息，战士们几天前就已经知道,他们私下议论的并不是目前面临的千山万水,更不是对家乡的留恋,而是不约而同的一个信念:"矮仔唐"到哪里,我们就跟到哪里;"矮仔唐"不害怕的事情,我们也不怕;"矮仔唐"能吃的苦,我们都能吃……

这支队伍的指挥员、战斗员,当然是以青壮男儿为主,但也有老的、少的,男的、女的,有广东南路的、台湾的,甚至日本的。陈医官(陈荣)带领她的白衣战士组成的医务所,大半是娘子军;通信员都是十五六岁的"小红鬼",如何仔、二仔、青仔、红仔、文仔等。最值得钦佩的是那三位炊事员,他们仨都是老鳏夫,但各有各的特色。有一位全军不知其名,因为当时他已是年近花甲的老人,所以队伍里从上到下都喊他阿公。他也确是名副其实的阿公,有长辈的权威,虽只是个炊事员,但全军不论哪一个,谁不顺他的眼,他就敢骂谁。可是他的心却像指战员自己的亲爷爷那样公道、那样仁慈。老唐是全军之长,可是对待这位老者,如同对待自己的祖父那样尊敬。另一位比阿公稍减几岁,不知是姓尤还是游,或者名尤,人们统一称他尤伯。还有一位姓庞,平生没娶过妻,没有大名。地方有句俗话叫"百岁无妻侬仔脚",因而人们皆称他叔仔。这三位老者在那漫漫征途中,带来了不少趣事。

还有几位不可遗忘的日本人,有的是被俘来的,有的是自愿投靠的,有曹长、上等兵、重机手,有一位与我有生死缘分的日本医生,还有一位轻机射手姓李,中国台湾籍，大家都称他为"台湾李"。这些老的、少的、男的、女的，日本的、中国台湾的，在艰苦的征途中都有他们独特的或幽默、或诙谐、或沉痛的故事。

夜晚9点，各个连队整理队伍，连长、指导员对每一个战士的行装背带，以及枪支、弹药都仔细检查了一遍。这时，唐才猷巍如泰山般站到全军前面，他神态严肃，语言铿锵有力，落地有声，对全体指导员做誓师讲话。他首先讲述了国内外的形势，讲到毛泽东到重庆谈判，特别强调蒋介石绝不会放下屠刀，发动内战屠杀共产党人，如何不得人心。他又讲了当前国内各地如何起来反对内战，接着讲了南路革命武装斗争的战绩，特别指出根据全国各地的经验教训，在平原地区坚持长期的游击战争是何等不利。最后他言归正传："同志们，我们就要负起新的历史使命，打到十万大山去，开辟山区根据地。今天我们就要离开可爱的故乡，但我们不能忘记自己的故乡，在不久之将来，我们完成开辟山区的任务之后，把山区与平原连成一片，到时我们还要胜利回师。"最后，唐才猷义正词严地讲述中共中央给我们的中心任务：在任何情况下，都要保存南路的革命种子。"同志们，听我的口令：立正！向右转！目标十万大山，出发！"

[摘自《芳草——朱日成革命回忆录（一九四〇—一九五〇）》，广西民族出版社2000年版，第178—180页，有改动]

五、走到太阳落处的"天边"

于天朗气清的深秋，站在北部湾的海岸，朝着太阳落处瞭望，在很远很远的地方，有一个突出海面，形似一匹巨马的山头，据老人说是"马头岭"，也有人说是"马子山"。祖代相传那遥远的马头岭，岭之顶可以顺手摸天，岭脚就是天边，太阳就落到那个岭脚下。一个人从少年举步，朝着马头岭方向走，一直走到白发苍苍。有运气的人，可以登上岭顶举手摸天；无运者，则半途夭亡。这些固然是无稽之谈，说明古代的家乡人坐井观天，但是古代神话往往含有现实意义。所谓"马头岭""马子山"，其官名为马子嶂，当地人称高山为"嶂"，所以马子嶂即马子山也。也许是我初出茅庐，少见多怪，以我之所感，这块地方确实是别有天地。

············

家乡有句俗语："广西好白米，广东好妹仔。"这句话不太恰当，那么大的两广，好白米未必广西才有，好妹仔嘛，未必广东姑娘就比广西姑娘美。但是马子嶂山区那些色白如霜、颗粒如珠的白米，令广东各地的白米都要逊色，连唐才猷也赞美这些白米。他对战士们说："同志们有这样好的白米饭，不用吃菜也可以了。"当然是可以的，马子嶂有的是白米，但最缺的是菜肴，每餐吃些咸干菜，战士们也满足了。

战士们在马子嶂吃白米,烧干柴,游山玩水,心旷神怡,唯有年过半百的老炊事员尤伯另有心思。他对我说:"广西的山多,树木多,药材也多,说不定在马子嶂能找到一种防身药物,比什么都可贵。"我赞成老人所想,和他一起上山找药,可在那茫茫林海,哪一株是药,我是一窍不通。因经常问他,我总被他骂只懂"喝墨水",其他什么也不懂。第二天,尤伯终于在村旁找到一棵叶子带有香味的小树,他如获至宝,对我说:"找到了!找到了!"我问他找到的是什么宝贝药材,他说:"这叫赶狗樟,能治百病!"当时,我对尤伯的话半信半疑,但又没有理由不信,就和他一起动手挖,好不容易把所有的根部都挖了起来,割掉枝叶,除掉泥土和须根,完整的一块木头根块足有一斤多重。老人把这块木头精心制作,加工成一个特大的烟斗,旁边钻一小孔,扎上一条绳子,除了用来抽烟,平时就扣在自己的裤袋上。行军时,他挑上伙食担子,走起路来,那个特大烟斗一摇一晃,真有意思。战士们见了无不发笑。本来长途跋涉,挑着的鸡毛也会变成铁。战士们除了武器、弹药,对自己的行装,尽可能压缩减轻,可是尤伯不厌其烦,不怕负重,也不顾战士们取笑,他把这个烟斗当作自己的武器,从不离身,佩带自如。有位战士幽默地说:"尤伯,看您那一碌……"尤伯打断其话,还之以礼,幽默地说:"你休笑我这一碌,再过两个月,你这帮契弟仔,个个都要托我老尤这一碌。"尤伯的话虽不文雅,但在其后的战斗生活中,其深长的情意得到了体现。

时间一天天地过去,征途一天天地延伸,高山一天天地加高,战斗也一天比一天激烈,可是尤伯身上的那个特大烟斗,却一天比一天"消瘦",为什么呢?正是尤伯所说的能治百病,每当有人肚子痛,或者发痧,或者……任何时候找他,尤伯总会十分"吝啬"地用小刀轻轻地刮下一点木粉,冲以一杯开水服下,即效果如神。在那漫长的战斗岁月里,几乎全军的人都这样吃过尤伯的那个"烟斗"。

全国胜利后的1950年,会师昆明时,我又见到了这位可敬的尤伯,立即想起他的那个烟斗,问他:"尤伯!您的那一碌还在吗?"老人说:"还在!让那些契弟仔吃了大半了!"他顺手从裤腰带上解下来给我看,哎呀!此物已面目全非了。当年它壮若牛蹄,今日细如香蕉;我把它放在掌心一称,它的分量重如泰山。

队伍在马子嶂山区活动了十多天,与黄景文团长带领的第一团的一部和廉江部队的一个营会合,从此西征队伍已是七百之师,并继续它的征途。

[摘自《芳草——朱日成革命回忆录(一九四〇—一九五〇)》,广西民族出版社2000年版,第182—185页,有改动]

六、走在钦廉的山岗上、田野间

陈医官和李医官

队伍里的军医，战士们统称医官。陈医官就是陈荣，三十出头。地下工作时，她曾是个自己开业的产科医生；武装起义后，她是纵队医院的负责人。由于她爱兵如子，所以许多战士不称呼她的职务，也不直呼其名，而是称她大姐，甚至有些年轻战士称她妈妈。以陈荣同志的医德和慈心来衡量，不论称大姐还是妈妈，她都是当之无愧的。

李医官叫李爱民，合浦县人，参加革命前已是当地有名的中医。他除了精通《本草纲目》，还懂得许多中草药和民间偏方。最为突出的是，他能根据药用植物的酸甜苦辣以及各种不同的气味，在没法找药的情况下，到野外去亲口尝试，用不知其名的植物治好战士们的病。古语云："巧妇难为无米之炊。"若医生无药，医术再高明也无能为力。但是他们俩，一男一女，一中一西，在漫漫征途中，各显神通。他们的动人故事，车载斗量，讲不尽，写不完。

南国无霜山风厉，回首山河日日低。
铁鞋踏破脚犹在，征人何处觅安衣。

这是队伍过了灵山后，我概括当时情况写下的诗。

回顾西征起程的那天，正是立秋刚过，半岛的气候仍然相当暖和，战士们身上所穿的，背包所背的，不会超过两套军衣。

屈指行程已一月有余，气候由中秋转为初冬。队伍自从离开马子嶂，马不停蹄，日行数十里，加上在平原生活惯了的人一时适应不了山区，每次登山，刺骨的山风当头袭击，头骨一悚，因而病魔乘虚而入，队伍中患病的人日益增多。出发前，医务所携带的药品本就极其有限，一路上只有支出，没有补充。医官们目下手中的东西，除了一些枪伤药，只有两三副听筒、三五支注射器、一支灌肠器，以及一些钳子、小盆子等，治病的西药已是空空如也。这时，陈医官操起了她唯一的武器——灌肠器。她掌握了战士们的常发病，一般是因暴晒而中暑，或经受风寒造成感冒，有些是感冒和中暑俱全。凡是病号找到陈医官，经她那甜言蜜语的安慰鼓励，再来个生理盐水灌肠，加上李医官的一两服中草药，大部分疾病都可以治好。可有些战士脸皮比纸还薄，对敌人的枪炮倒不怕，但见到陈医官操起那支灌肠器，就恐惧异常。

我连的战士林国病倒了，全身发热，灼如炉火，我们派人请来陈医官，经诊断是中暑。陈医官偕同两位女护士，带来一支灌肠器和一大盅生理盐水。她对我说，一般热病，灌灌肠，排去大便，积热随之而散，病就好了。这时，林国还迷迷糊糊的，处于半昏迷状态，两位女护士移好林国的位置，解开他的裤子，刚触及其皮肤，没想到已经昏睡的林国，双眼一瞪，一骨碌地站起来，跟跟跄跄地冲出大门。这可把我急坏了，我急步上前抱住他，问道："林国同志！怎么啦？"这时，他已经醒了，一边挣扎一边说："指导员！我怕！"我以为他是发高烧，讲蒙话，只安慰说："没什么可怕的，有我和同志们在，什么都不怕。"他有气无力地挣扎道："不！我是怕……怕姑娘们捅我的屁股！"大家啼笑皆非。陈医官十分了解林国，他虽是一个男子汉，但脸皮比姑娘还薄，平时他不论接触到哪一个姑娘，都是话未出口脸先红。现在见姑娘脱她的裤子，说要捅他的屁股，可不把他给羞死啦！陈医官走上前去，像母亲哄小孩那样，说了一大堆甜言蜜语，可还是克服不了林国的害羞。经验丰富的陈医官已不是第一次遇到这种情况了，她十分明白，在这种情况下，无论用怎样的手法，战士都会谅解的。这时，陈医官发起"官威"，指着林国说："你再不肯，我就……来！给我动手！"两位姑娘手疾眼快，把林国按倒在床上，毫不客气地脱他裤子。此时，林国已无计可施，只得双手死死地抓住裤带，姑娘们虽勇敢，但无法下手。陈医官走上前去，用手指抠其腋下，林国立刻全身酸软，无能为力，姑娘们顺势将裤子一脱，林国立刻露出白白的屁股。陈医官笑了，顺手在林国的屁股上拍了一巴掌，操起得心应手的灌肠器，装上生理盐水，插进肛门，挤呀，灌呀，不到三分钟，一大盅生理盐水就灌进了林国的肠子里，然后拔出灌肠器，帮林国穿好裤子，姑娘们这才松开他。这时林国用双手掩住自己的脸，开声大骂："陈医官！陈医官！世界上所有的女人，算你们几个脸皮最厚的了！"

不管林国对陈医官如何骂，生理盐水灌进大肠不到20分钟，他便拉出了一大堆大便。第二天，他就能扛起枪跟着队伍前进了。有人把陈医官的灌肠器说成何仙姑的宝莲蓬，在战争的岁月里战胜病魔，扫妖风。

[摘自《芳草——朱日成革命回忆录（一九四〇—一九五〇）》，广西民族出版社2000年版，第191—194页，有改动]

七、鏖战十万大山一侧

帷幄峒中

苦战中的人，只能争得一瞬间的休息，让其换回一口气，就可继续战斗。队伍进了峒中，指挥部还没有下达具体任务，战士们已迫不及待地走到山涧清流之滨，架起锅头，烧来热水，脱下征衣，烫杀寄生在身上的虱子，洗净汗臭，搓去身上的污泥，送走西进的过去，共议近来新的根据地。

一天、两天过去了，第三天中午，防城地下党送来了准确的情报，说保一团已经进驻山区重镇那良，主力已推到滩散，全部兵力约有2000人，势欲进攻峒中。这个消息很快传遍全军。全体战士像炒热的一锅豆子，噼里啪啦地吵开了。个个义愤填膺，热血沸腾，破口大骂保一团是不知羞耻的手下败将、豆腐兵，不堪一击……这些吵骂声固然出自每个战士的自由思想，但无形中成为不约而同的统一意志——消灭保一团，开辟十万山区。我军没有医院，重病员只能随军，有战士重病未愈，听到这个消息后，挣扎着站起来，咬紧牙关，怒目圆睁地说："我们已经走了几个月，好不容易走到这里，再走，已无路可走！再走，我也走不动了！我是人民解放军，决不能当俘虏，还有一口气，还有一支枪，拼！拼到最后一个人，流尽最后一滴血，革命也就成功了。"这段义冲九霄的话，本出自一人之口，但代表了全体战士的心声。就这样你一句我一句汇成了战士们的最后结论——拼到最后一个人，流尽最后一滴血，革命也就成功了！

战士们的话并不是没有根据的，南路人民抗日解放军的战斗岁月虽不到两年，但每个战士已是身经百战，他们在战斗历程中增长了军事知识。队伍进驻峒中只有两天，但战士们对这里的地形已是心中有数——前面的北仑河河面不宽，水也不深，一跃就能过去。可是一过河就是国外了,强渡吗?这违反国际公约,用不着国民党来消灭我们,越南人也绝不会放过我们。其他方向又如何?都无路可走吗?

路是有的,但没有我们所要走的"路",岗中之北是天险的十万大山正脉,有一条通往广西的路叫岗中隘,攀登而行需要走20多小时才到达广西思乐。这根本不是"路"。若把队伍拉进这大山里,虽不被打死,也会白白饿死。数百里的大山脉与北仑河构成一个大牛角尖,岗中已是"牛角"的尽头,牛角的开口之处,正是敌人重兵盘踞的滩散。滩散以东20多里,就是敌人的指挥中心那良。以敌人的阵势来看,势欲把我们生吞,眼下敌人之所想,与战士们之所思完全一致。南路人民解放军第一团西征到此,确定前无去路,后有追兵,山穷水尽。在这生死关头,战士们认为,赶狗赶进死胡同,只能反咬一口,保一团没有什么了不起的,我军精兵,以一当十,吃掉保一团不足为奇。眼下我们的军心,犹如一触即发的火药桶,只等指挥部发出"拼呀!"的一声号令,就会创造奋战北仑河的历史一页。

南路人民抗日解放军的西征队伍,已经是一支经得起党的考验的队伍,在任何情况下,他们绝对不会与指挥部离心离德,尤其是他们最为信赖的唐才猷、黄景文两位指挥官。西征以来,凡是遇到生死关头,他俩总会拿出人们意想不到的新招。自从接到敌人进攻的情报,战士们已经闹翻了天，可他俩始终保持沉默，战士激他们、骂他们，他们都不在乎。他俩已经胸有成竹了吗？可以肯定，粉碎敌人进攻的新招值得我们拭目以待。

当天下午3点，指挥部传令连级以上干部开会。会上，唐才猷首先将敌情和当前的形势做了分析。他说："隔河的地方已是国外，过去叫安南，现在称越南；它的政府已经由共产党领导，不过时间很短，是日本投降后夺取的政权，现在他们受到国民党很大的压力，而且屁股还没完全坐稳，所以他们不会随便轻信我们。因为这是另一个国家，所以要与他们打通关系，必须通过中央。对于去越南，这条路目前还行不通，暂时不能设想。"老唐的这段话，干部们心中已经盘算过了，此路不通已成为战士们心中的一个大疙瘩，现在听指挥官也这么说，基本就可以确定下来了。所以有人心急地插话："我们已经山穷水尽了，怎么办？"一个指挥员，贵在知己知彼。唐才猷对他所领导的干部和战士的了解是十分透彻的，全团战士的名字、年龄、个性，尤其是思想情况，他皆了如指掌。在这重要关头，战士们的想法，他完全理解。特别是他亲手培养的这批干部，他是完全信得过的。他更了解的是，这些干部绝大部分来自地下党，有知识分子，也有农民。论带兵打仗，这些人已有岁月，但他们的眼光毕竟有限，遇事容易头脑发热，不得不注意。所以老唐听了干部的插话后，态度骤然变得异常严肃,他拍案而起,把对敌人阴谋的估计,以及我军采取的对策,胸有成竹地叙述了一番。

"大家都知道,广东保一团与我军的较量已不止一次,以往我们采取逆来顺受的灵活战术,他们来进攻,我们避开,那么他们就胜利了。这些胜利促使保一团成为一贯瞧不起我们的骄兵,结果吃了我军的大亏。正是吃亏教育了保一团,所以他们不得不谨慎稳妥行事。根据敌情判断,敌人这次行动,并不像以往那样把我们赶走,而是企图把我们消灭在十万大山。如何见得呢?保一团也非傻瓜,目前我军已'钻进牛角尖',他们不会看不到,至于我军的战斗力,他们更清楚。在这种情况下,若是把我军一口生吞,势必付出很大的代价,弄不好,还要吃大亏。因此,保一团把我军当作瓮中之鳖,步步为营。所以他们的司令部才设在那良,主力推到滩散,想把我们的退路堵死,进一步把我军困死在这个人地两疏的穷乡僻壤。

"我军兵精武器好,倒是事实,但不得不承认我军也有弱点:一是长途跋涉,带病作战;二是初到此境,人地两疏;三是敌人有后方,我军尚无根据地。最重要的是,党中央交给我们的任务:一是开辟山区根据地;二是要保存南路的革命种子。我们每一个战士,不能把自己当作普通一兵,而是一颗革命的种子,有朝一日,新的革命高潮到来,打开局面,就要依靠这批种子来生根发芽。一个共产党员必须坚决执行党的指示，万万不能在峒中把队伍摆开与敌人打硬仗，这样做正是自取灭亡。"

老唐讲到这里，会场上静如深夜，看样子大家各有所思。以我之见，老唐的话是对的，一着不慎，全军覆灭，那就负罪于天也！以战争之常规，处于山穷水尽的境地，只有两条路——一是举手投降，二是拼个你死我活，此外再没有第三条路可走了。但我对唐才猷的了解已有岁月，他是我母校雷州师范学校的高才生，虽不与我同窗，但他的名字早已令我敬慕。从地下工作到武装起义，我和他密逾胶漆，他了解我，我更了解他，目下队伍处在生死关头，除了他，别无所依。他的言辞理直气壮，使我的脑海里浮现出一线希望。也许我之所思，与同志们的所思雷同，我们共同的表情已被老唐看透。此时，他微微地笑了，这是他的老习惯，凡是见到他如此微笑，下面必有大好文章。

"同志们！你们的心情，我完全理解，我也认为保一团是不堪一击的，可是今非昔比了。过去，我们在根据地里与保一团作战，他们是孤军，打败他们不足为奇。可现在在敌人的地方作战，我们变为孤军，因此要打击保一团，就不能用过去的老办法了。"这么简单的几句话，扣住了所有人的心弦，像给沉闷的会场吹来一股凉风似的，把刚才的怒火降了温，所有人都昂起头来，注视着这位神通无比的指挥官，聆听他指点柳暗花明的一曲。唐才猷的烟斗很少离开嘴巴，但在刚才的紧张气氛中，只见他滔滔不绝，一板一眼，烟斗不见了。现在，他才从口袋里拿出那支烟斗，重新点燃，继续演讲："十分明显，敌人目前已集中几倍于我的兵力，扩张其声势来迫使我们和他们打硬仗，企图乘我军还没站稳脚跟，把我军一口一口地吃掉。这些已经老掉牙的用兵术，我们不能上当。我们还是以'敌击我避'应对，以分散对付集中，使保一团一口也咬不着。相反，我们还要把保一团拖死在十万大山。"

老唐又点烟斗了。这时，我想，以分散对付集中，以集中对付分散，这是我们的老战术，不过这是在根据地里用的，奈何……老唐一边抽烟一边讲："现在我们最迫切所争的，并不是一两个山头的胜负，所争的是时间。目下，我们必须用时间来解决以下几个问题：第一，用不长的时间来解决我们的立足之地；第二，用相当的时间来解决与越南兄弟联系的问题；第三，用一定的时间建立十万山区的地方武装，以及补充经费、补充弹药、更新武器等。能争取到时间，就是我们最大的胜利。对于如何争取时间，指挥部已经做出决定：第一营回师大勉，以大勉为中心，开辟东山一带的电六、扶隆等村庄为根据地；第三营开到峒中与大勉之间，利用深山的天险掩护司令部直属的安全；医务所等单位，建立临时后方；涂营留在峒中与敌人周旋。到时候，这三个地方连成一片，后面有十万大山主脉为屏障，可以减少后顾之忧，而且进可攻，退可守。只要争取半个月到一个月的时间，就有我们的群众和根据地了。敌人要进攻峒中，不可能那么快，我们没站稳脚跟，敌人同样仓促，最快也要三天。第一营立即回去煮饭，吃完饭立即出发，沿着我们来时所走的路，用急行军的速度，一定要在今宵天亮之前赶到大勉。队伍到达大勉之后，决不能暴露，立即选派几个机智勇敢的民兵，找到防城地下党；部队抽出一个坚强班，带一挺机枪和部分驳壳，组成临时小分队，尽一切可能在明天晚上午夜时刻，用骚扰战术袭击敌人之司令部所在地那良。只要第一营在那良的枪声一响，哼哼！保一团就要听我来指挥喽。回过头来，敌人若是进攻峒中，第一营就揍他们的屁股；如果他们回师扫荡东山、电六，大勉我军就袭击他们的滩散。敌人兵多尾巴大，在山区行动不会那么轻快，一个来回就是半个月。这就是我们能争取的时间。不久之将来，根据地建成，地方武装建立，越南关系打通，就算国民党800万大军都到十万大山来，又能奈我何？"

[摘自《芳草——朱日成革命回忆录（一九四〇—一九五〇）》，广西民族出版社2000年版，第221—226页，有改动]

第六章　智取马关

陈　杰[①]

奉命西进的广东南路人民抗日解放军第一团，在走过漫长险阻的道路，经受种种严峻的考验之后，遵照香港分局的指示，从1948年秋前后开始分批转战入滇，与云南人民讨蒋自救军及其他兄弟部队并肩战斗；由唐超（唐才猷）、饶华、岳世华组成滇东南指挥部，在中共桂滇边工委的直接领导下发动群众，开展对敌斗争。

由于全国解放战争进入战略决战阶段，接连取得了几个重大战役的胜利，所以云南形势迅速朝着有利于我军的方向发展。但敌人极其顽固，暂时也比较强大，所以，10月上旬，前委率领7个大队从麻栗坡北上渡过盘江开展滇东地区斗争的计划遭敌阻挠未能实现，部队不得不折回滇东南。

为了调动敌人，减轻前委的压力，策应部队渡江，中共滇东南工委和滇东指挥部决定立即解放滇东南重镇马关县城。

[①] 陈杰（1931—2014），广东省合浦县白龙乡石村人，1949年10月加入中国共产党。历任合浦县第二十三武工队队员、交通站站长，湛江人民广播电台新闻科副科长、编辑部副主任，广西合浦县政府办公室主任、合浦县政协主席。

如何解放马关？有强攻、智取两个方案。强攻是可以取胜的，但要付出较大的伤亡代价。虽然革命会有牺牲，但至少要把代价降到最低限度。因此，我们认为智取才是上策。

智取能否成功？经过具体分析，我们找到了肯定的答案。根据是：①经过地下党做工作，国民党马关县参议长刘弼卿站到了革命人民一边，他还有一批可靠的支持者，可以为我们做内应；②我们有实力，又有一批勇敢机智的干部、战士，能够克敌制胜。实践证明，这两个方案都是实在而又可靠的，智取马关是解放战争后期滇东南地区的一个成功战例。

一、准备充足，顺利入城

1948年11月上旬某日午后，马关县参议长刘弼卿根据滇东南指挥部的提议，以"刺探共军实力"为名，在10余名亲信的陪同下，骑马来到距离马关城约30里的滇东南指挥部驻地——一个有100多户村民的山村。他见到中共滇东南工委书记兼滇东南指挥部指挥唐超等领导同志时，高兴而又风趣地说："我打着反共的旗号前来，其实是来联共啊！"大家听了都哈哈大笑起来。

下午3点，唐超、饶华、岳世华、林杰等负责同志同刘弼卿举行会议，共商解放马关问题。经过近3小时的讨论,制订了智取的方案。

傍晚时分,唐超把警卫员林三(林德升)叫去。他知道林三这几天感冒,所以先问林三的病怎么样。林三说问题不大,并感谢首长的关怀。唐超说:"你可要讲真话啊!如果现在交给你一项任务,你能完成吗?"林三听到"任务"二字,精神为之一振,急切地问道:"有什么任务,你快说吧,我保证完成!"于是,唐超把解放马关的意义和计划对林三说了。林三一面倾听,一面心痒痒的,恨不得马上行动。待唐超一讲完,他就正式要求把任务交给他,已不把感冒放在心上。唐超对林三是比较了解的。自1945年9月部队从雷州半岛突围西进以来,在夜袭遂溪机场、攻打陈济棠家族在防城茅坡的庄园等重要战斗中,林三都是突击队的骨干和主力队员,每次都出色地完成了任务。这位个子不高、雇农出身的共产党员,平时话不多,但是一打起仗来就生龙活虎,浑身是胆,足智多谋。早在1944年冬,特委发动武装起义时,他就在家乡(海康县)的一次战斗中立功而获得"战斗英雄"的光荣称号。所以唐超对林三的保证是深信不疑的。他知道林三的病还未好,但一时很难找到比林三更适合的人,因此还是决定让林三当智取马关的突击队队长。突击队共10人,除林三外,屡立战功的廖文达、黄健生和陈蔡也在内。他们化装成刘弼卿的随从和护兵,由工委委员、云南籍干部岳世华率领,在夜幕的掩护下，顶着呼呼的东北风，直向马关县城进发。当晚11点左右，突击队来到马关城外。城内不时传来狗吠声和敌兵粗暴的呵斥声，原来敌人实行宵禁，城内戒备森严。岳世华再次低声提醒突击队员们："要沉着、冷静，不要随便回答敌人的盘问，没有命令不得开枪。如果遇上敌人，就由刘先生进行交涉。"刘弼卿说："只要我不露出破绽，就不会有什么麻烦。"

果然，不知是敌兵小头目认识刘弼卿，还是刘弼卿那张写明"参议长"身份的证件使得敌兵小头目自惭形秽，有意奉承，他根本没看清证件上写的是什么，就忙不迭地摆手示意并连说："请进！请进！"过第二、第三道关卡时也这样顺利，所以很快就到了刘弼卿家里。

二、成功诱降敌县长

刘弼卿的家是一座高大的旧式府第，一看就知道是官僚或者地主的住宅。突击队到达后就派人在大门外站岗，又在附近街道放了两个流动哨。岳世华在客厅西侧的房子里隐蔽，林三和其他突击队员则藏在客厅后的两间房子里。这时他们已经除去伪装，穿着鹅黄色的军服，戴上红色五角星军帽，握着二十响快掣驳壳枪，准备随时同敌人进行拼搏。刘弼卿的亲信护兵在客厅对面的走廊上围着两个火盆取暖，任务是配合突击队行动。

刘弼卿按照既定计划，写了一张所谓"汇报匪情，共商对策"的便条，命两名亲信去请县长欧阳河图来他家。但欧阳河图说夜太深了，不肯来。林三听到刘弼卿的亲信回来这样说，感到问题严重，马上从房里大步走到客厅对刘弼卿说："把县长弄来这里是今晚事情成败的第一个关键，一定要把他搞来，不然，不但不能完成任务，你家属和我们也很危险。"岳世华赞同林三的意见，并且强调说："就说情况非常紧急，今晚可能要出事，他不来不行，这个责他是负不了的。"林三又补充了一句："如果他不肯来，你刘弼卿也负不了这个责任！"

这件事关系重大，刘弼卿是懂得的，他决定亲自去请欧阳河图。

刘弼卿把岳世华的话对欧阳河图讲了以后，欧阳河图也不敢再推搪，就跟着刘弼卿来了。

欧阳河图刚刚坐下，刘弼卿手下的人正向他敬茶奉烟时，岳世华突然出现在客厅中央，微笑地注视着欧阳河图。欧阳河图面对这个衣着朴素的陌生人，感到事情不妙，不禁全身一震。他欲言又止，不知如何是好。刘弼卿看到欧阳河图那惊疑、期待的目光，就笑着向欧阳河图做了介绍，并请岳世华坐在欧阳河图对面的酸枝木太师椅上。

岳世华是个知识分子出身的领导干部，能说会写，富有政治工作和对敌斗争经验。他略微欠了一下身子，表示礼貌和谦让之后，就直截了当地向欧阳河图宣传解放战争的最新形势，指出国民党离彻底垮台的日子不远了；又讲明共产党的政策和人民解放军的宗旨，要求欧阳河图权衡利弊，放弃反动立场，争取人民的谅解。刘弼卿也帮着说了几句，并且现身说法，只要靠拢人民，做对革命有利的事情，就能得到宽大处理，甚至给予立功赎罪的机会。欧阳河图感到已经身不由己，没有别的选择，只好表示愿意把县政府的大印交出来，做个安分守己的平民。他问道："是不是现在就派几位兄弟同我去县政府取大印？"岳世华说："在我们看来，那个大印是没有什么实际价值的，它不过是一小块木头罢了。重要的不是交不交印的问题，而是真正脱离国民党反动阵营，用实际行动拥护支持共产党领导的革命事业。你如果愿意这样做，就给县常备大队杨国华写一封短信，说：'敌情严重而且紧急，马上来此商量，采取相应措施。'"欧阳河图没有理由也不敢拒绝，立即照办了。

三、智擒大队长

时过午夜，公鸡开始啼鸣。县常备大队长杨国华还在梦乡，副官拍了几下门，又叫了两声，他才醒过来，躺在床上语带怨怒地问有什么事。当副官告知刘弼卿亲自来请他去同县长进行紧急磋商后,他才起床穿衣,并且提着左轮手枪到客厅同刘弼卿见面,刘弼卿则把刚才对欧阳河图说的那些话向杨国华讲了一遍。杨国华听了不作声,似乎有所怀疑,也像在考虑对策。他带了副官和两名贴身护兵,跟着刘弼卿穿街拐巷,直奔刘家。到刘家门口,杨国华先向护兵下达命令,要求他们在客厅外站岗,随时听从指挥,应付突变。

杨国华布置完毕,就同副官进入客厅。欧阳河图坐在椅子上,只瞄了杨国华一眼,就低下了头,表现出心事重重、无精打采的样子。杨国华看到这种情景,认为情况确实危急,就想提起欧阳河图的情绪。他说:"没什么了不起的,无非是些'土共'想来骚扰一下,虚张声势,动摇我们的军心罢了。我们不能未见棺材就流泪,长敌人志气,灭自己威风!"他话音刚落,岳世华犹如天降,一下子站到了杨国华面前,还没等杨国华清醒过来,就给杨国华上起了政治课。岳世华指出杨国华反动透顶,罪恶严重,只有改恶从善,率领全大队官兵向人民缴械投诚,才能得到宽大处理;否则,绝对没有好下场。杨国华听了,本想要点威风,但被刘弼卿劝止了。然而他十分顽固,竟说只要他活着,就决不投降,甚至声称:如果解放军打到云南,他就把队伍拉上山,抵抗到底。岳世华沉住气听他讲完,轻蔑冷笑一声,说:"可惜太迟了。解放军的先头部队已经进入马关城——不然,我也不会来同你见面、谈话。这里还有一位林队长,你想不想同他见一面呀?……"岳世华的话还未讲完,杨国华也未对"想不想见面"的问题表态,林三和廖文达等几名突击队员就饿虎扑食般冲进了厅里,一齐举枪对准杨国华,异口同声地厉声怒喝道:"举起手来!"立即把他和副官别在裤带上的手枪缴掉了。在厅外值勤的突击队员和刘弼卿的亲兵也解除了杨国华布置在门口站岗的两个卫兵的武装。杨国华刚才还傲慢和嚣张得很,现在做了俘虏,却变成了完全不同的另一个人。只见他说话的声调像患了重病,而且语无伦次,脸上、手上直冒冷汗。他按照岳世华口授的内容写手令,让刘弼卿派人去把3个中队长找来——由于心惊手颤,所以头两张写得歪歪扭扭,又有错字、漏字,只好重写。

四、险中无畏,迎来胜利

事情原本进行得相当顺利,可是最后情况有所变化,几乎前功尽弃。

本来驻马关中学的常备大队的主力中队已在我突击队的监督下,按照其中队长的命令,把全部武器——60多支长短枪和一挺轻机枪以及所有弹药集中放在一间教室里,由突击队上锁和派人看守。另两个中队也准备缴械投降,但由于我们派不出人去接收,他们等到将近天亮时也不见什么动静，只见到两个突击队员在街上巡逻，几小时内都没换班，所以断定我们人数不多，就悄悄溜出县城，急急忙忙往敌人的滇东南指挥中心——文山方向逃跑了。

放下武器的敌兵天亮后还未见到林三所说的解放大军进城，心中便疑惑起来。有些小头目老是问林三："大军什么时候才来？"林三总是说："快了、快了，不会很久的。"又说："你们已经放下武器，这就做对了，我们一定按政策优待你们。"但他们听不进耳，也可能听不懂林三讲的带有雷州口音的广东白话。不久，在一些反动骨干的策动下，敌兵纷纷拥到放武器的教室门口，疯狂踢门，把枪支、子弹统统抢了回去。林三面对险恶情势，仍然镇定自若。他以斩钉截铁的语气对敌兵们说："你们不要轻举妄动，不要听那些顽固的反动分子的挑唆，跟坏人走是不会有好结果的。我们的队伍就在离这儿不远的地方驻扎，马上就开进城来。你们的县长欧阳河图和大队长杨国华都接受了我们的要求，命令你们放下武器。如果你们自作主张，这责任你们是担当不起的。"

常备大队的这批士兵听了林三的话，看到他身处虎穴无所畏惧的神情，头脑顿时清醒起来，有的睁大眼睛在那里发愣，有的诡秘地交头接耳。他们虽然还不把武器放回教室，但看来也不敢携械逃跑，更不敢打突击队员。

林三正在估计各种可能出现的坏情况，考虑能够采取的各种措施。他不时与队员们交换意见，面授机宜。队员们个个表决心，一定坚持到最后。如果敌人胆敢下毒手，就毫不留情地进行自卫，消灭他们，哪怕死在敌人枪下，也不束手就擒。同志们的勇敢坚定和随时准备为革命牺牲的精神，使林三更充满了必胜的信心。

上午8点，城外传来隆隆的炮声和重机枪声。我们的部队赶到了。这支号称"千人大军"的队伍，其实加上之前的农会会员也才300多人。他们用大竹筒和松木伪装成大炮，用手纸点火引爆拆掉雷管的八二炮弹，又接连打了几梭一百发的重机枪，以造成大军压境的气势，同时试探城内的情况。林三听到枪炮声，一颗悬着的心终于落地。他马上向常备队的士兵高声宣布："你们听到了吧？我们的部队来了！你们要立即把武器放回教室去！"他特别强调："这是命令，必须执行！你们要记住我们的政策是'缴枪不杀，立功受奖'。"林三一讲完，这批士兵就争先恐后地向教室走去，把武器放回原处了。

8点20分，我部队迈着整齐的步伐，雄赳赳、气昂昂地开进了马关城。岳世华和刘弼卿在城门口迎接部队。政工人员一入城，就沿着街道在墙上张贴安民告示，书写大字标语，宣传我党政策和革命的大好形势。走出家门观看入城队伍的人越来越多，到街上读布告的人也越来越多。

胜利完成了智取马关任务的突击队员在林三的带领下,同部队会师了。首长和战友同他们热烈握手。大家都沉浸在战斗的欢乐之中。

(陈杰根据林三、廖文达、岳世华等人的回忆整理,摘自中共湛江市委党史研究室编《铁旅征程》,1999年版,有改动)

第七章　怀念唐才猷政委[①]

杨　莲[②]

从唐才猷1945年1月任南路人民抗日解放军第一支队长，我就认识他，我是他领导下的一名抗日战士。后来他又任南路人民抗日解放军第一团政委，直到1953年，他都是我的领导。他对战士温柔热情，平易近人，地位不分高低，官兵一致。

记得有一次，我在白区（界炮镇）附近发动群众抗日，他说："你有胆量。"当时，我想起了我的哥哥杨石清，他在抗日斗争中不幸被捕，敌人对他进行了残酷的严刑拷打，打得皮开肉绽、鲜血直流，但他视死如归。后来敌人把我哥活埋了，他牺牲时年仅23岁，他是真正的革命英雄，也是唐才猷政委培养教育的结果。还有一次，在合沟、金围村的战斗中，我冒着大风大雨抢救伤员，唐政委在大会上表扬我说："你机智、勇敢，抢救伤员，像个勇士。"

---

① 此文系唐翠波特约杨莲而作，已获授权，有改动。
② 杨莲，广东省遂溪县界炮人，1926年农历六月十二日生，1945年参加南路人民抗日解放军第一团（老一团）并任卫生员，1947年6月加入中国共产党。随队西进，任中国人民解放军滇桂黔边纵队第十五团卫生队卫生员，参加过近百场大小战斗，抢救伤员。1953年从部队转业，历任广西合浦县共青团组织干事，藤县贸易公司人事、秘书股长，容县贸易公司政治副经理，玉林汽车总站工会副主席，北海海运总公司工会副主席。1985年离休，是广西玉林、北海革命传统教育的标兵。

抗日胜利后，国民党又挑起内战，调集第四十六、第六十四军向雷州半岛进攻扫荡，妄图夺取抗日胜利果实和歼灭南路抗日武装。在这紧急时刻，特委根据南方局的指示精神，南路人民抗日解放军主力第一团800余人，奉命分两批突围西进十万大山。这是军事长途行军，有问题要解决，因此召开了会议。在会上，唐政委说："我们面临的困难，一是没有钱，赤手空拳到新地方，寸步难行；二是没有一件好武器，只有三挺国产轻机枪，其他除了一些驳壳枪，都是残旧的七九步枪，用这些武器杀到十万大山，怕力不从心。"接着，他又信心百倍地说："趁敌人混乱之际，寻找战机，打他一个措手不及，获得一些武器和物资就西进。"

不日，机会终于来了。一天早上，便衣队队长洪田带着4名便衣队员到公路侦察，发现不远的公路上，车辆来往频繁，有运兵的，有运军用物资的，也有运客的。这是国民党接管广州湾后，正在运送物资。侦察员从早上到下午3点，一直守候着，但没有发现我们想要的东西。正在着急的时候，他们发现了一辆车，开得很慢，加了油都难上坡。战士们说，这车一定有我们想要的东西，于是以迅雷不及掩耳之势，冲到车前，大声喝道："停车检查！"5支驳壳枪指着司机，命令他把车开入甘蔗地。有两个国民党兵坐在车头，战士缴了他们的枪，呵斥道："不许动！"

战士上车用小刀割开包，发现里面全是用白布包着的钞票（关金币）。战士把车头几包推下了车，正想把车后的大包也推下，公路上却突然尘土飞扬，有车来了。我们战士为了安全，就对司机轻呵一声"走你的"。司机掉转车头，向广州湾公路奔去。这次缴获国票1500万元，为合理安排，经纵队司令部预算决定，500万元给老一团西进使用，500万元留下用于坚持南路活动，500万元上交中央。

为了充实武器，农历八月十五日晚，唐政委指挥夜袭遂溪机场，缴获枪支、弹药一大批。唐政委说："从战斗开始到搬运物资已有一个多小时，这里离遂溪城只有几十里，如敌人有支援，半小时就可赶到。"于是命令全体人员迅速撤退。作为一个军事指挥，唐政委有勇有谋。部队的生死存亡，就掌握在指挥员手上。

广东南路人民抗日解放军第一团（西进老一团）主力800余人，分两批突围西进：第一批由团长黄景文率领，已突围西进；第二批由团政委唐才猷率领，我在第二批。10月初的一个晚上，我们400余人集合于遂溪山里村晒堂上，各战士手中握着从飞机场缴来的日本三八式步枪，一挺全新日本重机枪架在队伍前面，20多担子弹排在重机枪后面，显得格外威武。

临行前，唐政委向战士们讲话，他神态严肃，语言有力，为战士们分析国内外的形势，讲毛泽东在重庆谈判时的讲话："蒋介石是绝对不会放下屠刀的，必定会发动内战残杀共产党人。"唐政委还描述了当前国内各地人民在共产党领导下，如何起来反对内战，以及南路革命武装斗争的战绩。他还特别指出在平原地区坚持长期的游击战的不利因素，最后说道："同志们，我们要负起新的历史使命，到十万大山去，开辟新的革命根据地。今晚我们就要突围出发，离开故乡，我们不会忘记自己可爱的家乡。在不久的将来，我们完成开辟山区革命根据地的任务之后，把山区与平原连成一片，到那时候，我们还会胜利会师。"他还告诉我们："中央、南方局给我们的任务，不管在什么情况下，都要发扬不怕困难、不怕牺牲的革命精神，保存南路的革命种子。"南路的优秀儿女，雄赳赳、气昂昂，向着十万大山前进。

11月14日，攻打贵台。贵台是钦州西北区的一个重镇，是十万大山的门户，地处高山之下，地势十分险要。贵台乡公所是一个乡的基层统治机构，由几十个乡丁组成的武装队伍，武器装备比国民党正规军还要精良。有一挺日本式轻机枪，有几十支大头驳壳枪，其余都是七九步枪。乡长出入前呼后拥，是个无恶不作的地头蛇。我们攻打贵台的第二天，乡长又领着几十个乡丁回到了贵台对面的高地。他们知道我军住在小学，于是用一挺轻机枪对着小学大门，见人就扫射。而我们的重机枪离他们太远，打不到。

后唐政委指示，便衣队队长洪田等十几个人化装成农民赶圩的模样，挑着箩筐，到距离不远的地方，用驳壳枪、手榴弹歼灭他们。但这些家伙是当地人，本地人都认识，便衣队员被他们认了出来，所以没有把他们歼灭。我们退回来，他们又跟着打，我们反击，他们就退，这样来来回回地转。唐政委说，"这样下去，我们部队会被拖疲劳的"。第三天晚上，唐政委睡不着，就叫有关人员开会。他说："根据几天的情况来看，有两个可能：第一，敌人估计我们不会在贵台久留，想把我们赶出去；第二，他们可能正在等待援军，把我们全部歼灭。第二个可能性很大，我们要马上撤出贵台。"当晚12点左右，部队集合后向马笃山方向前进，行了约30里地，就听到贵台那边炮声大作。唐政委的判断是正确的，广东保一团和钦州国民党自卫团，以及地方反动武装共3000余人，向贵台而来，企图包围贵台，可是他们扑了个空……

唐政委关心战士们的安全，如我们转战到广西云桂高原，那里都是石山，山高路险，每次夜行军，部队集合时，唐政委都要说："这里多是石头路，有些路段根本不是路，要注意，不要跌落深沟。"这一点足以说明，唐政委不但指挥打仗有勇有谋，连战士的生活小事也很关心。他真是我们的好领导。

2016年9月于广西北海

第八章　老一团驳壳队员回忆

陈　蔡[①]（执笔）　洪　田[②]　陈秋明[③]

一、生死搏斗，秋心脱险

1945年8月下旬，特委收到南方局书记周恩来[④]发来的关于日本战败投降的电报。9月中旬，特委书记周楠和陈恩、唐才猷、支仁山等开会决定，由支仁山作为南路人民抗日解放军同日本驻遂溪战败军人谈判缴械的全权代表。

[①] 陈蔡，1925年生于广东省遂溪县洋青圩麒麟山村，1938年参加革命，1945年加入中国共产党。任南路人民抗日解放军老一团手枪分队长，受中共党组织委派，任驻越南民主共和国特种部队队长，负责保卫越南党总书记胡志明的安全警卫任务。任中国人民解放军滇桂黔边纵队第十二团连长、营长，纵队司令部警卫队队长。新中国成立后在十万大山剿匪和北海反特斗争期间任科长、主任、公安分局局长等职务。1987年于广西合浦常乐供销社离休，享受正处级待遇。2008年10月在珠海逝世。

[②] 洪田，广东省遂溪县附城南和村人，1919年10月生，1939年加入中国共产党。曾任南路人民抗日解放军老一团便衣队队长（在夜袭遂溪飞机场战斗中担任突击队队长）、桂西人民解放军司令部武鸣人民抗征团（独立团）团长兼政委、武鸣县委书记。离休前任湛江市供销社副主任（副厅级）。1999年10月在湛江逝世。

[③] 陈秋明（陈明），广东省遂溪县洋青圩西田村人，1915年生，1939年加入中国共产党，在遂溪抗日联防队工作，参加老马起义后加入南路人民抗日解放军老一团，攻打遂溪机场后西征，任老一团手枪队排长、副连长等职。新中国成立后转业到广西灵山县粮食局任主任、副局长至离休，离休后回遂溪居住，2005年逝世。

[④] 1944年11月，因南方局主要领导成员均先后离开重庆，根据中央指示，成立南方局工作委员会，王若飞任书记，主持南方局工作。1945年12月，中央派以周恩来为团长的中共代表团出席政治协商会议，同时恢复南方局，当时称作重庆局，董必武任书记，王若飞任副书记，工作机构仍设在八路军驻重庆办事处内。

为保证支仁山在凤朗新村同日本军人的谈判顺利进行，一天早上6点，老一团驳壳队队长洪田派陈蔡、宋秋心二人由凤朗新村出发，去遂溪机场西边日本人开的新公路南边桥头放哨。陈蔡、宋秋心二人刚到桥头，突然看见对面3个打扮成农民的人从新凤村方向走来，陈蔡叫秋心注意他们的行动，而后去松林里大便。陈蔡在松林里听见秋心的叫声："你们从哪里来的？企定（站住）检查。"又听见秋心大喊："陈蔡！快来！"陈蔡抬头一看，只见那三人把秋心压倒在地，想抢夺秋心的驳壳枪，秋心正在同那三人进行生死搏斗。在这千钧一发之际，陈蔡赶紧开枪，"砰！砰！"两枪击倒一个，击伤一个，另一个直往松林里跑，秋心脱险了。

陈蔡搜查敌人的公文袋，发现有几份详细的军用地图，还从死尸身上缴获了短枪和其他文件。原来他们是国民党第四十六军和第六十四军从广西压下遂溪县的先头部队的侦察兵。

二、生死关头

1945年9月下旬的一天中午，南路人民抗日解放军老一团政委唐才猷在遂溪东区茅村祠堂对驳壳队员讲话："同志们，目前形势十分严峻，国民党以张发奎、邓龙光为首，率领第四十六军和第六十四军十万大军从广西往遂溪县压来。敌军开来的目的，一是收缴日军的武器装备，二是消灭遂溪县人民抗日解放军老一团。现在我们正被敌军层层包围，敌人坚决要消灭我们，我们不能坐以待毙。我们决心打出去，但我们身无分文，即便不被敌人消灭，也要饿死。"驳壳队员听了唐政委的讲话后，个个都十分担心老一团的生存。60多人正似"十月鸡仔鹰婆屎，鹰婆不担自己死"。有人说，去同群众借钱借粮；有人说，去打敌军汽车要钱要粮。唐政委同意去打敌军汽车，但人多出去怕暴露目标，于是亲自选出6名精干驳壳队员——洪田、陈蔡、宋秋心、宋委琼、唐林、陈秋明去打汽车。

下午4点，洪田带队出发，刚到达麻章出4公里圹口公路，就看见从玉林方向驶来一辆汽车。大家立刻散开至公路两旁伏击。汽车越驶越近，离驳壳队仅四五十米，陈蔡、宋秋心二人冲到汽车前面开枪，二人同喊司机停车。司机害怕，停了车。陈蔡打开手榴弹保险，叫车厢内的敌兵放下武器，否则就扔手榴弹，10个敌兵怕得要死，放下武器举手投降。驳壳队员上车搜查，看见一袋袋的钞票"关金币"堆满车厢。在公路两旁干活的村民看见驳壳队打汽车，通通走来帮忙搬运钞票。下午5点，几十袋钞票运回茅村祠堂大厅，正在大厅开会的特委干部陈恩、黄其江、支仁山、唐才猷、陈醒亚、沈汉英、杨甫等看见驳壳队运回一袋袋的东西，不禁眼睛大亮。洪田、陈蔡汇报：这堆东西全部都是"关金币"。他们听了便停止开会,赶紧清点钞票。陈恩欢天喜地地称赞驳壳队员:"同志们!你们在革命低潮时,一心为公,及时完成经济任务,你们这种为公的革命精神,是全党全军学习的榜样。"

过后,《广州湾日报》刊登消息,从广西玉林运来广州湾银行的国军钞票1.3亿元"关金币",于9月×日在麻章地区塘口公路丢失。

三、冲过敌人的封锁线

袭击敌人飞机场的第二天,唐政委通知突击队和其他部队干部开会,决定当天晚上撤出凤凰山,开到西区山里村,同第二、第三营集中后从安铺至横山交界地区突围。

安铺至横山敌军驻有一个师,但是这一带农村的农民同老一团共同打过日本人,群众基础好。农历九月十四日晚7点,突击部队和其他部队撤出凤凰山,连夜走路到达离白骨村二三公里的地方。东边天发白,部队赶快进入公路旁边的甘蔗地和松山地带隐蔽。陈蔡保护唐政委和一位带路的同志去白骨村,唐政委向白骨村地下联络站的同志了解敌情。10多分钟后,3人离开白骨村,刚走2公里,白骨村地下联络站的一位同志追上来说,敌军有200多人开来包围白骨村,抗日伤员陈希质被抓了。唐政委听了他的报告，心里非常紧张，三步并作两步走，才过了安铺至洋青十字路口，看见一大队敌军由安铺拉至洋青大路来。唐政委、陈蔡同一位带路的同志赶快进入大路旁边一个三户人居住的小村。在小村里碰上特委干部陈醒亚、陈章，唐政委告诉他们二人：有大队敌军从安铺路开来，赶快找地方藏身。唐政委、陈醒亚、陈章三人就跑到村边西面水沟，直往山里村方向走，留下陈蔡和一位带路的同志在村里监视和对付来敌。

陈蔡看见几个敌兵离开大队向小村而来，认为敌兵是来捉拿他们三人的，所以立刻打开手榴弹保险，准备扔过去，但他们一到村边树林底下止步小便后，便转头跟上大队往洋青路去了。

1945年农历九月十五日晚12点，唐政委率领老一团部队由山里村开始行动，撤离遂溪县革命抗日根据地，突围冲过横山至安铺交界敌人的包围封锁线。

到达安铺大江上游时，战士们个个都在谈论，今夜是农历九月十五日，天上明月给我们照路，渡过安铺大江向西推进的纪念夜。

四、举办庆功大会，准备西进

老一团政委唐才猷率领第二、第三营和突击部队冲过敌人包围的封锁线后,向西推进到达广西博白县马子嶂。同团长黄景文率领的第一营突围部队会合后,两支突围部队600多人在马子嶂休整。

(1)评选战斗英雄和战斗有功人员。战斗英雄有林三、陈蔡、洪田,有功人员有陈贵、廖文达、李进生、宋秋心、沈杰、唐协森、李池、陈炳崧等。庆功大会上,杨甫代表特委讲话,称赞战斗英雄和有功人员:"在被敌人十万大军层层包围和围剿,革命面临生死关头的情况下,你们同心同德,一心为公,一致对敌,抗敌为要,上刀山,下火海,同强大的敌人拼搏。①夺取敌人大量钱币,解决部队吃饭和用钱的问题。②夺取敌人军用地图,解决部队走路不方便的问题。③夺取敌人大量精良武器和弹药,解决部队武器、弹药不足的问题。"杨甫说,战斗英雄和有功人员要通报,号召全党全军向战斗英雄和有功人员学习,学习他们一心为公的革命精神。最后,黄景文团长讲话,称赞战斗英雄和有功人员为党、为革命做出的巨大贡献。他在大会上给战斗英雄和有功人员颁奖,每人奖励卫生衣一件。

(2)缴获敌人各种精良武器,进行实弹射击练习。

(3)举着党旗,唱着《义勇军进行曲》,唱着《游击队之歌》,唱着《三大纪律八项注意》,向十万大山挺进。

老一团走过两国边境,沿途同前堵后追的敌人激战,打败和歼灭了成百上千的敌人,开辟了滇桂黔边区新的革命根据地，成立了中国人民解放军滇桂黔边纵队。唐政委担任中国人民解放军粤桂边纵队副司令员后，打得敌人落花流水。1949年12月，云南省省长卢汉被迫率领保安部队和其他部队起义。1949年12月，中国人民解放军滇桂黔边纵队同第二野战军第四兵团并肩作战，打败了盘踞的反动派，解放了祖国的大西南。

1983年5月写于遂溪

（来源于陈蔡、洪田、陈秋明三人写给唐才猷的信的附件，其家属已授权发表，有改动）

下编 革命武装历史沿革

第一章 广东南路人民抗日解放军部队序列

一、1945年1—5月

司令员兼政治委员	周　楠
参谋长	李筱峰
政治部主任	温焯华

第一支队

支队长	唐才猷
政治委员	陈　恩
政治处主任	黄其江

第一大队

大队长	支仁山
政治委员	唐多慧

第二大队

大队长	洪　荣
政治委员	沈　潜
副大队长	郑贤儒（郑善卿）

第三大队

大队长	黄　炳　郑世英（后）

政治委员	王　平
副大队长	李鸿基

遂南人民抗日游击大队

大队长	莫志中
政治委员	陈同德
副大队长	唐协森

第九独立大队

大队长	方茂盛
政治委员	李晓农

廉江抗日大队

大队长	莫　兴（莫　练）
政治委员	陈　章
副大队长	郑惠康

涂明堃大队（廉江独立大队）

大队长兼政治委员	涂　沙（涂明堃）
副大队长	何朝玉　严敬义（后）

杨君群大队

大队长兼政治委员	杨　生（杨君群）

莫练大队①

大队长兼政治委员	莫　兴
副大队长	陈荣典　罗培畴　徐永源

---

① 该大队系以廉江抗日大队为主扩编而成。

第二支队

支队长	黄景文
政治委员	温焯华(兼)
政治处主任	邓麟彰

第一大队

大队长	林　林
政治委员	林　林(兼)　陈醒亚(后)
副大队长	黄载源

第二大队

大队长	陈汉雄(练炳强)
政治委员	郭　芳(郭达辉)　罗　明

第三大队

大队长	陈以铁
政治委员	王国强
副大队长	朱兰清(黄志刚)

第四大队

大队长	李一鸣　梁弘道(后)
政治委员	黄明德
副大队长	李雨生　李一鸣(后)

罗明大队

大队长　　　　　　　　　　　　　罗　明

茂电信军事指挥部

军事指挥兼政治委员　　　　　　　陈　华

茂名县军事指挥部

军事指挥　　　　　　　　　　　　梁昌东

茂东游击大队

大队长　　　　　　　　　　　　　范　式　杨进瑞（后）

政治委员　　　　　　　　　　　　郑光民

副政委兼政治部主任　　　　　　　梁　平

茂南游击大队

大队长　　　　　　　　　　　　　车振伦

政治委员　　　　　　　　　　　　廖　铎（刘炳桑）

副大队长　　　　　　　　　　　　郑　奎　罗秋云

副政委兼政治部主任　　　　　　　龙思云

副政委兼中队长　　　　　　　　　李颐年

副政委兼中队指导员　　　　　　　钟正书

茂北游击大队

大队长兼政治委员　　　　　　　　杨　飞

副大队长兼中队长　　　　　　　　杨　麟

副政委兼中队指导员　　　　　　　杨　超

| 副政治委员 | 张锡德(未到职) |

茂西游击大队

大队长	梁德玉
政治委员	黄达荣
副政治委员	廖树莱　沈　二

电白县军事指挥部

| 军事指挥 | 庞　自　严子刚(后) |

电白抗日游击队第一中队

| 中队长 | 陈广杰 |
| 指导员 | 庞　自(兼) |

信宜县人民抗日第一大队

| 大队长 | 林　骥 |
| 政治委员 | 陈志辉(兼) |

第三支队

| 大队长兼政治委员 | 张世聪 |

合浦大队

大队长	李世益
政治委员	陈明景(陈志云)
副大队长	张进煊　张世瑶

灵山大队①

大队长	陈铭金　莫平凡（后）
政治委员	陈铭金（兼）
副大队长	邓业兢　李世益　黄式高
副政治委员	岑嘉毅

黄河大队②

大队长	黄　飞
政治委员	陈任华　陈明景

小江大队

大队长	陈汉雄
政治委员	叶信芳（叶国良）
副大队长	谢伯寿

西场大队

大队长	王　克（王鉴远）
政治委员	包　恭
副大队长	庞殿勋
副政治委员	黄　模

钦县人民抗日解放军

指挥	朱守刚

---

① 灵山大队一度分为主力大队和地方大队。

② 该大队系由第二支队第一大队马振英、陆之钦两个中队与第三支队合浦大队白石水中队合编而成。

政治委员	卢　文
副指挥	黄木芬（周才业）
参谋长	陈　浩
政治处主任	林国兴

独立大队（直属司令部）

大队长	陈醒亚　李一鸣（后）
政治委员	陈醒亚（兼）
副大队长	陆　新

二、1945 年 5 月①至 1946 年春

司令员兼政治委员	周　楠
参谋长	郭大同
政治部主任	温焯华

第一团

团　长	黄景文
政治委员	唐才猷
政治处主任	李廉东

第一营②

营　长	金耀烈　廖　华（后）

---

① 1945 年 5 月，南路人民抗日解放军整编，撤销支队建制，设立团建制。
② 1945 年 12 月，第一团在马子嶂整编，第一营和第二营合编为第一营。

政治委员	王　平　廖　华（后）
	陈熙古（后）
副营长	陈炳崧

第二营①

营　　长	郑世英　李鸿基（后）
	涂　沙（后）
政治委员	沈　潜　林敬武（后）
	谢　森（后）

第三营

营　　长	黄建涵
政治委员	庄梅寿
副营长	廖培南

第四营②

营　　长	沈鸿周
政治委员	彭　扬
副营长	李鸿基
副政治委员	严端桥

---

① 第一团在马子嶂整编时，第三团涂营编入第一团为第二营。
② 该营由防城县人民游击大队组成，1946年春编入第一团建制。

第二团①

团长兼政治委员	支仁山
副团长	郑世英

遂南人民抗日游击大队

大队长	莫志中
政治委员	陈兆荣
副大队长	唐协森　蔡乃吉

第九独立大队

大队长	方茂盛
政治委员	李晓农　陈醒吾（后）

第三团②

团　长	莫　怀
政治委员	唐多慧（唐彪）
政治处主任	林克武（林星）

第一营

营　长	涂　沙

---

① 该团不设营建制，直接统帅连队及两个游击大队。

② 该团辖三个营、一个大队，以黄辛波为营长、熊福芝为政委的广西博白独立营（白马营）受司令部委托也由第三团指挥。1945年11月，该团第一营编入第一团为第二营西进十万大山，余部编为廉江独立营和武工队。

政治委员　　　　　　　　林敬武
副营长　　　　　　　　　何朝玉

第二营

营长兼政治委员　　　　　杨　生

第三营

营长兼政治委员　　　　　莫　兴
副营长　　　　　　　　　陈荣典　罗培畴　徐永源

河防大队

大队长　　　　　　　　　杨群墀

第四团

团长兼政治委员　　　　　陈醒亚
副团长　　　　　　　　　黄载源
政治处主任　　　　　　　王国强　杨子儒（未到职）

第一营

营　长　　　　　　　　　黄　飞（未到职）
政治委员　　　　　　　　朱兰清

第二营

营　长　　　　　　　　　李一鸣

第五团

团　长　　　　　　　　　张怡和

政治委员兼政治处主任　　　　朱兰清

合(浦)灵(山)独立营[①]

营　　长　　　　　　　　　　黎　攻(黎汉威)

政治委员　　　　　　　　　　郭　芳(郭达辉)

灵山莫平凡大队

大队长　　　　　　　　　　　莫平凡

政治委员　　　　　　　　　　黄文法

灵山黄式高大队

大队长　　　　　　　　　　　黄式高

政治委员　　　　　　　　　　陈铭金

梁振威独立大队

大队长　　　　　　　　　　　梁振威

党代表　　　　　　　　　　　梁中光

合浦小江大队

大队长　　　　　　　　　　　陈汉雄

政治委员　　　　　　　　　　叶信芳

副大队长　　　　　　　　　　谢伯寿

合(浦)灵(山)南独立中队

中队长　　　　　　　　　　　苏显枢

---

① 该营组建于1945年9月，直属司令部领导。

钦(县)防(城)华侨抗日游击大队

大队长	沈鸿周
党代表	黄木英(陈汉东)
	严　秋　严端桥(后)
副大队长	沈耀初
参谋长	黄木芬(兼)
政治处主任	巫摩白

防城县游击大队①

大队长	沈鸿周
政治委员	彭　扬

海康县第一抗日联防区大队

大队长	吴　辉
政治委员	黄　葵

茂名县抗日游击大队②

大队长	郑　奎
教导员	周　亮
副大队长	郑　剑　梁振初
副教导员	杨　超

---

① 该部系以钦防华侨抗日游击大队为基础重新组建，1946年春编入第一团为第四营。

② 该大队曾编入第四团为第六连，后又回茂、电、信地区活动，归属中共茂电信特派员领导。

电白县抗日游击大队

大队长	梁昌东（未到职）
政治委员	严子刚
副大队长	陈广杰（代大队长）

（摘自中共湛江市委党史研究室编著《南路人民抗日解放军史》，广东人民出版社1995年版，有改动）

第二章 粤桂边区部队序列

一、1947年3月①至1948年4月

粤桂边人民解放军

司令员	庄　田（未到职）
政治委员	温焯华
副司令员	唐才猷（未到职）
副政治委员	吴有恒
参谋长	左洪涛
政治部主任	欧　初

第一团②

团　长	黄景文
政治委员	唐才猷
政治处主任	李廉东

---

① 1947年3月下旬，吴有恒以粤桂边区人民解放军代司令员的名义张贴布告，并相继委任新编第一、第三、第四团的领导成员。4月29日，香港分局正式任命粤桂边区人民解放军领导成员。关于香港分局成立的时间，一直争论不一，没有达成共识，这里的4月29日，是根据《粤桂边纵队史》1992年版，与《中国共产党广东省组织史资料》（上册）1994年版说的5月有出入。编者认为引用前者就用前者的注释，不做更改。

② 该团是南路人民抗日解放军第一团，1947年11月，遵照香港分局指示，进入桂滇边区作战，并于此后编入桂滇黔部队序列。

新编第一团

团　　长	金耀烈
政治委员	李晓农
副团长	郑世英
政治处主任	陈　拔（未到职）

新编第二团

团　　长	郑世英
政治委员	陈兆荣
政治处主任	陈　拔

新编第三团

团　　长	黄东明　涂明堃（后）
	李树德（后）
政治委员	黄明德
副团长	郑　毅
副政治委员	周　斌
政治处主任	周　斌（兼）　陈　军（后）

新编第四团

团　　长	罗　明　叶宗玙（后）
	黄　飞（后）
政治委员	唐多慧　罗　明（后）
副团长	黄　飞

副政治委员	吕剑屏
政治处主任	吕剑屏　陈　军(后)

新编第五团

团　　长	符春茂
政治委员	宋　群
副团长	符学义
政治处主任	符焕英

新编第七团①

政治委员	黄明德
副团长	李树德
政治处主任	陈　军

新编第八团

团　　长	郑世英
政治委员	马如杰
副团长	唐　林
副政治委员	陈　拔
政治处主任	陈　拔(兼)

新编第九团

团　　长	宋　群　陈　拔(后)

---

① 后改为新编第十二团。

政治委员	宋 群（兼） 沈 斌（后）
副团长	唐 泰 黄鼎如
副政治委员	欧汝颖
政治处主任	杨美经

新编第十团

团 长	叶宗玙
政治委员	罗 明
副政治委员	吕剑屏
政治处主任	吕剑屏（兼）

新编第十二团

团 长	黄辛波
政治委员	熊福芝

新编第十四团

团 长	袁达雄

独立第一团

团 长	张启彬
政治委员	杨子儒 程耀连（后）
政治处主任	邵福祥

第十八团

团 长	莫平凡
政治委员	陈铭金

副团长　　　　　　　　梁　干

第十九团

团　长　　　　　　　　杨　烈

政治委员　　　　　　　陈清源

副团长　　　　　　　　刘一桢　朱　伟

副政治委员　　　　　　钟　古

政治处主任　　　　　　刘一桢（兼）

第二十团

团　长　　　　　　　　沈鸿周

政治委员　　　　　　　彭　扬

副团长　　　　　　　　刘镇夏

政治处主任　　　　　　黄志英

第二十一团

团　长　　　　　　　　朱守刚

政治委员　　　　　　　卢　文

政治处主任　　　　　　韦立仁

第二十四团

团　长　　　　　　　　陆　新

政治委员　　　　　　　陈明景

副团长　　　　　　　　朱　伟　苏显枢

政治处主任　　　　　　梁中光

茂(明)电(白)信(宜)独立大队

大队长　　　　　　　梁振初
政治委员　　　　　　钟正书

化(县)北独立大队

大队长　　　　　　　庞铁魂
政治委员　　　　　　李　鸿

廉(江)东区独立大队

大队长　　　　　　　陈泰元
政治委员　　　　　　吴鸿信

廉(江)南区独立大队

大队长　　　　　　　钟其芳
政治委员　　　　　　林天佳

廉江县勒塘独立营

营　长　　　　　　　何朝玉　郭　洛(后)
政治委员　　　　　　许以章

廉江县田界独立营

营　长　　　　　　　欧　兵
政治委员　　　　　　梁志远　温科英(后)

廉江县砂铲独立营

营　长　　　　　　　杨君池
政治委员　　　　　　廖树来

廉江县长山独立营

营　　长　　　　　　　　陈荣典　郑　毅（后）
政治委员　　　　　　　　林克平

上思县独立营

营　　长　　　　　　　　黄高煌
政治委员　　　　　　　　林　克

思明游击大队

大队长　　　　　　　　　施芝华
政治委员　　　　　　　　黄友生

东征支队①

司令员兼政治委员　　　　欧　初

第二支队②

司令员　　　　　　　　　支仁山
政治委员　　　　　　　　温焯华（兼）
政治部主任　　　　　　　卢　明

---

① 东征支队于1948年3月组建后东进粤中区。该支队下辖一个团，团长是黄飞、黄东明、涂明堃，政治委员是罗明，政治处主任是陈军。
② 第二支队于1948年4月组建，辖新编第四团、新编第五团、新编第八团。

第三支队[①]

司令员	谢王岗
政治委员	陈明江
副司令员	黎汉威
参谋长	陆　新
政治部主任	陈　华

二、1948年5月至1949年2月

中共粤桂边区委员会临时军事委员会

主　席	梁　广

第一支队[②]

政治委员	黄其江
副政治委员兼政治部主任	陈　华

新编第三团

团　长	李树德
政治委员	黄明德

[①] 第三支队于1948年3月组建，辖新编第一团、第十八团、第十九团、第二十团、第二十一团、第二十四团和上思县独立营、思明游击大队。

[②] 临时军委成立后，拟建立第一支队，但未组成支队领导机构，对内、对外未公布番号，支队领导成员也未就职。

| 副政治委员兼政治处主任 | 周　斌 |

第十八团

团　长	莫平凡
政治委员	陈铭金
副团长	梁　干
副政治委员	梁中光

第十九团

团　长	杨　烈
政治委员	陈清源
副团长	刘一桢　朱　伟
副政治委员	钟　古
政治处主任	刘一桢（兼）

第二十四团

团　长	陆　新
政治委员	陈明景　陆　新（后兼）
	李廉东（后）
副团长	朱　伟　苏显枢

独立第五团

团　长	韦盛经
政治委员	刘业芳　张声震（后）
副团长	李大寰

副政治委员	韦质彬
政治处主任	樊仁辉

化(县)北独立大队

大队长	庞铁魂
政治委员	李　鸿

第二支队

司令员	支仁山
政治委员	温焯华　沈斌(后)
副司令员	王　克
政治部主任	卢　明
副主任	何　文　殷　杰(后)

新编第四团

团　长	叶宗玙
政治委员	李　郁　吕剑屏
副政治委员兼政治处主任	叶秀森

新编第五团

团　长	符春茂
政治委员	宋　群
副团长	符学义
政治处主任	符焕英

新编第八团

团　　长	郑世英
政治委员	马如杰
副团长	唐　林　陈龙门
副政治委员兼政治处主任	陈　拔

新编第十五团

团　　长	黄鼎如
政治委员	肖汉辉
政治处主任	周立人（未到职）

遂（溪）北独立营

营　　长	陈景春
政治委员	何　德

遂（溪）南独立营

营　　长	陈龙门
政治委员	唐荣益

徐闻县独立营

营　　长	李世英
政治委员	谭国强

第三支队

司令员	谢王岗

政治委员　　　　　　陈明江

副司令员　　　　　　黎汉威

政治部副主任　　　　王次华

供给处主任　　　　　林　风

新编第一团

团　长　　　　　　　金耀烈

政治委员　　　　　　李晓农

政治处主任　　　　　程耀连

第十九团①

团　长　　　　　　　杨　烈

政治委员　　　　　　陈清源

副团长　　　　　　　刘一桢　朱　伟

副政治委员　　　　　钟　古

政治处主任　　　　　刘一桢（兼）

第二十团

团　长　　　　　　　沈鸿周

政治委员　　　　　　彭　扬

副团长　　　　　　　刘镇夏

副政治委员　　　　　陈　拔

政治处主任　　　　　黄志英

---

①　第十九团西进到达十万大山后，第三支队曾将其改编为横县独立营，营长是苏参，政治教导员是李丹。

第二十一团

团　　长	朱守刚
政治委员	卢　文
副团长	王旭林
政治处主任	韦立仁　廖　庆（后）

独立第七团

团　　长	刘镇夏
政治委员	严　秋

上思县独立营

营　　长	黄高煌
政治委员	林　克

思明游击大队

大队长	施芝华
政治委员	黄友生

三、1949年3月至1949年5月

中共粤桂边区委员会临时军事委员会

主　　席	梁　广

第一支队

司令员兼政治委员	黄明德
副政治委员兼政治部主任	周　斌

参谋处处长	严敬义
参谋处副处长	符焕英

新编第三团

团　长	李树德
政治委员	梁华栋
副政治委员	叶扬眉
政治处主任	陈荣典　叶扬眉(后兼)

新编第四团

团　长	叶宗玛
政治委员	李　郁　吕剑屏
副团长	钟燕飞　叶车养

第一团

团　长	陈荣典
政治委员	钟永月
政治处主任	杨君池

第二独立营

营　长	钟其芳
政治委员	陈　皮

第三独立营

营　长	梁祖泽
政治委员	熊福芝

第四独立营

营　长　　　　　　　巫德椿
政治委员　　　　　　谢应昌

化(县)北独立大队

大队长　　　　　　　庞铁魂
政治委员　　　　　　李　鸿

第二支队

司令员　　　　　　　支仁山
政治委员　　　　　　沈　斌
副司令员　　　　　　郑世英
副政治委员　　　　　马如杰
参谋长　　　　　　　王山平
政治部主任　　　　　卢　明
政治部副主任　　　　殷　杰

第七团

团　长　　　　　　　苏　良
政治委员　　　　　　杨美经
副团长　　　　　　　郑贤培

新编第八团

团　长　　　　　　　郑世英　唐　林(后)
政治委员　　　　　　马如杰　陈　拔(后)

副团长	唐　林
副政治委员	陈　拔
政治处主任	陈　拔(兼)　王　南(后)

新编第十五团

团　长	黄鼎如
政治委员	肖汉辉
政治处主任	周立人

遂(溪)北独立营

| 营　长 | 陈景春 |
| 政治委员 | 何　德 |

遂(溪)南独立营

| 营　长 | 陈龙门 |
| 政治委员 | 唐荣益 |

徐闻县独立营

| 营　长 | 李世英 |
| 政治委员 | 谭国强 |

第三支队

司令员	谢王岗
政治委员	陈明江
副司令员	黎汉威
参谋长	朱守刚

政治部主任　　　　　李　超
政治部副主任　　　　王次华
供给处主任　　　　　林　风

第二十团

团　　长　　　　　　沈鸿周
政治委员　　　　　　彭　扬
副团长　　　　　　　刘镇夏
政治处主任　　　　　黄志英

第二十一团

团　　长　　　　　　朱守刚　王旭林(后)
政治委员　　　　　　卢　文
副团长　　　　　　　王旭林　农师慎
政治处主任　　　　　廖　庆

第二十三团

团　　长　　　　　　施芝华
政治委员　　　　　　黄友生
副团长　　　　　　　吴　学
政治处主任　　　　　郭钦纲

第二十六团

团　　长　　　　　　陈　生
政治委员　　　　　　沈耀勋
副团长　　　　　　　黄焕华

第二十八团

团　长	庞殿勋
政治委员	罗　北
副团长	王　益
政治处主任	张　贤

扶绥独立大队

大队长	郑　云
政治委员	严　秋

上思县独立营

营　长	黄高煌
政治委员	林　克

第四支队

司令员	符志行
政治委员	陈　华
参谋长	陆　新
政治部主任	谭　俊

第十八团

团　长	莫平凡
政治委员	陈铭金
副团长	梁　干
副政治委员	梁中光

新编第六团

团　长　　　　　　　　　　涂明堃
政治委员　　　　　　　　　陆　新
副团长　　　　　　　　　　朱伟梁　干苏显枢

第十九团

团　长　　　　　　　　　　杨　烈
政治委员　　　　　　　　　陈清源
副团长兼政治处主任　　　　刘一桢

独立第五团

团　长　　　　　　　　　　韦盛经
政治委员　　　　　　　　　张声震
副团长　　　　　　　　　　李大寰　韦广培
副政治委员　　　　　　　　韦汉强
政治处主任　　　　　　　　樊仁辉

横(县)南独立营

营　长　　　　　　　　　　闭存沂
政治教导员　　　　　　　　李佐才

贵(县)兴(业)独立大队

大队长　　　　　　　　　　谭　琨
政治委员　　　　　　　　　李　政

第五支队

司令员兼政治委员　　　　　王国强

副政治委员兼政治部主任　　　　陈兆荣

第十三团

团　　长　　　　　　　　　　　邵若海　黎光烈（后）
政治委员　　　　　　　　　　　邵若海
政治处主任　　　　　　　　　　张顺南

第十四团

团　　长　　　　　　　　　　　黎光烈　刘绍兰（后）
政治委员　　　　　　　　　　　杨　飞　杨　麟（后）
政治处主任　　　　　　　　　　杨　超

第十五团①

团长兼政治委员　　　　　　　　全国明
副团长　　　　　　　　　　　　刘绍兰
参谋长　　　　　　　　　　　　李振荣
政治处主任　　　　　　　　　　罗　强

第八支队②

司令员　　　　　　　　　　　　陈一林
政治委员　　　　　　　　　　　莫　逊
副司令员　　　　　　　　　　　王　克

---

① 第十五团的前身是第十二团。第十二团于1949年3月成立，团长是梁甫，政治委员是梁景燊，副团长是刘绍兰，参谋长是李振荣，政治处主任是罗强。

② 摘自《梁广关于部分干部任免给方方的报告》，1949年3月29日。

副政治委员兼政治部主任	何　文
副主任	李廉东

新编第三团

团　长	李树德
政治委员	梁华栋
政治处主任	叶扬眉

新编第四团

团长兼政治委员	吕剑屏
副团长	钟燕飞　叶车养
	廖　钦
副政治委员	叶秀森
政治处主任	陈　皮

新编第八团

团　长	唐　林
政治委员	陈　拔
副团长	唐仕宏
政治处主任	王　南

（摘自中共湛江市委党史研究室、《粤桂边纵队史》编写组编著《粤桂边纵队史》，广东人民出版社1992年版，第177—194页，有改动）

第三章　中国人民解放军粤桂边纵队

（1949年6—12月）

司令部

司令员兼政治委员	梁　广
副司令员	唐才猷
参谋长	杨应彬
政治部主任	温焯华
政治部副主任	支仁山

参谋处

处　长	王山平

作战教育科

副科长	黄茂权

情报科

科　长	张心吾

交通科

科　长	吴德忠

电台

台　长	伦永谦

供给处

处　　长　　　　　　　殷　杰

副处长　　　　　　　　陈　学

财粮科

科　　长　　　　　　　黎李德

副科长　　　　　　　　沈孖才

军需被服科

科　　长　　　　　　　黎文隶

保管科

副科长　　　　　　　　程　功

卫生处

处　　长　　　　　　　谭　劲

医政科

科　　长　　　　　　　陈仰泉

警卫团

团　　长　　　　　　　苏　良

政治委员　　　　　　　唐荣益

暂编第二团

团　　长　　　　　　　王　克

政治委员　　　　　　　徐为楷

政治部

秘　书　　　　　　　　　黄谷柳

组织科

科　长　　　　　　　　　支仁山（兼）

宣教科

科　长　　　　　　　　　邹优宁

敌工科

科　长　　　　　　　　　陆　新

民运科

科　长　　　　　　　　　徐为楷

报　社

社　长　　　　　　　　　李　凌
副社长　　　　　　　　　沈　三

文工团

团　长　　　　　　　　　符　平
副团长　　　　　　　　　陆　云

第一支队

司令员兼政治委员　　　　黄明德
副政治委员兼政治部主任　周　斌

参谋长	黄　炳
参谋处处长	严敬义
参谋处副处长	符焕英
军需处主任	罗培畴
军需处副主任	文朝珍　殴　兵

第一团

团　　长	陈荣典
政治委员	钟永月
副团长	何朝玉　宋　生
政治处主任	杨君池

第二团

团　　长	巫德春
政治委员	谢应昌　何　奎(后)
政治处主任	陈堪才

第三团

团　　长	梁祖泽
政治委员	熊福芝
副团长	温科英
副政治委员	刘明荣

第二独立营

营　　长	钟其芳

| 政治委员 | 陈　皮 |

吴川县大队

| 大队长 | 翟　林　刘　汉（后） |
| 政治委员 | 杨子儒 |

梅茂县大队

| 大队长兼政治委员 | 陈炯东 |

廉江县大队

| 大队长 | 林尚恩 |
| 政治委员 | 赖鸿维 |

北流县独立大队

| 大队长兼政治委员 | 刘小松 |

容县独立大队

| 大队长 | 陈志广 |

第二支队

司令员	支仁山　郑世英（后）
政治委员	沈　斌
副政治委员	马如杰
参谋长	王山平
政治部主任	马如杰（兼）
政治部副主任	何　德

第四团

团　　长　　　　　　　　　　　苏　良

政治委员　　　　　　　　　　　杨美经　唐荣益（后）

副团长　　　　　　　　　　　　郑贤培

政治处主任　　　　　　　　　　王　葵

第五团

团　　长　　　　　　　　　　　陈龙门

政治委员　　　　　　　　　　　唐荣益　何　珍（后）

副团长　　　　　　　　　　　　陈景春

副政治委员兼政治处主任　　　　陈耀南

第六团

团　　长　　　　　　　　　　　黄鼎如

政治委员　　　　　　　　　　　周立人　方　野（后）

副团长　　　　　　　　　　　　杨　剑

副政治委员　　　　　　　　　　陈　合

政治处主任　　　　　　　　　　陈志群

第三支队

司令员　　　　　　　　　　　　谢王岗

政治委员　　　　　　　　　　　陈明江

副司令员　　　　　　　　　　　黎汉威　朱守刚（后）

参谋长	朱守刚 沈鸿周（后）
政治部主任	李　超 王次华（后）
	彭　扬（后、代）
供给处主任	林　风 颜储令（后）

第二十团

团　长	沈鸿周（兼）
政治委员	彭　扬（兼）
副团长	郑　云
副政治委员	唐光天
政治处主任	张　恒

第二十一团

团　长	王旭林 农师慎（后）
政治委员	卢　文 王旭林（后）
副团长	农师慎 黄以群
政治处主任	赵善骍

第二十二团

团　长	黄高煌
政治委员	陈　江
副团长	黄施宽
政治处主任	王朝明

第二十三团

团　长	施芝华

政治委员　　　　　黄友生
副团长　　　　　　吴　学
政治处主任　　　　郭钦钢

扶绥独立大队

大队长　　　　　　郑　云
政治委员　　　　　严　秋

邕江挺进大队

大队长　　　　　　李孙业
政治委员　　　　　黄瑞法

第四支队

司令员　　　　　　符志行
政治委员　　　　　陈　华
副司令员　　　　　莫平凡
参谋长　　　　　　陆　新　涂明堃（后）
政治部主任　　　　谭　俊
后勤处处长　　　　朱香廷

第十团

团　长　　　　　　梁　干
政治委员　　　　　李　通

第十一团

团　长　　　　　　苏显枢

| 政治委员 | 温之淮 |

第十二团

团　长	蒙英翰
政治委员	陈铭金
副团长	陈家钦

独立营

| 营　长 | 李子汉　周洪英(后) |
| 政治教导员 | 朱　光　陈铭桂(后) |

横(县)东独立营

| 营长兼政治教导员 | 林朝莲 |

横(县)南独立营

| 营　长 | 闭存沂 |
| 政治教导员 | 李佐才 |

贵(县)兴(业)独立大队

| 大队长 | 谭　琨 |
| 政治教导员 | 李　政　谭秋湖(后) |

第五支队

| 司令员兼政治委员 | 王国强 |
| 副政治委员兼政治部主任 | 陈兆荣 |

第十三团

团　长	黎光烈
政治委员	邵若海
政治处主任	张顺南

第十四团

团　长	刘绍兰
政治委员	杨　麟
政治处主任	杨　超

第十五团

团长兼政治委员	全国明
副团长	陈达增
参谋长	李振荣
政治处主任	罗　强　杨进瑞(后)

第六支队

司令员	陈一林
政治委员	莫　逊
副司令员兼参谋长	王　克
副政治委员兼政治部主任	何　文
政治部副主任	李廉东
参谋处主任	黄　琪
参谋处副主任	邬元浩　郭丹青

军需处主任　　　　　　俞乃鸿

军需处副主任　　　　　　陈伟南

第十六团

团　　长　　　　　　　　李树德

政治委员　　　　　　　　梁华栋

政治处主任　　　　　　　叶扬眉

第十七团

团长兼政治委员　　　　　吕剑屏

副团长　　　　　　　　　钟燕飞　叶车养　廖　钦

副政治委员　　　　　　　叶秀森

政治处主任　　　　　　　陈　皮

第十八团

团　　长　　　　　　　　唐　林

政治委员　　　　　　　　陈　拔

副团长　　　　　　　　　唐仕宏

政治处主任　　　　　　　王　南

新编第十六团

团　　长　　　　　　　　邱德明

政治委员　　　　　　　　叶　超

副团长　　　　　　　　　彭　浩　李　琛

政治处主任　　　　　　　李　凌

第七支队

司令员	黎汉威
政治委员	卢　文
参谋室主任	庞殿勋
政治部主任	廖　庆
供给处主任	黄忠洁　朱怀湘（后）

第十九团

团　长	陈　生
政治委员	沈耀勋
副团长	孙文信
政治处主任	陈　昂　鲁　克（后）

第二十团

团　长	曾　保
政治委员	罗　北
副团长	王　益
政治处主任	张　贤

独立营

营　长	李子汉（未到职）
政治委员	朱　光

第八支队

司令员兼政治委员	杨　烈

副司令员	韦盛经
副政治委员	陈清源
政治部主任	刘一祯
军需处主任	何　乾

第二十二团

团　长	韦广培
政治委员	张声震
副团长	陈　衷
副政治委员兼政治处主任	卢　哲

第二十三团

团长兼政治委员	梁　德
副团长	韦世多
副政治委员兼政治处主任	苏　参

第二十四团

团　长	刘　擅(代)
政治委员	李　丹
政治处主任	龙德源

新编第二十二团

团　长	陈　雄
政治委员	曾小琳
政治处主任	莫展之

新编第二十三团

| 团　长 | 潘荻风 |

政治委员	梁寂溪
副政治委员	梁绍金
政治处主任	梁 宁

新编第二十四团

团　长	韦昌铁
政治委员	韦敬礼

独立第一团

团　长	韦善隆
政治委员	覃耀廷
副团长	潘思齐
政治处主任	李廷斌

直属营

营长兼政治教导员	屈友予

来宾县独立大队

大队长	覃觉民
政治教导员	黄祖盛

横县赤卫大队

大队长	孙经茂

（摘自中共湛江市委党史研究室、《粤桂边纵队史》编写组编著《粤桂边纵队史》，广东人民出版社1992年版，第195—206页，有改动）

第四章　中国人民解放军滇桂黔边纵队序列

一、1947年6月至1948年12月

桂滇边人民解放军

第一支队

第二支队

左江人民解放军指挥部

桂西人民解放军司令部

云南人民讨蒋自救军

滇东北宣威六六分队

云南人民讨蒋自救军第一纵队（辖3个支队、1个独立大队）

云南人民讨蒋自救军第二（罗盘）支队

云南人民自卫军（滇南）（辖10个支队）

黔西南人民讨蒋自救军第一支队

峨山游击大队

二、1949年1—8月

中国人民解放军滇桂黔边纵队

司令员	庄　田
政治委员	周　楠
副司令员	朱家壁
副政治委员	郑　敦
政治部主任	杨德华

第一支队

司令员兼政治委员	黄景文
政治部主任	梁　家

第二支队

指挥员	何现龙
政治委员	祁　山
副政委兼政治部主任	马仲明

第三支队

代司令员	杨守笃
政治委员	许南波
参谋长	谢　敏

罗盘指挥部

指挥员	杨　江
政治委员	刘　清
副指挥员	张天禄　皇甫侠
副政治委员	张连琛
参谋长	龙腾霄
政治部主任	杨汝林

滇东南（开广区）指挥部①

指挥员	唐才猷
政治委员	饶　华
副政治委员	岳世华
参谋长	林　杰

左江指挥部

指挥员	莫一凡
政治委员	黄　嘉

桂西人民解放军司令部

领导人	区　镇　余明炎　黄　耿　赵世同

---

① 辖7个团。

右江上游区指挥部

指挥员兼政治委员　　　　　刘　包
政治部主任　　　　　　　　吕　剑

云南人民讨蒋自卫(救)军第二纵队①

司令员　　　　　　　刘宝煊
政治委员　　　　　　张华俊　袁用之(后、代)
副司令员　　　　　　余为民　罗正明
参谋长　　　　　　　彭　光
政治部主任　　　　　唐登岷

云南人民讨蒋自卫(救)军挺进支队

支队长　　　　　　　王文华
政治委员　　　　　　廖必均

云南人民讨蒋自救军永焜支队

支队长　　　　　　　　　高　怀
政治委员兼政治部主任　　樊子诚
参谋长　　　　　　　　　张白林

---

① 辖10个支队、1个随军军政干部学校。

云南人民讨蒋自救军宣威支队

支队长兼政治委员　　　　　杨泓光

云南人民讨蒋自救军沾益支队

支队长　　　　　　　　　　温培群
政治委员　　　　　　　　　李天柱

滇中游击队

支队长　　　　　　　　　　董治安
政治委员　　　　　　　　　温宗姜（女）

滇西人民自卫团

军政委员会主任　　　　　　李鉴洲
军政委员会副主任　　　　　陈家震
参谋长　　　　　　　　　　金　重
政治部主任　　　　　　　　普之宝

滇西人民自卫军①

指挥员兼政治委员　　　　　黄　平
前线委员　　　　　　　　　欧　根　王以中　王立政

---

① 辖3个支队、1个藏族骑兵队、10个游击大队。

三、1949年8月至1950年3月

中国人民解放军滇桂黔边纵队

司令员	庄　田
政治委员	林李明
副司令员	朱家璧
副政治委员	郑伯克
参谋长	黄景文
政治部主任	张子斋

第一支队（1949年9月后）

司令员	林　杰
政治委员	梁　家
副司令员	杨守笃　孙太甲
参谋长	李鸿基
政治部主任	李晓农

第十五团

团　长	陈炳崧
政治委员	李恒生

第十六团

团　长	邓德邦

政治委员　　　　　　　　牛　琨

第十七团

团　长　　　　　　　　　李承华　李华明(后)

政治委员　　　　　　　　甘文忠

第二支队①

司令员　　　　　　　　　何现龙

政治委员　　　　　　　　祁　山

副司令员　　　　　　　　李荣兴

第十二团

团　长　　　　　　　　　李荣兴(兼)

政治委员　　　　　　　　吕华民

第十三团

团　长　　　　　　　　　张　深

政治委员　　　　　　　　张　庸

第十四团

团　长　　　　　　　　　武德明

政治委员　　　　　　　　吕　梁　邓　琦(后)

---

① 辖3个护乡团。

第三支队(1949年9月以前)

司令员　　　　　　　黄景文(兼,未到职)

政治委员　　　　　　许南波

副司令员　　　　　　杨守笃(代司令员)

参谋长　　　　　　　谢　敏

第二十三团

团　长　　　　　　　李承华

政治委员　　　　　　甘文忠

第二十五团

团　长　　　　　　　张天祥

代政治委员　　　　　王　健

第四支队

司令员　　　　　　　廖　华

政治委员　　　　　　饶　华

参谋长　　　　　　　张鸿谋

政治部主任　　　　　李文亮

第三十一团

团　长　　　　　　　张鸿谋(兼)

政治委员　　　　　　唐　森

第三十二团

团　　长　　　　　　　　　彭大同
政治委员　　　　　　　　　陈熙古　郑　钧（后）

第三十三团

代团长　　　　　　　　　　邓　为
政治委员　　　　　　　　　陈熙古

第三十五团

团　　长　　　　　　　　　杨宇屏　杨增亮（后）
政治委员　　　　　　　　　陆　毅　杨宇屏（后）

第三十七团

团　　长　　　　　　　　　肖　屏
政治委员　　　　　　　　　梁涛明

警备团

团　　长　　　　　　　　　杨增亮
政治委员　　　　　　　　　李耀东

第三（罗盘）支队①

司令员　　　　　　　　　　杨　江
政治委员　　　　　　　　　刘　清

---

① 辖3个游击团、7个游击大队、3个江防大队、1个警卫大队、1个警备大队、1个民族独立大队、3个游击支队。

副司令员	皇甫侠
副政治委员	张连琛
政治部主任	杨汝林
政治部副主任	王纲正

第二十一团

| 团　长 | 李炳发 |
| 政治委员 | 甘　东 |

第二十二团

| 团　长 | 皇甫侠(兼) |
| 政治委员 | 张连琛(兼)　杨汝林(后兼) |

第二十四团

| 团　长 | 赵家康 |
| 政治委员 | 杨　雷 |

第六支队①

司令员	高　怀
政治委员	李德仁
副政治委员兼政治部主任	樊子诚
参谋长	张白林

---

① 辖3个护乡团、2个游击团、1个暂编团、5个游击大队、1个突击大队。

第五十二团

| 团　　长 | 樊子明 |
| 政治委员 | 温智舟 |

第五十四团

| 团　　长 | 缪友三 |
| 政治委员 | 姜克夫 |

第五十六团

| 团　　长 | 王　沛 |
| 政治委员 | 陈仕林 |

第七支队①

司令员兼政治委员	黄　平
副司令员	杨尚志
副政治委员兼政治部主任	陈柏松
参谋长	崔　坦
政治部主任	王　云（1949年11月后）

第三十一团

| 团　　长 | 杨　苏　杨钖夔（后） |
| 政治委员 | 杨　苏（兼）　赵敦民（后） |

---

① 辖1个藏族骑兵大队、1个彝族武装直属营、1个剿匪总指挥部、10个县区游击大队。

第三十二团

团　　长　　　　　　　　　　陈柏松　朱铁均（后）

政治委员　　　　　　　　　　陈柏松（兼）　木风章（后）

第三十三团

团　　长　　　　　　　　　　李　敏　王立政（后、代）

政治委员　　　　　　　　　　王　宁

第三十四团

团　　长　　　　　　　　　　和立信

政治委员　　　　　　　　　　和作善

第三十五团

团　　长　　　　　　　　　　杨尚志　李铭勋（后）

政治委员　　　　　　　　　　杨尚志（兼）　李汝刚（后）

第三十六团

团　　长　　　　　　　　　　李岳嵩

政治委员　　　　　　　　　　匡沛兴

第八支队[①]

司令员　　　　　　　　　　　李鉴洲

政治委员　　　　　　　　　　陈家震

---

① 辖1个警卫营、1个侦察连、1个武工队。

副司令员　　　　　张天祥

政治部主任　　　　金　重

第三十六团

团　长　　　　　　张灼生

政治委员　　　　　徐　冰

第三十七团

团　长　　　　　　张天祥(兼)

政治委员　　　　　杨希孟

第三十八团

团　长　　　　　　丁钖功

政治委员　　　　　尧　勋

第九支队①

司令员　　　　　　余为民

政治委员　　　　　张华俊

副司令员　　　　　方仲伯

副政治委员　　　　袁用之

参谋长　　　　　　彭　光

政治部主任　　　　唐登岷

---

① 辖5个整训总队、1个直属机动营。

第四十一团

团　长　　　　　　　　　　余为民(兼)　江　枫(后)

政治委员　　　　　　　　　刘　岩　余时俊(后)

第四十二团

团　长　　　　　　　　　　方仲伯(兼)　杜　军(后)

政治委员　　　　　　　　　刘　杰

第四十三团

团　长　　　　　　　　　　刘亚南

政治委员　　　　　　　　　纪庆明

第十支队①

司令员　　　　　　　　　　黄建涵

政治委员　　　　　　　　　岳世华

副司令员　　　　　　　　　马仲明

副政治委员　　　　　　　　廖必均

政治部主任　　　　　　　　卢华泽

第四十六团

团　长　　　　　　　　　　王文华

政治委员　　　　　　　　　许　洪　赵　伟(后)

---

① 辖7个护乡团、1个暂编团、2个护乡大队、1个独立大队。

第四十七团

团　　长	李荣兴（兼）
政治委员	吕华民　许　洪（后）

左江支队①

司令员	莫一凡
政治委员	黄　嘉
参谋长	王　平
政治部主任	梁　游
副参谋长	梁玉金
政治部副主任	丘　冰

右江上游区指挥部

指挥员兼政治委员	刘　包
政治部主任	吕　剑

第三团

团　　长	王　平　黄　抗（后）
政治委员	甘　苦　黄建天（后）

第七十四团

团　　长	陈　国　林虎祥（后）

---

① 辖11个独立营、8个独立大队。

政治委员　　　　　　　　黄建天　项伯衡(后)

第七十五团

团　　长　　　　　　　　农汉华

政治委员　　　　　　　　黄　洪

右江支队(桂西区指挥部)①

司令员　　　　　　　　　赵世同

政治委员　　　　　　　　区　镇

副政治委员　　　　　　　余明炎

参谋长　　　　　　　　　姚冕光

政治部主任　　　　　　　黄　耿

第八十三团

团长兼政治委员　　　　　黄　青

第八十五团

团　　长　　　　　　　　陈庆芳

政治委员　　　　　　　　姚冕光(兼)

第八十八团

团长兼政治委员　　　　　赵世同(兼)

---

① 辖3个独立团、2个支队(团级)、10个独立大队、1个直属营、3个武工队(大队级)。

独立第一团(滇中地区)[1]

团　　长	董治安
政治委员	温宗姜(女)
副政治委员	王　庚

独立第二团(滇北地区)

代团长	马　英
政治委员	王元昌

[摘自中共云南省委党史资料征集委员会、中共广西区党委党史资料征集委员会、中共贵州省委党史资料征集委员会编《中国人民解放军滇桂黔边纵队》(下),云南民族出版社1990年版,有改动]

---

[1] 辖11个护乡团。

八 附录

附录一：南路—粤桂边区人民解放军发展沿革示意图（1944—1949年）

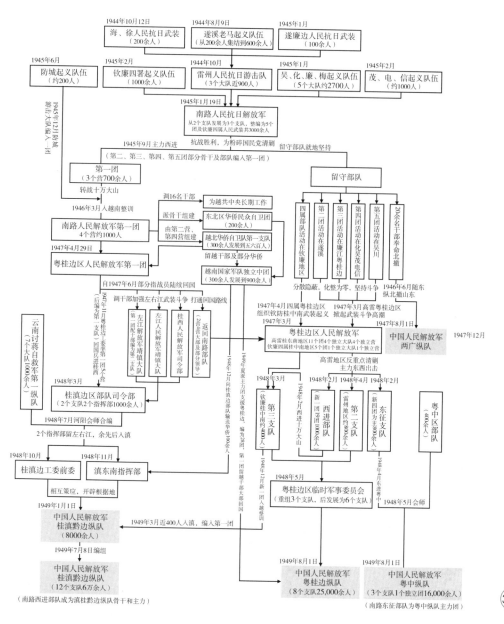

南路革命名将　唐才猷

附录二：中国人民解放军序列（1949年3—7月）

中共中央革命军事委员会　主席 毛泽东　副主席 朱德 刘少奇 周恩来
中国人民解放军总部　总司令 朱德　副总司令 彭德怀　秘书长 杨尚昆

- 总参谋部　副总参谋长 叶剑英
- 总政治部　主任 刘少奇（兼）　副主任 傅钟
- 总后勤部　部长 杨立三
- 南方游击队

第一野战军（1949年6月）／西北军区（1949年6月）

- 第一兵团：第一军、第二军、第七军
- 第二兵团：第三军、第四军、第六军
- 第十八兵团：第六十军、第六十一军、第六十二军
- 第十九兵团：第六十三军、第六十四军、第六十五军
- 晋绥军区：晋南军区、陕南军区、伊盟军区

第三野战军（1949年3月）／华东军区（1949年3月）

- 第七兵团：第二十一军、第二十二军、第二十三军、第三十五军
- 第八兵团：第二十四军、第二十五军、第二十六军、第三十四军
- 第九兵团：第二十军、第二十七军、第三十军、第三十三军
- 第十兵团：第二十八军、第二十九军、第三十一军、第三十二军
- 特种兵纵队
- 山东军区：胶东军区、渤海军区、鲁中南军区、警备第一旅、警备第二旅、济南警备区、徐州警备区（兼警警第三旅）、苏北军区、皖北军区、军政大学华东分校、训练兵团司令部

第四野战军兼华中军区（1949年6月）

- 第十二兵团第十三兵团：第三十八军、第三十九军、第四十军、第四十一军、第四十五军、第四十六军、第四十七军、第四十八军、第四十九军、第五十军、第五十一军、第五十二军、第五十三军、江西军区、湖南军区、湖北军区、赣东北军区、鄂豫军区、南下特种兵司令部、南下干部纵队
- 第十四兵团第十五兵团：第四十二军、第四十三军、第四十四军、第五十四军、第五十五军、第五十六军、豫皖苏军区、鄂豫皖军区、太岳军区、太行军区、冀鲁豫军区、襄樊军区、军事政治大学、特种兵司令部

东北军区

- 总直属兵团
- 第二十兵团：第六十六军、第六十七军、第六十八军
- 热河军区、辽西军区、辽东军区、内蒙军区

南方游击队

- 粤中纵队
- 桂滇黔纵队（1949年8月成立）
- 闽粤赣边纵队
- 粤赣湘边纵队
- 滇桂黔纵队
- 琼崖纵队

注：本图内容摘自中国人民革命军事博物馆2008年展出挂图

附录三：广东南路人民抗日解放军第一团西进概述

黄其英[①]

广东南路人民抗日解放军第一团（即老一团），是特委领导的广东南路人民抗日解放军主力团，系以1944年8月遂溪老马起义后组建的雷州人民抗日游击大队、南路人民抗日解放军第一支队为基础，在同日、伪、顽军的浴血奋战中发展起来的人民抗日武装队伍。它曾为南路敌后抗日游击战的开展和遂（溪）廉（江）边抗日游击根据地的建立做出重大牺牲和贡献。

1945年8月日本投降后，老一团为执行区党委和特委关于保存力量、坚持斗争的指示，于是年9月从雷州半岛突破国民党军和地方反动武装的分割包围，西进十万大山坚持斗争。在十万大山打破敌人的第一次"围剿"后，经请示区党委和特委，并获得越南党的同意和帮助，于1946年春撤入越南整训。入越期间，根据香港分局和区党委的指示，全面整训部队，为回国参加解放战争做了多方面的准备；同时遵照中共中央指示并应越南党的要求，参加越南人民的抗法战争，帮忙开展华侨工作，发动华侨参军参

---

① 黄其英曾任中共湛江市委党史研究室副主任。

战。随着解放大军向国统区大反攻的形势发展,为执行香港分局关于开展华南地区武装斗争的部署,在中共桂滇边工委的直接率领下,老一团于1947年秋挥师回国,参加广西左右江地区人民的武装斗争,在中越边境与云南人民起义部队——云南人民讨将自救军会师后,于1948年冬入滇参加开创滇桂黔边区滇东、滇东南中心根据地的斗争。1949年春,又同从雷州半岛转战粤桂边并经越南进入滇东南的南路新一团会合,共同战斗,直至配合野战大军和兄弟部队围歼残敌,解放边区全境。

在行程数千里的曲折征途中和历时4年多的艰苦岁月里,老一团这支人民子弟兵,在上级党的领导和地方党、兄弟部队及边区各族人民的大力支持、密切配合下,完成了党和人民赋予的重任,为粤桂边区、滇桂黔边区人民解放斗争史写下了光荣的一页。它发扬无产阶级国际主义精神,同越南人民相互支援,团结战斗,为祖国和越南人民的革命事业做出了自己的贡献。

一、突围西进十万大山,坚持武装斗争(1945年9月至1946年3月)

(一)抗战胜利后南路形势的变化和特委的方针

1945年夏,特委领导的抗日武装力量在南路起义受挫后逐步获得恢复和发展。5月间,为了打开南路武装斗争的新局面，特委决定将集结于廉江、遂溪边境的南路部队整编为5个团。以经过敌后抗日游击战锻炼、党员较多、战斗力较强的第一团为主力团，团长是黄景文，政委是唐才猷，政治处主任是李廉东，下辖3个营，共800余人。部队整编后，对遂溪、廉江敌伪发动进攻，我控制地区不断扩大，在遂溪西部和廉江南部约有20万人口的地区建立了人民政权，形成了一个初具规模的抗日游击根据地。

7月下旬，南路地区特别是雷州半岛周围各县，形势急剧变化。国民党新一军、第四十六军由广西向雷州半岛开来，企图独占抗战胜利果实。8月15日，日本宣布投降后，蒋介石命令第四十六军、第六十四军进入雷州半岛和海南岛，接收日伪投降和消灭南路与海南人民抗日武装。不久，我部原来活动和控制的地区被占领，活动在雷州半岛的第一团处境非常艰难。

特委分析了当时的局势，认为雷州半岛是敌势必全力控制的地区，而十万大山一带是两国交界地区，地形较好，又有中越边境可以回旋，敌人兵力比较薄弱，我党开展工作及武装斗争有一定基础。因此，特委决定命第一团突破敌人包围，挺进十万大山地区，保存力量，坚持和发展该区的武装斗争；集结在雷州半岛的其余各县部队则迅速返回原地，分散坚持斗争。

（二）突围挺进十万大山，实现南路主力的战略转移

9月下旬，第一团团长黄景文、政委唐才猷接到迅速突围挺进十万大山的指示。当时，第二、第三营还在海康北上途中，但为执行特委命令，黄、唐二人当即果断决定分两批带领部队突围，并相约突围后于廉（江）、博（白）边境会合。

9月底，团长黄景文率领团部和第一营的首批队伍，在遂溪、廉江老区党组织和群众的帮助下，白天隐蔽于山村蔗林，夜里从驻满敌军的村庄间隙分散穿插行军，于10月中旬到达广西博白县境马子嶂地区，沿途曾同围堵追击的敌人正规军和反动民团战斗多次。其中，在廉江塘蓬与保安团700余人激战一天，歼敌70余名，我军牺牲3人。

第一批突围队伍在塘蓬与敌激战前后，第二、第三营已从海康北上隐蔽于遂溪革命老区山内村一带，由政委唐才猷率领准备继续突围。此时，遂溪中区党组织送来情报并经侦察证实：国民党军队正在接收的日军遂溪军用机场风朗村仓库，存放着一批武器、弹药，机场附近驻有国民党正规军一个师，但守卫仓库的仅有一个连，仓库附近则驻有尚未解除武装的日军数百。为了补充西进部队的武器装备，吸引敌人以减轻首批突围队伍所受的压力，团部毅

然决定组织一支20余人的突击队,以第一营第二连做掩护,第三营第八连及洋青乡民兵100余人为接应,并在当时遂溪中区党组织和凤朗村党支部的密切配合下,于10月10日零时起对机场发起攻击。经半个多小时的激烈战斗,我军以牺牲1人的代价,全歼守敌110余人,缴获重机枪3挺、飞机用机枪8挺、20毫米机关炮2门、步枪130余支、子弹3万余发及其他军用物资一批。在敌人重重包围下进行的这次奇袭,鼓舞了我军民的斗志,予敌很大的震动。追击我首批突围队伍的敌第四十六军一部急忙从廉江赶回。我参加夜袭的队伍在安全撤回山内村与其余队伍会合后,越过遂廉边境北上,于10月下旬到达马子嶂,同第一批突围队伍胜利会合。

突围队伍会合于马子嶂后,即进行整编和西进十万大山的思想动员。团领导向参加西进的干部战士阐明"避开大敌,到敌人力量薄弱的十万大山区,坚持斗争以求生存和发展"的指导思想,提出了"打到十万大山去,坚持斗争,争取最后胜利"的战斗口号。经特委同意,从遂溪、廉江转移至马子嶂的第三团第一营,编入第一团战斗序列。全团共700余人,仍保持三个营的建制:第一营营长是廖华,政委是陈熙古;第二营营长是涂明堃,政委是林敬武;第三营营长是黄建涵,政委是庄梅寿。整训中,在党组织的教育和党员骨干的影响带动下,部分战士的畏难情绪得到克服，大家认清了形势和任务，更加坚定了西进的决心。部队整训后向灵山南部推进，但到达灵山南路后，未能与钦廉四属党组织取得联系，因情况不明又暂时折回原地。

第一团突围西进期间，国民党积极准备发动内战，汇集于广东的几个军和省保安总队向各地游击队发动进攻。区党委根据形势分析，同意特委将主力部队转移至十万大山坚持斗争的部署。11月间，特委认为第一团不宜在马子嶂停留过久，决定派钦廉四属党组织原负责人杨甫加强对第一团的领导，传达特委关于部队迅速西进的指示，协助部队在进军途中同当地党组织取得联系，布置地方党做好地方工作，支持和配合第一团的活动。11月下旬，杨甫到达马子嶂，向第一团传达了上级指示，与前来联络的合、灵党组织和部队负责人共同研究，选择了一条敌人力量比较薄弱而我部又易于取得地方配合、支持的进军路线，即沿着六万大山南麓，经灵山县南部的古文水、钦县小董以北地区进入十万大山。

11月底，第一团迅速从马子嶂向西挺进。由于沿途获得合浦、灵山、钦县党组织和地方武装的有力支持，于12月上旬顺利到达预定目的地——十万大山东端钦县贵台地区。部队在消灭反动乡队30余人，占领贵台圩之后，收缴了顽军头子张瑞贵老家兵丁的20多支步枪。当天下午开仓济贫，宣传发动群众，继而又打退了两广地方反动民团接连三天的多次骚扰。

至此,我南路部队主力从雷州半岛突围作战,行军千余里,历时两个多月,终于粉碎了敌人围歼我军于雷州半岛的图谋,实现了全团的战略性大转移。

(三)两广敌人联合"围剿"和打破敌人"围剿"的斗争

十万大山位于钦县、防城的北部,山北为当时的广西境属。主脉宛如一条长龙,自东向西延伸至越南,全长约400里。两广敌人为了消灭我部,急调一个正规旅的主力团和两个保安团,对十万大山进行联合"围剿"。我第一团在钦防党组织的支持配合下,对敌人的"围剿"进行了艰苦的斗争。

部队进驻贵台的第三天,尾追的敌保一团已逼近,从广西往南压下的两个保安团正在途中。我部连夜向马笃山转移。翌日清晨,敌保一团和地方民团共3000余人大举向我部追袭,企图在部队进入十万大山纵深地带之前将我部聚歼。为了摆脱敌人,团领导决定利用该处的有利地形予敌狠狠一击。战斗于拂晓打响后,敌为断我部进山之路,在迫击炮和轻重机枪的密集火力的掩护下,先后向守卫白霞岭的第三营第七连发起13次冲锋,但均被我部一一击退。阵地前沿,敌人横尸累累,多达60余具。战斗持续至晚上9时许，我部有秩序地撤离战场。该役敌伤亡百余人，我第三营第七连连长廖培南等两人英勇牺牲。至此，我部粉碎了敌人前堵后追的图谋。

部队撤离战场后，取道防城的天堂、那勤、小峰，于12月中旬到达十万大山西段南麓的大勉村，与以沈鸿周为大队长、彭扬为政委的防城人民游击大队胜利会师。为了加强同地方的联系，熟悉整个山区尤其是中越边境的地形，以伺机消灭敌人，部队继续西进，直往与越南毗邻的峒中。

此时，防城县党组织领导人谢王岗赶来联系。早在第一团突围西进时，谢王岗已于10月间奉命到特委机关，接受配合主力西进十万大山坚持斗争的任务。特委向谢王岗传达中共七大精神后，指示防城党组织加强敌、我、友诸方面情况的调查研究，加紧动员和扩充地方武装，健全地下党组织系统及交通联络、情报系统，揭露国民党的内战、独裁、卖国阴谋，发展广泛的反蒋统一战线，迎接第一团的到来。谢王岗返回防城后，即按特委指示进行部署，开展准备工作。谢王岗会见杨甫及第一团主要领导人后，共商坚持和发展十万大山武装斗争事宜。根据该县地处两国边界，有广大山地、河海、港汊可以回旋，有抗日、抗法爱国传统，少数民族众多，群众饱受以陈济棠家族为首的封建官僚势力的残酷压榨等特点，确定高举民族团结旗帜，反对国民党发动内战，动员群众，打破敌人的"围剿"

"扫荡",决定:①主力部队与地方部队和游击小组配合,开展群众工作,打击地方反动势力,收缴反动武装枪支,拔除可以拔除的反动据点,摧毁敌人的下层统治基础;②地方党、地方武装、群众组织全力支持和配合第一团的行动和斗争;③迅速集结、扩充防城人民游击大队并归第一团指挥。

部队进入峒中后,敌保一团在马笃山遭我部痛击喘息一段时间后,又继续向十万大山纵深追来。我部采取敌进我进的方针,以营为单位展开兵力:第二营在滩散、峒中区坚持活动,伺机推出六市袭击敌人;第三营插向东北的北仑、扶隆一带,利用有利地形打击敌人;第一营向那湾、滑石、防城推进,威胁敌后;武工队插出光(坡)、企(沙)海滨地区,筹集给养,骚扰敌人,配合山区斗争。团部与防城人民游击大队转移至那良大勉一带,指挥主力与地方游击队协同作战。

部队按计划迅速展开后,12月下旬,在北仑、北基地区,驻北婆村的第三营第八连派出宣传队发动群众时,被敌保一团一个营200余人突袭。战斗中轻机副射手袁马的下肢被子弹打断,血流如注,但仍坚守阵地,阻击敌人,掩护连队转移,因寡不敌众落入敌手,但始终不为敌人威迫利诱所动,最后在那良英勇就义。第八连分散突围后,得到该地游击小组和群众的掩护和安置,很快便重新集结,移驻黄关一线,深入少数民族村寨,访贫问苦,开展群众工作,牵制向我中心地区进犯的敌人。在滩散峒中地区,滩散游击中队组织瑶族、壮族同胞占据隘口要道,用木制土炮射击敌人,震天响的土炮声和呐喊声一度使敌人蒙头转向。后敌人再次发动进攻,我驻守竹叶坳的第二营第四连在发现敌情后未及时转移,遭敌300余人包围袭击,第二营政委林敬武等11人英勇牺牲,其余战士被迫撤入密林深处。他们忍饥挨饿,经受毒蛇、猛兽、山蚊、山蚂蟥等的侵扰,终于找到自己的队伍,继续投入战斗。由团参谋黎汉威、营长廖华率领的第一营,用缴获的地雷摧毁了陈济棠侄子陈树尧的地主庄园,击毙了曾任团长的陈树丰,沉重打击了地方反动势力,予敌很大震动。接着,又与那湾游击中队配合,攻占曾任国民党师长的陈克强的老屋,然后向县城推进。活动于海滨区的团部武工队在该区武工队的配合下,组成一支海上游击队,活动于北部湾海域,多次袭击企沙敌盐警等据点,积极为部队征收税款、运送物资,并同特委联系。县人民游击大队及各区乡游击队密切配合各营、连,接连在峒中、板真、滩散等地袭击刘瑞龙等土豪的庄园。防城地下党在城市的工作也为配合军事上的反"围剿"斗争进一步展开。以"广东南路人民抗日解放军"名义印制的揭露国民党内战阴谋的传单,通过地下工作人员秘密散发至全县主要城镇。由刘镇夏等从敌人内部获取的情报，经地下情报交通网源源不断地送入山区，使我部及时掌握敌情，让敌人的扫荡一再扑空。

反"围剿"斗争中，第一团重视群众工作，尤其是少数民族的教育和组织工作。除团部及各营都派有干部配合地方开展工作外，团政治处政工队在防城党组织原来的工作基础上，依靠峒中游击中队和少数民族领袖人物马文初、黄志瑞（均系壮族），在峒中乡深入宣传党的民族政策，团结各族同胞，开展减租减息，改善人民生活，深受群众拥护。团长黄景文、第二营政委谢森还与黄志瑞歃血为盟，誓为革命同生死共患难。1946年2月，峒中乡召开各族群众代表大会，民主选举黄礼德为乡长，黄志瑞、周秀明（壮族）为副乡长，成立了防城县第一个民主乡政权。接着组建乡民兵大队，黄志瑞兼任大队长。长期饱受压榨、歧视的峒中各族人民首次获得政权，这鼓舞了山区的广大群众。他们宁愿自己忍饥挨饿，甚至冒着生命危险，也尽力为部队献粮、献草药来救护伤病员。殿陆村的马晚哥濒临断炊困境，仅剩20多斤稻种，也全部送交伤员食用。

第一团进入十万大山仅一个多月，其活动范围已扩展到防城全县3/5以上的地区，虽然在军事上受到了一些小挫折，却取得了10多次战斗的胜利。这些以打击地方顽固势力为主要目标的战斗，震撼了敌人下层的统治基础，鼓舞了全县人民的斗争情绪。尤其是直插县城的第一营，严重威胁了敌人的统治中心，迫使敌保一团一个营撤回县城。敌人消灭我主力的计划没有得逞，暂时停止了进攻。

1946年2月，敌人第一次"围剿"失败后，国民党整编第一五六旅（原师）旅长刘镇湘，率该旅主力第四六七团2500余人，联合两个保安团和地方反动武装，对十万大山区发动第二次更大规模的"围剿"。当时，广西军阀统治的山北地区地形较好，但我部工作基础尚薄弱，如坚持留在山南与数倍于己的敌人对峙，粮食、弹药补给势必发生困难，故在与敌周旋和进行若干战斗后，为避开敌人正规军的锋芒，第一团经请示特委并取得越共中共的同意，决定暂时撤入越南边境休整。从3月上旬开始，第一、第三营和第二营先后经峒中撤离国境。山区壮族、瑶族同胞对主力部队的撤离依依不舍，纷纷采摘青松枝铺于路上，让子弟兵踏青而去，以祈吉利并表达惜别之情。峒中乡民兵大队配合第二营阻击敌人，大队长黄志瑞还率壮族民兵为部队充当向导，完成任务后又为接应未过国境的伤病员而折回峒中，途中英勇机智地粉碎了数十敌人的围攻，毙伤敌10多人。接着，防城人民游击大队200余人编为第一团第四营（此时全团约千人），营长为沈鸿周，政委为彭扬，副营长为李鸿基。该营完成牵制、阻击敌人和收容伤病员的任务后，也于4月下旬撤入越南海宁省。随后，沿海武工队从海上撤入越南。

第一团从雷州半岛平原地区转战十万大山地区，语言不通，地形不熟，又同数倍于己的敌人作战，反扫荡斗争十分激烈和艰苦。但由于在斗争指导上，采取避开敌人主力、敌进我进、主动出击、分兵发动群众的正确方针，且在交通情报、粮食供应、武器弹药补充、伤病员救护以至直接配合作战等方面得到地方党组织及其领导的武装队伍、人民群众的支援，因而不但保存了自己的力量，还促进了该区武装斗争和群众工作的开展。防城县游击大队从100余人发展到200余人，各地方武装中队也进一步壮大起来。这为以后十万大山游击根据地的创建打下了基础。

主力撤离后，防城县党组织继续领导留下的党员和武装人员，同敌人进行顽强、艰苦的斗争。

二、入越整训和参加越南人民的抗法斗争（1946年4月至1947年10月）

（一）入越整训的背景和同越南党联系的经过

第一团入越休整，是在当时局势十分复杂和处境十分困难的情况下，取得越共中央的同意和支持，经过我上级党组织批准的。

1945年9月，以胡志明为首的印度支那共产党及其领导的越南独立同盟（简称"越盟"）取得了政权，于河内成立越南民主共和国临时政府。10月间，特委在第一团向十万大山转移途中，鉴于国民党积极准备发动内战，预计部队进入十万大山后，敌人可能集中兵力进行扫荡，如果坚持确有困难并获越南政府同意，可让第一团暂时撤入越南境内休整。为此，特委领导人温焯华决定派庞自同越南党联系。庞自到达河内后，会见了越共中央组织部部长黎德寿。黎德寿对我南路部队来越休整表示热烈欢迎，答应尽可能给予帮助。他还说他们需要一批中国同志帮忙搞华侨工作，请我部给予支持。1946年1月，为避开国民党军在十万大山即将发动的更大规模的"围剿"，团部在请示特委后，派朱兰清去越南沟通部队入越休整问题。2月上旬，越共中央派黄文欢在河内接见朱兰清，对第一团入越休整也同样表示同意和大力支持。此时，特委在接到第一团的请示并报告区党委后，再派庞自告知越方，我部将很快撤入越南境内，请及早安排。当庞自于2月中旬到达河内再次会见黎德寿时，越方已通知中越边境各省委，对第一团入越路线及沿途的迎接等做了布置。3月初，敌人第二次"围剿"开始后，第一团即按照越方指定的路线分批进入越南海宁省。在进入越南国境时，团部一再强调严格执行我军"三大纪律八项注意"，尊重越南人民的风俗习惯。有的连队连续行军，从国内带去的粮食不多，在党组织的教育和党员的模范作用带动下，战士们宁愿忍饥挨饿，以野芭蕉蕊充饥，也不打扰当地群众。不久，越南政府的通知传达到边境地区，当地群众确知我团是中国共产党领导的人民武装后，对部队的军风军纪倍加赞扬，尊称入越休整的第一团为"中国红军"，纷纷送来大米、香蕉等以示慰问。战士们也主动为群众挑水、种地。接着，在越南海宁省委的帮助下，部队转移至谅山七溪一带隐蔽。此时，中共中央接到区党委关于第一团入越休整的报告，即以周恩来的名义复示：我们部队最好在国内坚持斗争，不要入越；如果不得已而入了，则要十分谨慎，务必不要影响越南的革命；入越后，应将全部人、枪交给越南党，并教育我们的干部、战士发扬国际主义精神，参加越南革命。为执行中央这一指示，区党委派准备北撤山东的原雷州特派员陈恩前往越南，将中央的意见正式向越共中央和部队传达，并负责处理好部队转交越共中央的问题。5月间，陈恩到达越南，先后会见了越北解放区党委书记黄文欢、越共中央组织部部长黎德寿。不久，越共中央总书记长征约见了陈恩等。长征说："你们中央对入越部队的处理意见，体谅了我们的困难，对此表示感谢。我们中央的意见，是不要你们的人、枪，但要求你们在越南境内隐蔽好，不要暴露，以免引起外交上的麻烦；待将来时机成熟，部队打回国内，把武装斗争发动起来，这样对我们会更好。入越部队在越期间的给养，可按越南国家军队的标准供给。"越共中央做了上述答复后，第一团即着手进行全面整训。

（二）全面整训部队，开展华侨工作，配合越南人民进行抗法战争

1946年6月，蒋介石向解放区发动全面进攻。中共区党委为做好在最坏的情况下坚持长期、艰苦斗争的准备，考虑到广东有的地区由于部队北撤后，在当地业已暴露，难以立足的人员需要转移隐蔽，又鉴于越南是已经解放了的国家，准备取得越共同意后，在越南建立起一个培训这些人员的基地。为此，派原特委书记、区党委组织部副部长周楠担任区党委驻越共中央联络员，直接领导撤入越南的第一团及筹办这一基地，并为区党委筹集活动经费和协助越南党开展华侨工作等。7月上旬，周楠等从香港到达越南河内同越南党商谈后，指示第一团按照越方意见分为三部分：一部分驻高平省，一部分驻谅山省，一部分南下驻中圻义安省。三部分除抓紧部队整训外，还要协助越方培训干部，做好华侨工作，打击土匪，安定地方，抗击法国殖民军。根据这一指示，第一团全面部署了工作。

1. 全面整训部队，举办高平干部训练班

第一团分批撤入越南后，已在行军途中和驻地进行以射击、投弹、刺杀为主要内容的军事训练，并掀起学习文化的热潮。由于缺乏学习用具，指战员常常以竹枝当笔，

用芭蕉叶做纸，学习的积极性很高。周楠入越后，根据区党委指示，为配合全国解放战争回国开辟新区准备干部，决定在高平举办区党委留越干部训练班。培训对象主要是第一团排、连以上的骨干、机关工作人员及其他一些撤越干部，共130余人。训练班在周楠的直接领导下，由陈恩、饶华、唐才猷、李廉东等具体负责训练工作。训练班以政治训练为主，军事训练为辅，主要学习形势和任务、党的七大精神、毛泽东军事思想和刘少奇的《论共产党员的修养》等，同时联系实际开展批评与自我批评。经过约5个月的训练，全班学员提高了政治思想觉悟，增强了党的观念。学习期间，还初步审查了干部，发展了一批党员。与此同时，黄景文按照周楠的指示，于9月率领第一、第三营南下越南中部义安省，协助越第四战区司令部担负中部警戒任务，同时开展以军事训练为主的整训。该部联系实际，总结分析南路武装斗争的战例，严格进行射击、刺杀、投弹等基本训练，使部队的战术水平、军事素质获得明显提高。越南党和军队的有关领导也很关心部队的整训。越第四战区政委黄文欢、司令员阮山先后给部队上课，讲述印度支那共产党党史，介绍越南革命斗争经验，使大家受到教育和鼓舞。驻谅山的第二、第四营也抓紧部队的军事训练和文化学习。第一团在越南进行全面整训，不但提高了全团指战员的政治觉悟和军事技术水平，还使占该团绝大部分的贫苦农民出身的战士学到了不少文化知识，为以后回国参加斗争打下了良好的基础。

2. 帮助越南训练部队，培养军事干部

1946年冬，法国殖民主义者向越南民主共和国的海防、河内发动大规模进攻，胡志明主席亲笔致函，要求我入越部队为越南制订军事训练计划。据此，唐才猷等编写了一份军事训练计划，送交越南最高统帅部。黄景文应越方要求，担任第四战区步兵学校和越南高级步兵学校的顾问，同时还帮助第四战区司令部拟制和实施部队的训练计划。其中，将在义安省整训的第一、第三营同越南的一个大队合编为第四战区第五十七中团第一七一小团，并将一批越南军事骨干编进我第一、第二大队，随同我部一起训练。我部还应越方要求，派陈炳崧等3名军事干部到顺化省帮忙训练越南部队的班排干部，到广治省集训各县民兵骨干共400余人；派第一营营长廖华到高平省为越方举办游击战训练班，受训的有县、村一级干部50余人，主要内容有游击战术及刺杀、射击、投弹、埋地雷等技术。1947年2月间，廖华、林杰、彭扬、黄英、陈庆芳、李恒生等到越南抗法基地太原，协助越南第一战区开办游击训练班，受训对象大部分是县一级的领导骨干，少数是省级干部，共70多人，内容主要是游击战术，诸如伏击战、袭击战、围歼战、麻雀战以及游击队的政治思想工作等。

3. 宣传教育华侨，组织抗法武装，参加抗法战争

与我国广东、广西两省相邻的越北高平、谅山、北江、海宁、广安诸省，是华侨比较集中的地区。长期以来，当地华侨同越南人民友好相处，并为越南的解放斗争做出了贡献。但在法殖民主义统治时期，有的地区的华侨同当地越南人民之间也存在一些隔阂和纠纷。日本投降后，进入越南接收日伪投降的国民党军队和特务人员，同越南国内的反动势力相勾结，破坏华、越关系，唆使某些上层华侨人物反对越南革命，加上越南一些地方政府执行华侨政策时有失误，广安东潮和北江左祖地区的大批华侨被迫流离失所。同时，法国殖民主义者对刚建立的越南人民政权虎视眈眈，准备卷土重来。在这种情况下，教育组织越北为数众多的华侨，支持越南革命，促进华、越人民和睦团结，安定地方，对保卫越南革命成果有着重要意义。抗战期间，中共在中越边境镇边（今那坡）、龙州、宁明、防城等地的地方组织曾派人入越，同越盟的地方组织建立了各种联系，在高平、北江、海宁等省的华侨中开展工作。越盟也利用我边境地区进行抗法、抗日活动。因此，第一团入越后，越南党多次要求我部统一和加强对华侨工作的领导，帮忙做好华侨工作。1946年7月间，区党委驻越共中央联络员周楠入越会见越共中央负责人后，在越南党的帮助下，与早在越南北江省活动的中共广西桂越边境临时工委书记林

中取得联系，并同他就越南党的要求做了研究，决定从第一团抽一批干部协同桂越边临委做华侨工作。根据区党委的指示，周楠组建了华侨工作委员会（主要负责人为陈恩、饶华、余明炎、庞自等）。在该工委的具体组织下，第一团和其他因国内形势变化而撤入越南的干部数十人，分赴谅山、太原、北江、海宁、广安等越南北方各省及海防、河内等大城市，积极配合越南党和政府开展华侨工作。他们兴办华侨学校，创办华侨报刊，开设进步书店，宣传我党的方针政策，揭露国民党发动反人民内战的罪行；宣传华、越人民和睦团结，教育华侨支持越南革命；争取华侨上层人物，开展统战工作；等等。

当时，越南党和政府对我撤越部队和干部十分器重和信任，除在北越外，还多次要求我部派人参加他们在南越的华侨和情报工作。9月间，第一团从全团连排干部中，选调政治思想和工作能力较强的李森、郑庄（郑南）、沈醒民、刘陶荣、沈鸿欢等16人，交给越方任用。双方商定这批人员的工作由越方安排，其党籍仍由我部管理，保留最后的调动权。法越战争爆发后，他们分别由越南党派到中部和南部第五、第六、第八、第九战区，在非常复杂和极其困难的条件下，长期从事南方各省市的华侨工作，团结、教育和组织广大华侨同越南人民一道参加抗法、抗美战争，做出了出色的成绩。他们有的在法国人的牢狱里遭受严刑拷打，却英勇不屈，如翁泽民等；有的在抗法、抗美斗争中牺牲，如余德福、沈鸿欢等；有的在越南南方从事华运、华侨工作长达20多年，直至1977年才奉命回国，如郑南、沈醒民、刘陶荣等；有的至今下落不明。

1946年冬，第二次大规模的法国侵越战争全面爆发后，法军占领河内，继而北犯，进占了从海防至芒街的所有大小口岸和从芒街至同登的全部边城，实施其南北分进合击计划，打通和控制第一号公路河内以北地段，占领整个越东北部，然后西侵抗法后方太原。我华侨工委余明炎、庞自联名写信给胡志明主席，建议组织华侨抗法自卫武装，以配合越方打击法国侵略者，更好地解决华侨与越南人民之间的纠纷，团结抗战。胡志明接到建议书后，亲笔答复说："你们建议组织华侨抗法自卫武装，我很赞同，但这会遇到许多困难，希望你们谨慎小心，我将尽力帮助。"于是，余明炎、庞自带着胡志明的亲笔批示来到广安省东潮，以海防撤出的第一团武工队为骨干，在原第四营干部黄德权等的帮助下，活动于东潮、左堆地区，深入华侨村庄，发动群众，筹建华侨自卫武装。不久，袭击左堆法军，毙敌1名，缴获冲锋枪1支。接着，李锦章、陆锦西率武工队12人，在广罗附近伏击全副武装的法军车队，炸毁军车1辆，毙伤敌20余人。1947年3月，为加速组建华侨武装开展敌后游击战，黎汉威带着越军总部组建华侨自卫团的命令，率领第一团的一批干部来到东潮，与余明炎、庞自领导的敌后武工队会合。经过一段时间的发动工作，正式宣告成立越南北部东北区华侨民众自卫团，团长是黎汉威，政委是余明炎，副团长是黄德权，政治处主任是庞自，下辖3个大队200余人。其时，在东潮附近的周帮屯，有一支以严擎东为指挥官、约40人的越南北部华侨自卫团武装。严擎东是越统战对象，当时他企图借抗法之名，利用华越纠纷，将北江、广安、海宁、谅山等省的华侨组织起来，一俟时机成熟，便与越盟分庭抗礼。我部在越盟的密切配合下，争取该部一些成员参加我军，其余遣散回乡，另将严擎东调离，从而消除了隐患。在北江省左祖地区，越统战对象、华侨上层人物赖积臣在日本投降后，组织了越南北江华侨自卫团。中共桂越边境临时工委书记林中同该省越盟负责人协商，由他任该团政委，后派南路撤越干部庞殿勋等前往任中队干部，教育争取这支华侨武装投入抗法行列中。自卫团除了在敌后开展抗法游击战，还在华侨中进行广泛的宣传工作，特别在调解华侨与越南群众的纠纷上，做了大量工作，促进了华越人民的团结，大批华侨青年走上抗法斗争第一线。自卫团帮助华侨组织了自己的团体——华侨理事会，以加强同越南政府的联系，维护华侨的正当权益。所有这些调动积极因素、克服消极因素的工作，都有利于越南抗战，为以后建立广安省、北江省的敌后抗法游击根据地创造了良好条件。

1947年春，侵越法军从安州沿13号公路向西进犯，左祖、六南沦入敌手，1号公路陷入危机。越第十二战区派其参谋长陆华[①]率北江中团拟进入左祖地区建立指挥所，由于华越关系紧张，受到当地华侨的阻挠而未能实现。为此，越第十二战区党委向越共中央建议，由我第一团派出部队以华侨部队的名义进入六南、左祖地区，帮助他们开展华侨工作，建立地方政权。1947年二三月间，由第二、第四营合编的一个营300余人，奉命沿1号公路南下，开展华侨工作，配合越人民军，迫使从安州西进之敌停止在六南以东地段，保卫保夏、六南广大地区。该营进驻保夏后，改编为越北华侨自卫队第一支队（简称"越北支队"），支队长为涂明堃，政委为谢森，副支队长为李鸿基，副政委为严秋。该部派出大批人员深入1号公路沿线和六南等地区，调解华越人民纠纷，捕捉潜伏在华侨中进行破坏的国民党特务，整顿华侨队伍，统一北江省的华侨武装，使该区社会秩序恢复正常，华越关系也逐步改善，形成了团结一致抗击法国殖民军的局面。由于华侨青年踊跃参加抗法自卫武装，所以越北支队从3个大队发展到8个大队，共计五六百人。

---

① 陆华，即莫一凡，中共党员，1947年秋奉命回国参与发动左江起义，任中共左江工委军事部长。

1947年秋第一团奉命回国时，应越共中央要求，以越南东北区华侨民众自卫团为基础，会合越北支队部分留越华侨战士，组成越南国家军队独立中团。双方商定：独立中团仍然是在越东北区的敌后或前线华侨聚居的地区担负战斗队和工作队的任务，同时支援祖国边区的解放斗争。在领导关系方面，独立中团既受越南党和越军总部及其委托的第一战区指挥，也受我边工委的领导（初时由中共粤桂边工委，后由桂滇边工委、滇桂黔边区党委领导）。第一团和南路撤越干部留下一批骨干，担任该团的各级领导工作，以黄炳为中团团长，庞自为中团政委，黄德权为副团长，方野为团政治处主任。初建时辖2个大队，300余人，后扩大为2个小团和4个独立大队，共900余人。该团活动于越南东北区海宁、广安、谅山、北江等省的敌后和前线，开拓和建立了以燕子山为中心的抗法游击根据地，在广大华越人民群众的支持下，为抗击法军侵略、保卫越北抗法根据地做出了贡献。例如，在越人民军为粉碎法军1947年"冬季攻势"而发起的越北战役中，独立中团密切配合，致力于破坏4号、13号公路的法军运输线，频频伏击法军军车，受到越第一战区司令员朱文晋的赞扬。1948年开始，独立中团致力于开辟海宁新区，建立敌后抗法根据地，打通与粤桂边区联系的另一条交通线。1948年冬，越军在东北区发起冬季战役，独立中团和越军第五十九、第九十八中团并肩战斗，第三次攻打冷滩，全歼伪军大队长沈季波及以下100余人，还配合越方两个中团的主力攻克另一重要据点安州。1949年1月，以武工队为基础，建立独立中团海宁独立大队，并于3月27日配合我粤桂边纵队第三支队袭击越南海宁省省会芒街，毙法伪官兵50余人，俘140余人，缴获轻重机枪16挺、长短枪300多支、子弹10万余发。接着兵不血刃，智取守备坚固的法军据点南树屯，乘胜进攻唐花，初步建立了海宁敌后游击根据地。越军总部召开的东北区冬季战役总结大会，对独立中团"打冷滩""四出海宁"，以武工队开辟新区的经验评价很高，总司令武元甲在会上号召向独立中团学习。为了支援祖国的解放战争，独立中团先后输送三四百名华侨战士回国参战，并在为滇桂黔边区和华南分局筹集经费、确保华南分局从香港经越北至滇桂黔边区和粤桂边区地下交通线的安全等方面，做出了贡献。1949年5月，独立中团除部分武装和武工队、地方工作人员100多人留交越方组成越第一战区独立小团，继续参加抗法斗争外，其余400余人整编为一个团，由庞殿勋、罗北、张贤率领返回十万山区，被授予第二十八团的番号，先后编入中国人民解放军粤桂边纵队第三、第七支队的战斗序列，参加了粤桂边战役。

（三）为回国开展边区武装斗争积极做好准备

1947年春，粤桂边区尤其是广东南路人民的武装斗争有了较快的恢复和发展。为加强对武装队伍的领导，中共南路特派员吴有恒于3月间决定先行成立粤桂边区人民解放军，以代司令员朱强的化名指挥正在组建的主力新编第一、第三、第四团作战。1947年初，香港分局决定派遣琼崖纵队副司令员庄田等到粤桂边区进行武装斗争工作。同年4月29日，香港分局书记①方方函示南路党组织领导人温焯华、吴有恒、欧初等，对先行成立的粤桂边区人民解放军正式予以批准，并指出："为使军事更加积极发展，我们同意你们的意见，建立边区指挥部（虽然尚早一点，可是公开了便算了），以庄田为正司令，唐才猷为副司令，温焯华为政治委员，吴有恒为副政治委员，欧初为政治部主任……在庄、唐未到以前，政治方针方面由温焯华、吴有恒、欧初三人决定，部队出发行动暂由吴有恒、欧初两人指挥，温焯华留下指挥地方工作及部队。"② 不久，鉴于粤桂边区革命形势的迅速发展，为了适应该地区以至整个华

---

① 编者按，第一，上级党组织委派庄田时，已是1947年5月，中共中央香港分局已成立（依据"中国人民解放军历史资料丛书"之《远后方游击战争粤桂湘地区》，解放军出版社2006年版，第212页）。第二，1947年4月29日，香港分局未成立，方方提前做好准备工作，称他为中共华南地区党组织负责人可能更合适些（依据《中国共产党湛江历史第一卷（1921—1949）》，中共党史出版社2011年版，第294页）。第三，此文作者黄其英是湛江市委党史研究室原副主任，经征求他本人意见，此二处原文不必修改，只做注释。当时（20世纪90年代）对香港分局成立的时间，省委党史研究室曾讨论过很多次，认为比5月早，意见不统一。现在省里有了统一说法（1947年5月），因此可以注释说明，毕竟对香港分局成立时间的统一认识是有一个过程的。

② 方方：《对南路工作的指示信》，1947年4月29日。

南地区革命斗争的需要,香港分局认为进一步调整这一地区的党组织机构,及时成立中共粤桂边区工作委员会很有必要。为此,香港分局于5月7日在向中共中央的请示中提出:"将粤南、桂南划粤桂边区工委,下辖4个地委,领导武装2000余人,以勾漏山、十万大山为基地,开展游击战,并恢复过去红七军左右江据点,与黔东南游击战配合,将来成立粤桂滇边区党委。现以周楠、庄田、吴有恒、温焯华等7~9人为边区委员会委员。"① 5月24日,中共中央复电香港分局:"你们关于闽粤赣边区党委外,建立粤桂边、粤桂湘边、粤赣湘边3个工委地区,领导与发展各地区的游击战争是恰当的。"中共中央还着重指示说:"华南除琼崖外,应靠本身力量于本年度建立起三四个成块的游击根据地,组织起几支成为中坚力量的游击队伍,准备迎接与配合明年北方人民解放军的全面反攻。"②

1947年6月,从越南到香港向分局汇报工作的周楠偕同庄田、郑敦等回到越南高平,立即召开干部会议,传达分局关于在华南各省开展武装斗争、贯彻"放手小搞、准备大搞"方针,以及撤销中共广西省工委,成立包括广西左右江、桂南和广东南路等地区的中共粤桂边工作委员会和第一团回国打开边区武装斗争局面等指示;郑敦向干部

---

① 罗迈致中共中央电,1947年5月7日。
② 中共中央复香港分局电,1947年5月24日。

传达党的七大精神和中央关于土地改革问题的指示；庄田讲解毛泽东《中国革命战争的战略问题》部分章节，总结分析南路武装斗争的战例。干部开展批评与自我批评，对主要领导成员做了审查。

中共粤桂边工委成立后，接收了广西左右江地区党的关系，并派余明炎、庄梅寿、李少香（李东明）、洪田等随右江地区特派员覃桂荣到右江工作，参加发动和组织该区的武装起义。中共右江地委成立后，区镇任地委书记，余明炎任地委副书记兼组织部部长。庄梅寿于9月参加万岗起义后，在姜桂圩遭敌暗害，不幸牺牲。同时，在原桂越边境临时工委的基础上组成以黄嘉为书记的中共左江工委，并派第一团的廖华、肖汉辉等进入该区工作。廖华等根据边工委关于大胆发动群众，扩大武装，配合北方解放大军夺取全国胜利的指示，首先在镇边平孟为左江工委举办武装骨干训练班，接着，又参加发动左江地区的武装起义。1947年7月，靖镇区成立了左江人民解放军靖镇大队，约120人，廖华任大队长，靖镇工委书记邓心洋任政委。

六七月间，粤桂边工委在接到香港分局要周楠、庄田迅速率第一团返回南路建立粤桂边区纵队的指示后，对部队回国做出积极部署：李廉东率黄志瑞大队和手枪队提前进入粤、桂、越（南）边境，联系并指导在该区坚持斗争的游击队发展武装，搜集边境地区国民党和法军的情报，建立越南高平至十万大山的交通线；郑云返回上述地区，同在该地区活动的林中部队及黄志瑞大队取得联系，并争取越盟部队的帮助，迅速打通至十万大山的交通线。由于得到越盟部队和我边境游击队的有力支持，交通线很快得到沟通。接着，黎汉威、沈鸿周、彭扬等一批营连干部，穿过法军封锁线返回十万大山，与防城"三、光、企"起义时组建的钦防农民翻身总队会合，以加强十万山区的武装斗争，迎接主力团回国。后来又派支仁山、涂明堃、朱兰清等一批骨干返回南路。

7月底，周楠率领部队从高平到达北江省保夏，在与黄景文带往义安的第一、第三营会合后，于9月下旬召开回国参战誓师大会，士气十分高涨。此时，第一团进行整编。团长、政委、政治处主任仍分别为黄景文、唐才猷、李廉东，直辖5个连队，由庄田、周楠直接指挥，原计划经越南谅山、海宁省和我国防城县开回粤桂边区参加斗争，但部队在即将通过谅山至河内铁路时，敌人在我部拟通过地段增设了一些据点，封锁了中越边境。因敌情变化，我部暂掩蔽集结，并派部队侦察通过路线。10月初，香港分局在接到粤桂边工委的情况报告后，指示周、庄考虑不返回广东南路而改向滇桂黔方向发展。边工委认为这是个富有战略远见的决策，随即率领第一团和机关工作人员约600人，开赴桂西靖镇地区，坚决执行香港分局的指示。

至此，在香港分局和粤桂边区工委的领导下，第一团和从南路等地撤入越南的同志共同努力，整训了部队，训练了干部，开展了边境工作，为回国参加解放战争，在组织和思想等方面做了准备；同时还发扬了国际主义精神，帮助越南培训了一批干部，并开展华侨工作，组织华侨武装，参加抗法战争。

三、参加开辟滇桂黔边区根据地，配合野战军解放全边区（1947年11月至1950年2月）

（一）同桂西人民武装配合开展靖镇区游击战

1947年9月，中共中央做出中国人民解放军由战略防御转入战略进攻的重大决策。10月10日，中共中央以中国人民解放军总部的名义，颁布《中国人民解放军宣言》，号召国统区广大人民"拿起武器……发展游击战争"。根据中共中央的指示，香港分局向包括滇桂黔边区在内的各地工作与战斗，做出了明确的部署，要求"在已经普遍发展游击队、武工队、民兵之游击战争地区，必须抽调部分兵力组织主力，创造较能独立作战而又能到处配合游击队民兵作战的核心，是目前群众性武装斗争的基本任务"①。与此同时，鉴于中共粤桂边区工委主要领导人周楠、庄田率部

---

① 中共中央香港分局：《为迎接大反攻加强农村斗争的指示信》，1947年10月。

从越南境内返回靖镇区，并领导左右江地区的革命斗争后，原粤桂边工委实行跨地区领导较为困难。同时，为了集中力量领导左右江地区的斗争，并向桂滇、滇黔边区发展，以便将来建立滇桂黔边区人民武装，香港分局指示周楠成立桂滇边工委。11月8日，周楠、庄田在率第一团进入靖镇区途中召开了干部会议，传达了香港分局的指示，成立了中共桂滇边工委。周楠、庄田、郑敦、覃桂荣、陈恩、黄嘉、余明炎、区镇、林中、廖华、饶华、唐才猷、黄景文等为边工委委员，周楠任书记，庄田负责军事工作。会议确定当前的基本任务是：在普遍发展的基础上建立地区主力部队，发展游击战争，建立根据地。第一步集中力量以打下靖、镇两县为立足点，进一步与左右江人民武装联络，开辟滇黔边境新地区，打下党组织与群众组织的基础，开拓滇桂黔边区的新局面。

靖镇地区党的基础较好，早在第二次国内革命战争时期，红七军就在这一地区活动，在当地的人民群众中有比较广泛的革命影响。1944年春，中共桂西南副特派员覃桂荣成立越桂特支，发展党员，建立农会，并协助越共举办游击干部训练班。1944年秋，越桂特支进一步扩大党与农会组织，并建立了民兵组织。1947年6月，粤桂边工委成立后，即派第一团的廖华率肖汉辉等6人到靖镇区，协助当地党组织培训干部，初步恢复了武装斗争。在主力团进入国境前的11月6日，为了打开局面，庄田等率领第一团留守高平的一个连和靖镇独立大队（前身为左江人民解放军靖镇大队）共300余人，主动进攻果梨。果梨是左右江地区通向靖镇区的门户，驻有国民党民团100多人。我人民武装集中两倍于敌的优势兵力，乘敌不备发起进攻，经过3小时激战，毙俘敌约100人，缴获轻机枪1挺、长短枪100余支。接着，又乘胜进攻平孟乡之敌，再歼敌数十人。首战胜利打开了靖镇区大门，为主力团回国扫清了障碍。

果梨战斗之后，边工委率全部主力进入靖镇地区。由于果梨之敌突然被歼，驻靖镇地区之敌大为恐慌，边工委决定乘机进攻百合。11月16日，主力部队在地方党和地方人民武装的有力配合下，由老一团团长黄景文、政委唐才猷指挥，采取夜间运动、全面包围、拂晓进攻的战术，向驻百合之敌发动突然进攻。经激战两个多小时，全歼守敌一个连和镇边民团150多人，其中，毙敌50多人，俘敌100多人，缴获重机枪1挺、轻机枪3挺、长短枪100余支。百合战斗后，驻惠仙地区之敌慌忙连夜逃至弄蓬，企图凭险顽抗。回国主力部队立即运动至弄蓬地区，于12月1日向敌发起进攻，经3小时激战，毙敌50余人，俘敌国民党靖西民团副司令及以下120余人，缴获轻机枪3挺、长短枪100余支。与此同时，人民武装和靖西民兵基干队也乘机袭击驻南坡圩和荣劳乡的保安团两个中队,毙俘敌100多人。

老一团经过一年多的入越休整,战斗力大大提高,在回国参战的巨大鼓舞下,作战勇猛顽强,敢于刺刀见红,震动了广西的反动派。敌人被我人民武装重创之后还被蒙在鼓里,他们在战斗中听到我部多用雷州方言(黎语)进行联系,竟误认为我主力是由日军改编,便出动飞机散发日文传单,传单上印有跪迎丈夫回归的日本妇女图照,妄图瓦解我军,可见敌人当时的惊慌和愚蠢。

三战三捷之后,靖西、镇边的国民党反动武装纷纷退守据点,等待增援。1948年春,广西国民党当局做出"围剿"靖镇区的部署,纠集靖、镇两县保安团和民团向我部进犯。我部获得情报后,主力部队在南坡外围忠厚村进行伏击。战斗从早上开始,我部多次以反冲锋打退敌人的冲锋,用刺刀同敌人格斗,直到黄昏才结束。这次战斗异常激烈,计毙伤敌80余人,缴轻机枪1挺、步枪10余支。南坡一战胜利地打退了敌人的第一次进犯。接着,边工委决定进一步打开靖镇区局面,开辟新区,命令部队开往德窝前线,准备攻夺镇边县城。但由于敌人已有准备,从靖西调来增援部队,并在德窝利用有利地形,建立了山头防御阵地,而我部远离有群众基础的地区,敌情不明,以致在德窝对峙约半月之久。当我部决定从左翼经十蓬、六蓬做远距离迂回，向镇边城进发时，敌人已集结力量，向我平孟中心地区进攻，因而我主力又奉命星夜调回，执行保卫中心地区的任务。在部队运动过程中，敌人约一个营进驻清华，虽然我主力连续行军，极度疲劳，仍坚决执行命令，于夜晚10时向敌人发起猛烈攻击。战斗持续到次日中午，敌人被打得惊惶逃窜。清华之战，毙伤敌30余人，俘敌20余人，缴获轻机枪3挺。经过此役，向我解放区第二次进犯的敌人也被打退。之后，主力部队又奉命急调攻打英华之敌，由于守敌增加了2倍，在打垮部分敌人后主动撤出战斗。在开展军事斗争的同时，群众斗争也逐步开展起来。边工委从南路老一团抽调一批干部，配合地方开展群众工作，组织群众武装，建立群众组织和基层政权，搞土改分田地试点；还在平孟办了青干班，培养了一批壮族、瑶族、汉族和其他民族的青年干部，为以后开展滇东南边境少数民族地区工作，做了很好的干部准备。

在桂滇边工委的领导和靖镇区地方党组织的支持配合下，回国主力部队经过2个多月的艰苦斗争，歼灭了国民党保安队、反动民团等武装700多人，解放了7个乡镇，解放区扩大到东西250里、南北160里的10余个乡的范围，农会会员由3000多人发展到1万多人；游击根据地从4个被分割和不完整的乡发展为连成一片的10个整乡和另几个乡的一部分，并普遍建立了乡村政权。我人民武装由

1000多人发展到2000多人。

这个时期的斗争，扩大了革命影响，锻炼了部队，丰富了斗争经验，为配合全国的战略反攻牵制了敌人的部分力量，成绩是主要的。但是，我们在取得多次胜利并初步打开局面的时候，也在军事上和政治上犯了一些"左"的错误。在军事上，过于依靠集中主力部队打开局面，没有及时分兵发动群众，忽视群众工作的全面展开与有机配合；企图过早地巩固据点，提出了"攻打镇边县城和保卫中心地区"等不适当的口号。在地方工作上，"左"的错误也很突出，主要表现在：没有从靖镇区的实际出发，在条件还未成熟的情况下，过早提出土改分田；在农村执行阶级路线上，错误地把农民分为三等九级，依靠"九等穷"去组织贫农团，以至于侵犯了中农的利益，孤立了贫农；肃反扩大化，不加区别地处理了一些保甲长，错误地处决了前来投诚的一些流寇，甚至错杀了一些革命群众和向我党靠拢的进步华侨乃至个别地下党员，忽视了统战工作。因此，这一时期的这些做法扩大了对立面，脱离了群众，孤立了自己，增加了开展新区群众工作的困难。当敌人从安徽前线调回正规军第一七四旅，纠集保安第二、第五、第九等6个团的兵力，向靖镇地区全面包围和进攻时，我部便处于被动局面，教训是深刻的。

1948年3月，在国民党集中优势兵力围攻靖镇区的情况下，桂滇边工委在北斗村召开第一次扩大会议。由于形势紧迫，会议对回国后的斗争经验教训未能做出全面的总结，而只是应付敌人的进攻，确定"大股插出，小股坚持"的方针，将主力部队第一支队暂时撤出边境休整。靖镇区成立以梁家为书记、邓心洋为副书记的靖镇工委，留下第二支队坚持斗争。会后，桂滇边工委根据中共中央批复的香港分局关于建立桂滇边区支队的报告精神（香港分局于1947年11月29日向中共中央提出建立桂滇边支队等7项报告；1948年2月6日，中共中央复电表示同意），成立人民解放军桂滇边部队司令部，庄田任司令员，周楠任政治委员，黄景文任参谋长，饶华任政治部主任。下辖以南路老一团为基础组建的第一支队［林杰任支队长（后李鸿基），唐才猷任政委］，以靖镇独立营为基础并从南路老一团抽调部分骨干组建的第二支队（廖华任支队长，梁家任政委），由龙州、凭祥、上金、雷平、思乐、明江等县人民武装组成的左江游击队（后整编为第三支队），右江地区的桂西人民解放军司令部。边工委从老一团抽调部分军政干部，支持加强左右江地区的人民武装。与此同时，各区乡还成立若干武工队，配合主力开展斗争。

在主力奉命撤出靖镇区向云南转移时，为牵制敌人，林杰率主力第一支队第二连长途奔袭龙州水口镇。该部在左江地下党组织和群众的大力协助下，经过周密侦察，利用夜暗天雨，以炸药爆破、强攻固守之敌，经过40多分钟的激烈战斗，歼敌一个加强连170余人，缴获一批武器、弹药和两部电台。

主力撤出后，靖镇工委把全地区分为几块小游击区，成立了多个武工队，插入敌后活动，分头联系群众，打击敌人。这是靖镇区十分艰苦的斗争时期，不但缺粮，也缺盐巴，但依靠老区各族群众的支持，终于完成了"大股插出，小股坚持"的斗争任务。在主力转出外线，开展滇东南地区斗争的有利形势的配合下，在纠正过去"左"的政策错误中，这个地区又进入恢复和进一步发展的新时期。

（二）与云南人民武装会师河阳，整训合编

1948年，全国人民解放战争转入全面反攻阶段，国民党军队从全面进攻转入重点防御，南方各省的游击战争蓬勃兴起，云南人民在中共云南省工委的领导下，于1948年春举行圭山、西山起义，接着成立了云南人民讨蒋自救军第一纵队。随着滇东南地区人民武装斗争的发展，滇南、滇中、滇西和滇东北地区的人民游击战争的烈火也逐步燃烧起来。香港分局有感于桂西和滇东、滇东南武装斗争形成背靠之势，决定统一两地区斗争的领导，把这两支部队合编，以促进滇桂黔边区武装斗争更大的发展。7月，云南人民讨蒋自救军第一纵队1000余人，为执行香港分局统一两地区武装斗争,开辟边区根据地的指示,千里迢迢,不畏艰险,到达越南河阳与边工委主力会师。9月,边工委根据香港分局指示精神召开第二次扩大会议,会议传达学习了毛泽东的《在晋绥干部会议上的讲话》和香港分局的《二月指示》等文件,全面总结回国8个月来的斗争经验教训,分析了军事斗争和群众工作指导上"左"的错误,大大提高了我部队指战员的思想和政策水平,丰富了斗争经验,为后来入滇参加开辟滇桂黔边区根据地的斗争,夺取新的胜利,打下了良好的思想基础。讨蒋自救军第一纵队司令员朱家璧等边委介绍了云南武装斗争的情况和经验。接着,云南讨蒋自救军也进行了整训。

扩大会议后,边工委根据香港分局关于组建前委率主力进入边区中心地区开展工作等指示,决定率部向云南境内开进,首先开展滇东、滇东南地区的武装斗争,进而打开滇桂黔边区的局面。为统一指挥,分路配合发展,组建了边工委前委和滇东南工委、滇东南指挥部。前委由庄田、郑敦、朱家璧、杨德华、黄景文5人组成(后张子斋、祁山增补为委员)。庄田任前委书记,朱家璧为部队司令员,黄景文为参谋长,郑敦为政治部主任。滇东南工委由唐才猷、饶华、岳世华组成,唐才猷任工委书记。滇东南指挥部指挥员由唐才猷兼任,饶华任政委,岳世华任副政委兼政治部主任,林杰任参谋长。边工委书记周楠暂留中越边境,统一领导各地区的斗争。在兵力部署上,云南人民讨蒋自救军第一纵队6个大队(含1个独立大队)和由桂滇边部队第一支队3个连队组成的立功大队,共1000余人,统一归前委指挥,挺进盘江以北的滇东地区;由以桂滇边部队第一支队其余3个连队为主组成的一个大队(即第一大队)开入滇东南地区;两部相互策应,以求打开滇东、滇东南的局面。为配合前委所率部队顺利向滇东南进军,边工委还决定由郑钧、唐森、牛琨、谢森、郭芳等先后带领武工队,进入开广地区的麻栗坡、马关、田蓬等地,发动群众,组织地方武装开展游击战争,以策应主力部队挺进滇东南地区;由负责后勤工作的全明等组成留守处,在中越边境负责伤病员治疗及后勤支援工作。

(三)入滇参与建立滇东、滇东南中心根据地和解放云南

1948年10月中旬,入滇斗争各项准备工作就绪后,各部队即按部署实施行动计划。10月16日,中共桂滇边工委前委书记庄田等率领的1000余人,以云南人民讨蒋自救军第一纵队的番号,从越南河阳出发向云南盘江两岸挺进。在靖镇区和滇东南地区人民武装的策应下,部队利用暗夜突破桂滇边境国民党军队的封锁线,从麻栗坡攀枝花地区进入国境。10月20日,部队推进至滇东南地区的砚山、广

南两县交界处。为了吸引敌人以便让主力顺利渡过南盘江，前委决定留下自救军独立大队在砚山、广南地区发动群众，开展游击活动。此时，国民党在云南境内有正规军第二十六军13,000余人，4个地方保安团共1800余人，分别驻扎于昆明、文山、蒙自、思普等地区。为阻止前委率部推进，敌人随即调整兵力部署：驻文山、思普地区的保安团队，向盘江北岸的人民武装发动"清剿"，第二十六军第四一八、第五七八团和保安第一团集结于滇东南，执行机动作战任务。10月底，当前委率主力快速推向盘江时，敌第五七八团第三营急忙由富宁调到盘江南岸的格勒渡口设防，阻止我主力渡江；敌第五七八团第一、第二营由西畴、砚山等地出发，向我主力部队追击，妄图将我主力消灭在盘江南岸。为摆脱敌人的追击，争取时间渡江，前委决定向据守格勒渡口之敌发起攻击。因战斗失误，渡江受阻，追击之敌将至，前委即命令部队迅速转移，并决定分散于盘江南岸地区，以发动群众，寻机歼敌，创造渡江条件。不久，庄田、朱家壁、黄景文率主力一部折返滇东南开广地区，与留在该地的独立大队会合，积极开展游击活动，发展壮大武装队伍。11月6日，敌保一团第三营及地方反动武装600余人，企图围歼独立大队于珠琳一带。9日，独立大队在孙太甲的指挥下，与张鸿谋武工队密切配合，采取诱敌深入、集中优势兵力速战速决的歼灭战战术，在广南县西部的拉沟塘峡谷设伏，一举歼灭敌保一团第三营和一个地方保安队共300余人，缴获轻重机枪4挺、步枪200多支、手榴弹400余枚、电台1部，沉重地打击了敌人的气焰。

为策应前委行动，滇东南指挥部于1948年11月上旬，率领第一大队，从中越边境清水河进入云南，沿边境线向西出击。11月17日，在马关武工队、民兵的配合下，部队一举拔除了马关瓦渣据点，歼敌100余人，予敌很大震动。11月19日夜，岳世华根据指挥部的决定，乘马关县城守敌军心不稳、设防空虚，率由林三、黄健生、沈德、廖文达、陈蔡等10人组成的武工队，在统战对象马关县参议长刘弼卿的掩护下，潜入县城，捕获马关县代县长欧阳河图，一枪未发就解除了该县城防大队的武装，俘城防大队长及以下100余人，缴获机枪2挺、步枪80余支，解放了马关县城。拂晓，指挥部率部队浩浩荡荡地开进马关城，群众夹道欢迎。马关城的解放，鼓舞了滇东南人民的斗志和我军的士气，打击牵制了敌人。

马关县城解放后，第一大队向马关、文山交界的古木地区挺进，直逼国民党在滇东南的指挥中心——文山。麻栗坡、西畴两县的国民党政府官员及城防队害怕被歼，连夜弃城向昆明方向逃跑。12月上旬，前委书记庄田率立功大队和第七支队一部南下西畴，途中获悉国民党麻栗坡少将督办谢崇奇带着1个连和1个巡缉中队200余人，从麻栗坡经砚山蚌蛾逃往昆明，遂派独立大队埋伏于离兔董乡三四里的山路两侧，准备打他个措手不及；立功大队和第七支队则集结于兔董六召附近，防止敌人从左侧逃跑。当谢崇奇率部进入伏击圈后，独立大队即向敌猛烈开火，经一小时战斗，毙谢崇奇及以下100余人，俘敌50余人，缴获六〇炮1门、轻机枪3挺、长短枪50余支。与此同时，各地武工队乘敌空虚，攻占了麻栗坡县城。12月6月，西畴县地方人民武装护乡大队也攻占了西畴县城。此时，滇东南指挥部第一大队在边境丛林休整。桂西靖镇工委书记梁家奉命率桂滇边部队第二支队一个大队200余人，从靖镇区到达边境丛林，与先期到该地的一个中队100余人会合，编为滇东南指挥部第二大队。两个大队共600余人。

1948年12月中旬，敌第二十六军第五七八团3个营集结于西畴附近，企图向利用战斗空隙进行休整的前委所率队伍实行分进合击。前委决定采取诱敌深入的方针，由朱家壁率第七支队一部佯作向中越边境转移，以吸引敌人分兵突进；由庄田率领立功大队、独立大队、第七支队一部于西畴县以南的芹菜塘山地设伏。12月14日中午，敌第五七八团第三营500余人进入我军预伏地域。在庄田的直接指挥下，参战部队勇猛投入战斗，利用有利地形协同作战，经过两个多小时的激烈战斗和政治攻势，敌伤亡惨重，全线崩溃，我军仅以4人伤亡的代价，取得歼敌营长及以下300余人的重大胜利，还缴获八二炮2门、六○炮4门、重机枪2挺、轻机枪10挺、步枪300余支及大批弹药和骡马。此役对打开滇东南的局面和前委率部顺利北渡盘江起了重要作用。

前委率部在开广地区连续作战并取得多次重大胜利的同时，滇东南指挥部也积极主动向敌人发起进攻，取得了一系列胜利。12月27日，滇东南指挥部沿边境一线分路出击。一路进攻田蓬。12月30日，田蓬守敌投降，俘敌近百，缴重机枪1挺、轻机枪3挺、步枪60余支。一路进攻董干。1949年1月，我军进抵董干，守敌闻讯逃跑。尔后，两路部队会合进攻麻栗坡，第二次解放了该县县城。我军乘胜挺进马关，在护乡第一团的配合下，又克瓦渣。4日拂晓，强攻马关，用炸药将坚固的城门攻破，击毙国民党县长及以下10余人，俘城防常备队长及以下100余人，缴获轻机枪1挺、步枪100余支，马关县城第二次被我部解放。至此，在前委所率主力部队与滇东南指挥部所率部队及各县护乡团、民兵的密切配合下，我军打开了滇东南地区的新局面。

我两支部队相互策应的行动，予敌以重大打击，迫使敌正规军全线溃退，撤离滇东南地区。这时，广南县守敌陷入孤立境地，军心更加不稳。鉴于广南县位于盘江南岸，是联结盘江南北的交通枢纽,前委决定乘胜进攻广南县城,为渡过盘江,挺进罗平,建立中心根据地扫清障碍。在经过详细侦察和周密部署之后,独立大队、立功大队、第七支队各部及几个县的游击大队,于1948年12月30日拂晓分别向广南县城之敌发动进攻,经2小时的战斗,歼国民党广南县县长及以下200多人,缴获长短枪100多支。我军无一伤亡。战斗结束后,前委决定由朱家璧、黄景文率领立功大队第一连到邱北地区,打通弥泸西部与盘江西岸通道,把两岸游击根据地连成一片;由庄田、郑敦率领立功大队第二、第三连渡盘江东上,到罗平建立中心根据地;独立大队与唐才猷等率领的部队一起在滇东南坚持斗争,扩大人民武装队伍,巩固游击根据地。按照这一部署,庄田等经过周密调查、反复研究后,率队从猫街渡口顺利渡过盘江,于1949年1月28日到达罗盘地区,与该区人民武装第二支队会合。

1949年1月1日,毛泽东发表了新年献词,向全国发出"将革命进行到底"的号召,要求人民解放军向长江以南进军,解放全中国。中共中央指示南方各地党组织"在现有基础上求不断发展与歼敌,迎接解放大军南下"。中共中央军委和中国人民解放军总部发布命令,正式宣告成立中国人民解放军滇桂黔边纵队。庄田任司令员,周楠任政委,朱家璧任副司令员,郑敦任副政委,黄景文负责参谋长工作，杨德华任政治部主任。下辖各支队由原桂滇边部队、云南人民讨蒋自救军第一纵队、广西左江指挥部、桂西人民解放军司令部和云南开广地区、弥泸区、罗盘区的游击部队编成。其中，滇东南指挥部第一、第二大队合编为纵队第一团，团长是黄建涵，政委是梁家；第七支队改编为第七团，团长为孙太甲，政委为陆琼辉。

中国人民解放军滇桂黔边纵队成立后，加强了部队的建设，全体指战员的革命信心和决心进一步增强。在各部队主动出击、大量消灭敌人有生力量的同时，滇东南指挥部所属各团队也抓住战机，奋力作战。1949年2月，唐才猷、饶华率边纵第一团、第七团和护乡第七团，分别活动于马关地区，然后推进至西畴、广南地区。2月中旬，我部出其不意地向西畴县敌据点大吉发起进攻，俘国民党文山八县联防司令宋伯蛟及以下200多人，缴获轻机枪1挺、步枪100多支，解放了西畴县全境。尔后进攻广南，但遭盘踞广南城周围的广西土匪钟日山部及广南反动武装王佩伦部的顽强抵抗，遂撤出战斗。3月18日，部队在马街一带伏击跟踪我军的钟日山部，毙伤其副旅长及以下200余人，俘敌50余人，缴获轻机枪2挺、长短枪100余支，然后乘胜回攻广南，再次将该县城收复。边纵第七团和西畴、马关两县护乡团及民兵武装，也相继向西畴、砚山、马关等县城发起进攻，毙俘国民党马关、砚山两县县长，争取西畴政警队100余人起义，缴获轻机枪3挺、步枪100余支。西畴、砚山、马关三县县城被我部解放。与此同时，上述各县相继建立了人民政权。滇东南游击根据地得到发展和巩固。

1949年3月间，组建于1947年3月的粤桂边区人民解放军新编第一团（即新一团），在团长金耀烈、政委李晓农的率领下，于1948年春奉命从遂溪西进十万大山开展武装斗争。1948年底至1949年春入越整训后，奉命回国，抵达滇东南，与中国人民解放军滇桂黔边纵队第一团合编。团长是金耀烈，政委是黄建涵，副团长是陈炳崧，副政委是李晓农，政治处主任是李恒生。全团增至近千人，成为边纵执行机动作战的主力团队之一。为适应形势发展的需要，边纵第一、第七团于4月间进行整训，正式组建边纵主力第一支队，下辖第一、第七两个团，共1700余人。支队司令员兼政委是黄景文，政治部主任是梁家，参谋长是林杰。第一团团长是金耀烈，政委是黄建涵，副团长是赵福，副政委是李晓农，政治处主任是李恒生。第七团团长是孙太甲，政委由梁家兼任，副政委兼政治处主任是牛琨，副团长是陈炳崧。

在滇东南根据地的建立过程中，边工委从入滇作战主力部队中抽调的一批干部（其中，多是南路新、老一团的干部）发挥了重要作用。他们吸取靖镇区斗争的经验教训，从云南当地的实际出发，紧紧依靠广大人民群众，注意政策和策略，尤其比较认真执行党的统一战线政策，深入少数民族地区开展工作，争取一切反蒋的社会力量，促使统治阶级内部分化瓦解，发展壮大人民的力量。通过斗争实践，这批干部同滇东南人民建立了密切的关系，成为该区斗争的重要力量。其中，在滇东南根据地建设初期担任过滇东南工委、指挥部领导职务的有唐才猷、饶华、林杰等；担任过县委、县工委书记或团长、政委的有黄建涵（后调任边纵第十支队司令员）、梁家、金耀烈、李晓农、李鸿基、张鸿谋、谢森、唐森、李池、郭芳、陈熙古、李耀东、梁涛明、郑钧等；担任过县长、副县长的有周钟卓、黄海（刘仲曼）、李兴、梁展、安朗等。该区8个县，其中，马关、砚山、富宁、麻栗坡和文山县的主要领导均由上述同志担任，西畴、邱北两县也由他们参与领导。此外，南路老一团的李炳发、王奎、李华明等奉命到黔南地区参加扩展该区的武装斗争，分别任团长、政委、副团长等职。

1949年5月上旬，中共桂滇边工委根据华南分局的指示，决定第一支队第七团由黄景文、梁家率领，留在滇东南地区坚持斗争，并进行政治整训；边纵第一支队第一团和滇东南指挥部所属第八团掩护工委书记周楠率边工委机关，分两路北渡盘江，到罗平与前委会合。途中，第一支队第一团为边工委领导机关渡江扫清障碍，首先攻占了国民党的重要据点高良，接着同第八团等部在飞土等地击退了阻止我部前进之敌，掩护桂滇边工委机关胜利渡过盘江，到达罗平根据地与前委会师。此时，集结在罗平根据地的有第一支队、第二支队、罗盘支队、滇东南指挥部所属第八团等，共8000余人。边工委与边工委前委会合后，唐才猷于6月奉华南分局指示返回广东南路，任粤桂边纵队副司令员。

7月15日至8月21日，根据中共中央指示，桂滇边工委、云南省工委在砚山阿猛召开合并扩大会议，宣布成立中共滇桂黔边区委，由林李明任书记，周楠、郑伯克任副书记。滇桂黔边纵队仍由庄田任司令员，林李明任政治委员，朱家壁任副司令员，郑伯克、郑敦任副政治委员，黄景文任参谋长，张子斋任政治部主任。在此期间，中国人民解放军滇桂黔边纵队进行了整编。纵队下辖12个大队、2个独立团，共3万余人。其中，第一支队是纵队主力部队，林杰任司令员，梁家任政委，杨守笃、孙太甲任副司令员，李鸿基任参谋长，李晓农任政治部主任。下辖由原边纵主力第一团改编成的第十五团（团长为陈炳崧，政委为李恒生）及第十六团、第十七团；第四支队由滇东南指挥部改成，是在滇东南开广地区各县护乡团的基础上发展壮大起来的主力部队，共5000余人。组建时从原第一团抽调了61名营长及以上干部以加强领导，廖华任支队长，饶华任政委,张鸿谋任参谋长,李文亮任政治部主任。同时,滇东南工委改建为滇东南地委,饶华为书记,成员有廖华、庞自、李文亮、张鸿谋、唐森、宋启华、陆琼辉等;成立滇东南行政专员公署,宋启华任专员。

7月间,部队整编刚结束,敌第二十六军以3个团的兵力,联合保安团和地霸武装,进犯滇东南地区,先后攻陷邱北、马关、麻栗坡、砚山、广南等县城。同时,以梁中介为首的国民党广西特务武装"东南亚民主党教导总队",勾结地霸卢桂才,进占富宁县城并扬言要打通桂西走廊。根据上述敌情,第一支队奉命率第十五、第十六团渡盘江北上,途中首先歼灭占据盘江南岸五洛河(高梁)地区的地霸武装300余人。障碍清除后,部队渡江北上。第十五团拔除了曲靖与罗平接合部的重要据点潦浒石,毙伤国民党镇长及以下50余人。在进抵罗平与地方部队会合以后,第一支队又率第十五团等回师滇东南。与此同时,廖华率第四支队一部在文山天生桥击退敌一个营,毙伤敌40余人,并在弯刀寨、麻栗坡、平寨等地袭扰敌人。敌军在交通联络被截断、弹药物资补充困难的情况下,不得不缩回开远与平远街老巢。

1949年10月初,国民党妄图将云南作为其最后挣扎的阵地,对滇桂黔边区进行更大规模的"扫荡"。区党委和纵队首长向边区军民发出战斗号令:坚决粉碎敌人的进攻,配合野战大军解放华南和西南的作战，主动寻找有利战机，集中优势兵力歼灭敌人。按照区党委和边纵司令部的部署，边纵第一、第四支队在滇东南奋勇作战，连续取得胜利。

1949年10月1日，国民党第二十六军第一六一师两个团与地方反动武装共3000余人，深入我滇东南根据地进行"围剿"。我军第一、第四支队与地方游击队共4000人，在庄田、林李明等的指挥下，决定主动放弃一些已经解放的县城和圩镇，诱敌深入，待敌分散后，即集中全力歼灭其一路或一部。10月2日，我主力主动撤出砚山县城。敌第一六一师进占砚山县城后，即分兵向我部进行围攻。纵队领导庄田、林李明乘敌分兵之时，命令第一、第四支队各一部，向该师发动突然袭击，歼其一部；敌师部撤出平远街时，我第一、第四支队沿路伏击，又歼其一部，然后进占平远街。10月3日，国民党军统特务梁中介率其"东南亚民主党教导总队"800余人，在富宁地区骚扰，途中被我第四支队与广南护乡团伏击，歼其一部。10月8日，我第一支队第十五、第十六团在林杰等的指挥下，向驻守珠琳镇的地方反动武装车骑辐部发动攻击，全歼守敌500余人。10月18日，第一支队与第四支队和广南护乡团会合后，以突然动作向"东南亚民主党教导总队"发起进攻，毙敌150余人，俘109人。特务头子梁中介率残部逃往广南，与地方封建反动武装头子钟日山会合，逃往广西百色。

这时，国民党军第一六一师孤立无援，被迫撤离开广地区。

1949年11月，为迎接野战军入滇，配合追歼残敌，解放云南，边纵司令员庄田、政委林李明率第一支队及其所属第十五、第十六团，从滇东南向广西百色挺进，与第四野战军第三十八军第一五一师会师。根据边纵司令部的部署，滇东南地委、行署及第四支队一面进行反"扫荡"，一面迅速开展迎接野战军入滇作战的各项工作。以地委副书记庞自、第四支队政治部主任李文亮为正副团长的迎军工作团，率领一大批干部深入各县、区、乡、寨，组织支前队伍，动员群众筹集大批粮草和其他物资。其时，云南形势急剧变化。12月9日，国民党云南省主席卢汉宣布起义。卢汉通电起义后，蒋介石命令先期逃来云南的国民党陆军总部参谋长汤尧，指挥李弥的第八军、余程万的第二十六军，乘我野战军尚未入滇之机进犯昆明，破坏云南解放。滇桂黔边区党委和纵队司令部根据中央军委的命令和第二野战军刘少奇、邓小平首长的指示，决定：①云南各地游击队积极开展活动，阻歼残敌，防止敌人向国境外逃；②所属部队协同卢汉起义部队，同昆明市工人、农民、学生一起，展开昆明保卫战。在我边纵部队和起义部队的打击下，敌进攻昆明的企图未遂。在此紧急时刻，我第二野战军第十七军第四十九师奉命日夜兼程迅速由黔入滇，歼灭国民党军第十九兵团残部及第八军第三师和宪兵团等部共

4000余人，使进攻昆明之敌腹背受击，遂仓皇南逃开远、建水、蒙自、个旧等地，企图沿滇越铁路逃往国外，或由蒙自机场空逃台湾。蒋介石下令第八军扩编为第八兵团，下辖第八、第九军，由汤尧兼兵团司令，坐镇滇南指挥。针对汤尧集团的作战企图，第二野战军第四兵团奉命于12月11日提早入滇，策应中国人民解放军滇桂黔边纵队和起义部队解放云南。25日，中央军委决定驻百色的第四野战军第三十八军归第四兵团指挥，参加滇南战役。27日，作为左路军的第三十八军第一一四、第一五一师，在纵队第一支队的配合下，奉命从百色出发，沿滇越边境以日行百里以上的速度向滇南地区挺进。1950年1月初，第四兵团先头部队第十三军由南宁经百色进入云南，并在边纵第四支队的配合下向蒙自疾进，迅速赶到汤尧集团的前面。边纵第一支队第十五、第十六团与第四野战军第三十八军第一五一师自百色出发后，经富宁、文山、马关直插中越边境，于1月11日占领南溪和滇南重镇河口、金平，截断残敌逃窜越南的路线。1月15日，第一支队第十五团配合第一五一师一个营，在追击途中，于蛮耗渡口摧毁敌人的浮桥，歼灭敌第八军军部800余人，俘国民党滇南八县"剿共"参谋长、金平县县长及以下60余人，16日攻占屏边。至此，蒙自以南的交通线和边防重关口完全被我军控制，中越边境处在我军的严密封锁之下。15日，第二野战军第十三军第三十七师在边纵第四支队的配合下，迅速迫近蒙自，包围蒙自机场。16日，第三十七师和边纵第四支队攻占蒙自机场，截住正准备逃往台湾的国民党第二十六军。我第十三军主力和边纵第一、第四支队乘胜追击，至17日相继攻占蒙自、个旧，歼灭国民党第二十六军大部，与第四野战军第三十八军会师于蒙自。

我野战军和边纵部队在河口、蒙自等地的突然出现，有效地堵死了汤尧集团的陆、空逃路。汤尧慌忙率部分路向建水方向溃逃。第四兵团司令员陈赓命令中路和第十三军前卫部队和边纵第四支队除各留一部控制蒙自机场外，以第十三军主力和边纵一部沿建水、石屏急进元江，抢占铁索桥，将汤尧残部歼灭于元江以东地区；命令右路第四野战军第三十八军一部及边纵第一支队一部等控制河口、金平一线；第三十八军另一部则沿元江西进，迂回汤尧集团左侧；命令右路之边纵主力一部和卢汉起义部队之一部，经峨山向墨江前进，堵击西逃之汤尧集团残部。1月18日、19日，第四野战军第三十八军及边纵第一支队等部，将从蒙自南逃的敌第二十六军残部歼灭于元江流域的蛮板、宜得地区。20日，第二野战军第十三军前卫部队及边纵第四支队一部，攻占建水、石屏，迫使国民党第八军副军长田仲达率其前卫部队投降。元江县遂告解放。22日拂晓，我第四兵团第十三军前卫部队在元江城东营盘山附近，追上敌第八军后卫部队，将其截成两段。汤尧见过江无望，即率其残部沿元江东岸南逃，于元江城东一带被我野战军和边纵部队追击包围。25日，汤尧第八兵团团部、第八军残部被全歼，俘汤尧及兵团副司令兼第八军军长曹天戈及以下6000余人。逃过元江的敌第一七〇师等残部，也于2月4日、17日相继被歼。至此，中国人民解放军滇桂黔边纵队胜利完成了配合野战军解放云南的任务。奉命入滇参加解放战争的南路老一团、新一团，为滇桂黔边区的建立和巩固、为云南全省的解放做出了积极的贡献。

第一团自入滇以来，经历了一年多的斗争，在全国大好形势的推动和鼓舞下，在上级党委的正确领导下，在云南省工委原来工作的基础上，与云南部队和人民并肩战斗，在实际斗争中吸取了靖镇区斗争的经验教训，正确执行党的政策，特别是党的少数民族政策和统一战线政策，团结一切可以团结的力量。全体指战员在部队或参加地方工作，以及反"围剿"的艰苦斗争中，不怕流血牺牲，英勇作战，积极工作，得到地方党和人民群众的真诚支持与爱护，队伍不断发展壮大，较顺利地完成了党赋予它的参加建立滇桂黔边区、配合野战军解放边区的历史任务。

1950年3月，遵照中央的决定，入滇参加武装斗争的老一团、新一团指战员，除留数十人（其中，地、师级干部9人，县团级干部21人，其余为区营级以下干部）在云南工作外，其余指战员由张鸿谋、陈熙古、李恒生等率领，返回两广参加建设，中共云南省委召开了隆重的欢送大会。

南路老一团是中国共产党领导的南路人民抗日子弟兵，西进开始时还是一支装备较为简陋、不足千人的游击队伍。它西进的斗争历程说明：部队从雷州半岛突围西进十万大山坚持斗争，撤入越南整训，由返回南路参加解放战争改向滇桂黔方向发展及进入边区滇东、滇东南中心地区开展斗争，都是区党委、香港分局根据中央的指示精神和当时的形势变化而做出的正确决策。党对部队的领导是第一团生存、发展和取得胜利的根本保证。正是党的领导使这支部队即使在斗争中出现过一些偏差，也仍然可以依靠党的领导和党组织的力量，及时给予纠正，继续沿着正确的方向前进。第一团的西进，既是在当时当地的困难条件又是在全国形势迅猛发展的情况下进行的，它的斗争自始至终都得到了地方党、兄弟部队和广大群众尤其是边区少数民族群众的大力支持和配合，这是第一团生存、发展的基本条件。第一团干部战士具有较强的组织观念，服从党的指挥，执行上级指示，机动灵活作战，他们上下团结一致，艰苦奋战，从实际出发开展工作，这是第一团一贯重视思想政治教育和入越整训的结果，也是它拖不垮、打不散、不断取得胜利的重要因素。

（摘自中共湛江市委党史研究室编《铁旅征程》，1999年版，有改动）

附录四：唐才猷年表

1917年12月25日，生于广东省遂溪县沈塘区客路圩（现属城月镇）吴村乡。

1924年1月（7岁），入乡村私塾学习。

1930年6月（13岁），入遂溪县第二小学（高小）学习。

1933年6月（16岁），遂溪第二小学毕业，考入省立第十中学（雷州师范学校）。后听人说到广州上学比较好，便私自借钱到广州，考入广东省立第一中学（广雅中学）。在广州受到吴林老师和左翼文学及电影的影响，初步认识到社会的黑暗，民族意识觉醒。

1933年11月，因父亲不同意在广州上学，也不寄学费，只好转学回雷州，入广东省立第十中学上初中。在学校期间，经常与一批进步学生来往，学习、座谈如何救国救民，探讨真理。通过出壁报，办期刊，抒发情怀。这时不但有了初步的阶级觉悟，还知道了中国共产党和中国红军。

1935年8月（18岁），中国共产党发表《为抗日救国告全体同胞书》，北平学生带头掀起"一二·九"爱国运动，对其思想产生了很大的影响。

1936年6月（19岁），初中毕业后，匆匆回家"拿"了妻子、二嫂的黄金首饰，到赤坎变卖作为找党的经费，到东海找到黄明德，与黄其江、邓麟彰、黄彪、谢兆秀等同学前往广州、香港、北海寻找中国共产党。

1936年11月，辗转寻找共产党未果，经费花光回到吴村，以再觅时机。被父亲关在家中炮楼不许外出，他便下决心在炮楼自学革命理论知识。

1937年3月（20岁），黄其江从广州来信说找到共产党，唐才猷开始在党的指导下工作。在家中炮楼团结组织了10余名青年农民办学习班，学习进步通俗小册子，并向他们讲农民翻身解放及抗日、干革命的道理，这些青年日后成为吴村抗日第一批骨干。

1937年9月，继续到雷州师范学校上高中，在学校与同学合资成立雷州图书供应社，推销进步书刊，售卖《新华日报》，并成立抗日读书会、抗日宣传队，投身抗日救亡运动。

1938年6月（21岁），黄其江、陈其辉受中共广东省委组织部派遣，回雷州家乡重建当地党组织。唐才猷在雷州师范学校加入中国共产党，实现了其多年的愿望。

1938年8月，听从组织安排，离开学校到遂溪县参与组织青抗会。

1938年9月，参加青抗会组织的抗日宣传队，巡回城乡演出40多天，在全县迅速掀起了抗日救亡的高潮。由于女同学少，他还男扮女装上台演抗日节目。

1938年11月，遂溪青抗会工作重点从城市转向农村，任青抗会农村工作队队长、支部书记。带队到遂溪西区与农民同吃、同住、同劳动，取得经验后，开始化整为零，队员分散到各区各村办夜校。

1939年1月（22岁），唐才猷、陈成裕到遂溪中区洋青圩竹山村发动群众办夜校，召集积极农民，在竹山村秘密发展了20多名共产党员。

1939年6月，竹山村中共党支部成立，唐才猷是首任支部书记。由于工作努力，他被组织提拔为遂溪西区区委书记。

1939年9月，青抗会在洋青西田村举行遂溪抗日自卫武装动员大会，参加群众有5000多人。唐才猷、殷英、支仁山由县工委派来秘密指导大会。

1939年10月，中共遂溪中心县委在洋青西田村祠堂成立，省委巡视员温焯华主持会议，黄其江为中心县委书记，唐才猷任组织部部长。

1940年8月（23岁），中共遂溪县委在吴村唐才猷家炮楼举办党训班，对各区委、支部负责人和党员骨干进行轮训，参加的有支仁山、唐才猷、陈华、王保华、支秋玲、王素如等10名区委一级干部，党训班为期10天。

1941年3月（24岁），因在遂溪的工作暴露，被调往中共合浦中心县委任组织部部长。时合浦国民党反动派猖狂，我党组织内正进行撤退掩护，党内思想很混乱。唐才猷根据遂溪县的经验，将暴露的党员撤退到广大农村，并狠抓严格审查和克服悲观失望情绪工作，组织很快得到稳定。在合浦工作两年间，未有一个党员被捕，各个支部也未受到破坏，阶级异己分子亦被清除出去，瓦解的支部重新恢复组织与工作。

1943年2月（26岁），日寇侵占雷州半岛，特委调唐才猷回遂溪南区、西北区开展武装斗争，任县级特派员，组织联防队、秘密游击小组，开展锄奸除害活动。

1944年8月（27岁），根据南方局指示，在南路特委领导下，与支仁山组织领导了遂溪县老马起义，公开共产党独立自主的武装，任雷州人民抗日游击大队大队长。

1945年1月（28岁），任广东南路人民抗日解放军第一支队队长。带领第一支队第二、第三大队北上廉江，到化北中垌与黄景文领导的第二支队会合，参加特委领导的吴、化、廉、梅抗日武装起义和国民党将领张炎起义。

1945年2月，根据上级指示，将第一支队第二、第三大队交给李筱峰参谋长（同第二支队）转到合浦开辟根据地，唐才猷回到遂溪继续组织武装，不久在界炮山家祠堂组织了一个团,并任团长(陈恩任政委,黄其江任政治部主任),重点在遂廉边境活动,开辟以新塘为中心的游击区。

1945年5月,广东南路人民抗日解放军在遂溪山家整编,黄景文任主力第一团(老一团)团长,唐才猷任政委。第一团成立后向杨柑、下担等地的敌人发动进攻,保卫遂、廉抗日民主政权,控制了遂溪大部分地区,建立了有20万人口的根据地。

1945年10月,指挥老一团第二、第三营和突击队,夜袭遂溪风朗飞机场,消灭敌一个警卫连,夺取武器仓库,袭击成功。调动敌人从廉江回师遂溪,率第二批西进部队突出重围。

1945年11月,第一团在廉江、博白边境马子嶂会合后,整编、动员西进。粉碎敌人的围追堵截,率领部队到达十万大山东部钦县贵台圩,完成上级交代的战略转移任务(唐才猷受到特委表扬)。开启反"围剿"斗争,为开辟十万大山根据地打下了基础。

1946年3月(29岁),经请示特委、区党委并上报南方局周恩来批准,得到越共中央的同意和支持,率领老一团秘密进入越南边境谅山,后进驻越南高平省解放区整训;帮助越军开办游击训练班;派一部分部队到越南中部义安省,以军事训练为主,参加越南卫国团;开展华侨工作,扩大华侨武装，协助成立越南国家军队独立中团，直接参加越南的抗法斗争。

1947年4月（30岁），区党委任命庄田为粤桂边区人民解放军司令员，唐才猷为副司令员。此时，唐才猷在越南高平主办党政军干部训练班，任训练班班主任兼教员。

1947年11月，第一团从中越边境平孟口岸回到广西靖镇地区开展游击战争，连战连捷。部队在北斗村整编，成立桂滇边人民解放军，发展壮大成2个支队，唐才猷任中共桂滇边工委委员、桂西指挥部政委。

1948年3月（31岁），中共桂滇边工委在靖西北斗村召开扩大会议，做出"大股插出，小股坚持"的决策。唐才猷随主力撤至越南河阳官坝整训，为开辟滇桂黔边区根据地做准备。

1948年8月，由朱家壁司令员、张子斋政委率领的云南人民讨蒋自救军第一纵队从云南广南县南下桂西靖镇，后辗转至越南河阳，与桂滇边人民解放军主力会师。中共桂滇边工委在河阳召开第二次扩大会议，总结回国8个月以来的斗争经验教训、学习形式和任务。

1948年10月，香港分局电示中共桂滇边工委主力部队开到滇桂黔中心地区开展游击战争。中共桂滇边工委决定组建以庄田为书记的前委和以唐才猷为书记的滇东南工委，两个指挥单位大致以南盘江为界，两地区独立活动。唐才献任滇东南指挥部司令员兼政委。

1948年11月，率领桂滇边人民解放军一个大队由中越边境清水河进入云南省麻栗坡，策应滇桂黔边工委前委进入滇东地区建立根据地。滇东南指挥部连续解放马关、麻栗坡、西畴等地。

1949年6月（32岁），率中国人民解放军滇桂黔边纵队第七团、第八团护送中共桂滇边工委机关从麻栗坡到达罗平。接华南分局命令，任中国人民解放军粤桂边纵队副司令员。率领一个警卫连离开云南，绕道越南保下、支冷交通线，回南路十万大山地区。

1949年7月，返回十万大山根据地后，率领粤桂边纵队第三支队司令部及第二十六、第二十七团（越南南龙中团），由防城东进钦县，与粤桂边纵队第三支队第二十一团会合。

1949年8月，带领第三支队与西进的粤桂边纵队第六支队在钦县小董胜利会师，完成打通粤桂边区走廊战略任务。下旬，在钦县小董八甲村主持了前委第二次扩大会议。会议决定进一步扫清小董、板城一带的反动据点，扩展以小董为中心的根据地，切断广东与广西之敌的联系，做好阻击逃敌、迎接南下大军的准备。

1949年9月，实现打通十万大山与六万大山走廊任务后，随粤桂边纵队主力第六支队第十六、第十七团回师廉江，到达粤桂边纵队司令部。

1949年10月，指挥粤桂边纵第六支队第十六、第十七、第十八团和第一支队第一团及第二支队第五团5个团，攻入西营（霞山），接受了国民党第六十二军直属部队及邱德明警卫营起义部队900余人，随后胜利撤出。

1949年11月，粤桂边纵第一、第六、第七支队在化州与南下第二野战军第四兵团第十三军会师，唐才猷参加了隆重的会师大会。下旬，国民党白崇禧部由桂中向粤桂边推进，妄图经雷州半岛逃往海南岛。唐才猷率领粤桂边纵队第一、第六、第七支队和地方武装配合作战，在遂（溪）安（铺）公路和湛（江）廉（江）公路阻击南逃和从湛江北援之敌。

1949年12月，唐才猷率领临时配属野战军指挥的粤桂边纵主力第七支队从廉江西进。12月3日，进抵合浦县公馆，与纵队第四支队会师，合浦、北海相继解放。任钦廉军政委员会主任，负责整个钦廉地区的接管工作。

1950年1月（33岁），粤桂边纵队改编为广东军区第八（南路）军区，唐才猷任第一副司令员，主要负责剿匪及支前解放海南岛的工作。

1950年5月，应遂溪吴村老家乡亲之邀，返回家乡探望父母乡亲三日。受华南分局命令，到中越边境与越南海宁省委搞联络，负责运送越共武器、弹药的工作。

1950年10月，广东军区钦廉军分区在北海成立，唐才猷任钦廉军分区副司令员，做组建分区的各项基础工作。

1951年3月（34岁），钦廉军分区划归广西军区钦州军分区，唐才猷任副司令员。

1952年（35岁），被选为广西省人民代表大会代表。

1952年3—9月，参加中南军区赴朝鲜参观学习团，在中国人民志愿军第十二军第三十五师指挥所实习（李德生任师长）。

1954年2月（37岁），任广西军区钦州军分区司令员。

1955年2月（38岁），在南京中国人民解放军军事学院高级速成系三期二班学习（学号第1055号）。

1955年9月28日，由国防部部长彭德怀授衔上校（国卫军字第064号命令）。

1957年6月（40岁），于中国人民解放军军事学院高级速成系毕业，成绩优秀，获院长兼政治委员刘伯承、副院长陈伯钧、副政治委员兼政治部主任钟期光颁发的"给奖证书"。6月18日，荣获中华人民共和国二级独立自由勋章（04384第40号）和中华人民共和国二级解放勋章（07465第40号）。

1957年7月，中国人民解放军高等军事学院在北京成立，首任院长为刘伯承。唐才猷从广西钦州军分区调往高等军事学院工作。

1958年3月、7月（41岁），分别在《八一杂志》第131期、第135期发表军事学术论文《采取什么样的作战形式》和《消灭当面之敌与向纵深发展》。

1960年4月（43岁），晋升大校军衔（国衔晋字第050号命令）。

1960年5月，周恩来亲自下达中华人民共和国国务院任命书（第4577号），任命唐才猷为中国人民解放军高等军事学院战略教研室教员。

1962年6月（45岁），大病初愈后回湛江疗养，看望母亲、兄妹及老战友。第五十五军军长陈明仁在湛江宴请唐才猷。

1965年5月（48岁），经中央军委批准定为行政九级干部（干级字第076号）。

1966年5月（49岁），任中国人民解放军高等军事学院四系毛泽东思想教研室副主任（四系对友军教学）。

1970年6月（53岁），由于高等军事学院撤销，调湖南省军区任副司令员。

1970年7月至1973年，任广州军区国防三线建设〇六八工程总指挥。

1978年12月（61岁），参加湖南省代表团赴广西壮族自治区成立20周年纪念活动。

1979年3月（62岁），任湖南省军区正军级顾问。

1979年8月，随湖南省军区组织参观延安、大庆等地。

1980年5月（63岁），参加湛江党史座谈会，回遂溪城月镇吴村老家看望乡亲。

1981年5月（64岁），参加（昆明）滇桂黔边纵队党史座谈会。

1981年6月，赴湛江、北海等地参加党史座谈会。

1983年3月（66岁），参加广东湛江地委党史资料征集研究领导小组召开的南路人民抗日解放军老一团西进斗争史座谈会。

1983年6月，正式离休，上北京看望杨甫、许力以、廖华、李一鸣、陈超等老战友。

1984年2月（67岁），入住广东省军区沙河干休所。

1987年1月（70岁），赴湛江、雷州开党史座谈会。

1987年3月，参加（昆明）滇桂黔边纵队党史座谈会。

1988年8月（71岁），荣获中国人民解放军独立功勋荣誉章。

1989年10月（72岁），参加（湛江）《粤桂边纵队史》审稿会议，梁广、温焯华、杨应彬、黄其江等出席。

1990年11月（73岁），参加（湛江）《中共南路党史大事记》审稿会议、中共遂溪县党史座谈会。

1994年12月（77岁），参加（湛江）《粤桂边纵队史》审稿会议，梁广、温焯华及各支队司令员、政委参加。

1997年3月（80岁），参加（湛江）党史会议。

2005年9月（88岁），荣获中国人民抗日战争胜利60周年纪念章。

2015年9月（98岁），荣获中国人民抗日战争胜利70周年纪念章。

2019年9月（102岁），荣获庆祝中华人民共和国成立70周年纪念章。

2019年10月1日，在中国人民解放军南部战区总医院辞世，享年102岁。

附录五：尹惠清简介

尹惠清，原名尹惠卿，1929年1月20日出生于缅甸摩谷一个爱国华侨家庭。父亲尹贤是华侨商人（1967年春在缅甸仰光去世）。母亲苏松友（1945年在缅甸摩谷去世，享年42岁），祖籍广东省新会县杜阮镇木朗村（现属江门市蓬江区）。尹惠清的曾祖父早年当水手下南洋，挣了钱在缅甸仰光做生意，后搬到摩谷，并把家乡的亲友接到缅甸定居。

1936—1947年，尹惠清先后在缅甸摩谷复兴小学和英缅私立补习学校学习。因太平洋战争爆发，日本占领缅甸，中途停学多次。

1948年3月，在姑姑尹坚华（中共党员）的安排下，跟随小学教员李云、兰玲（朱家璧的爱人，朱家璧曾任中国人民解放军滇桂黔边纵队副司令）经滇缅公路回到祖国，在昆明住了两个月。尹惠清的姐姐尹坚君（原名尹惠爱）被称为"摩谷之花"，是南方局周恩来亲自部署领导的缅甸华侨战时工作队队员，该工作队是以从国内疏散来到缅甸的一批革命文化人士为骨干的一支精干抗日宣传队伍。1942年4月3日，尹坚君在日寇轰炸缅甸曼德勒时牺牲，牺牲时仅18岁，被列入中共七大会前统计的中共革命烈士名册。尹惠清继承姐姐的遗志，19岁时毅然回国参加祖国的解放战争。

1948年6月，尹惠清在云南广南县参加云南人民讨蒋自救军第一支队，为政工队员。9月，随部队进入桂西，经越南保罗到河阳省官坝，与桂滇边人民解放军会师整编。当时越南秋季流行疟疾，队员水土不服，病员增多，尹惠清从政工队调到临时医院，护理伤员3个月。由于病员不断，不能久留，香港分局指示部队开到滇桂黔边区中心开展游击战争，开辟解放区，部队分两批回云南。尹惠清留在医院继续护理病员。

1948年11月，尹惠清被调往桂滇边人民解放军滇东南医院。在桂滇边纵第一支队直属机炮连任卫生队副队长，兼直属团部文化教员。参加过数次战斗，负责抢救伤员。

1949年3月，在滇南西畴县加入中国共产党，介绍人是黄胡强（连指导员）、沈鸿伟（卫生队队长）。

1949年7—9月，随滇东南指挥部警卫连护送唐才猷至粤桂边区，任粤桂边纵第六支队政治部政工队员。

1949年9—12月，任粤桂边纵队司令部文化干事。

1949年12月至1950年7月，任广东南路地委会收发员。

1950年7月至1957年8月，先后任广西钦州地委组织部干事、广西钦州地委干部科副科长、政法边防部干部科副科长。

1951年，获合浦地区抗洪抢险"抢修英模"称号。

1957年10月至1959年5月，先后任北京高等军事学院资料室保管员、中国农业科学院作物栽培研究所人事秘书、原子能利用研究室人事秘书、副科长。

1961年5月至1970年10月，先后任北京农业大学赤霉素工厂厂长、北京农业大学工会办公室负责人，协助后勤搞生活福利工作。

1970年10月至1982年12月，任湖南省交通局长沙汽车东站副站长。

1982年12月，以副处级待遇离休。

1984年，随丈夫唐才猷入住广东省军区沙河干休所。

2001年10月，在广州逝世，享年72岁。

附录六：我敬爱的父亲

唐翠波

2015年9月3日，在北京举行的纪念中国人民抗日战争暨世界反法西斯战争胜利70周年的阅兵式第一次举起了华南游击队的旗帜，抗日老兵代表坐车经过天安门广场接受国家领导人检阅。我坐在电视机旁心潮澎湃：虽然我的父亲因年迈不能见证这一庄严的场面，但作为华南游击队——南路人民抗日解放军著名将领唐才猷的女儿，我为父亲感到无比的骄傲和自豪。

2015年9月3日，北京天安门广场

（一）

父亲所在的广东南路地区，过去交通相当不便，虽然几面临海，但经济落后，消息闭塞。这里民风淳朴、强悍，在抗日战争中组织起来的游击队员多是同乡、同族，多讲黎话、白话、客家话。由于远离中央，敌后地下工作长期处于保密状态，党员不允许照相，传达上级指示只能靠心记口述。由于部队于1945年组建的电台功率小，且只能收不能发，所以每一个战士几乎都有"花名"，如"二叔"（温焯华）、"四叔"（杨甫）、"高佬黄"（黄景文）、"没牙林"（林杰）、"胡须陈"（陈兆荣）、"卢仔"（卢文）、"老牛"（黄建涵）。因为有个"高佬唐"（唐多慧），所以我父亲则叫"矮仔唐"。

在部队中，父亲深受下属爱戴，成为战士心目中十分信赖的指挥员。1945年西征前，战士们就私下议论："'矮仔唐'到哪里，我们就跟到哪里；'矮仔唐'不怕的事情，我们也不怕；'矮仔唐'能吃的苦，我们都能吃……"连炊事员老阿公尤伯都说："'矮仔唐'，你有马不骑，累死了你，我们也活不了。"几句话道出了他与战士们生死相依的情感。

老一团的战士们从参军起就没有军服，能搞到什么就穿什么，行军打仗，衣裤磨损严重，困难时找不到合适的服装，还有的男同志穿女裤，两个女同志只有三条裤子，换洗着穿，可见生活极其艰苦。西进时，每人最多不过两件单衫，在十万大山的冬天里很难抵御风寒。穿的鞋子也各式各样，有用稻草编的草鞋（其实很硬、很难穿），男同志行军穿三四天草鞋就烂，偶尔有胶鞋、皮鞋，还有光脚没鞋的。竹笠也不是每人都有，南方多雨，行军打仗只能淋着。有一次，几个游击队员夜里打仗累极了，倒在一个低洼处就睡，身上共盖一条毯子，夜里下大雨，早上醒来看到毯子漂在水上，几个人大半个身子都泡在水里。

1946年春，部队入越，胡志明领导的越南人民军按配置发给老一团每人一套军装、一顶帽子和一双凉鞋，战士们才有了稍统一的军装。一开始，个别越南军人看到老一团战士着破旧便装、穿草鞋、打赤脚，还看不起他们，因为他们班长及以上就有皮鞋穿；可训练和打仗时，老一团战士们个个勇猛机智，他们才对其刮目相看。

直到1947年底，老一团回到广西靖镇地区，边区纵队才组织了一个被服厂，一位越南华侨捐献出一台缝纫机，当地一位裁缝也拿出一台。老一团庞玉琼阿姨带领几个越南华侨做起来，当时只能做些衣裤、五角帽（仿红军）、米袋、布袜，颜色黑、灰、蓝不等。女同志定期有5分钱卫生费，男同志则没有，想抽烟只能找桑树上寄生的藤叶（这种叶没毒）。解放云南时，由于部队没有统一着装，南下野战军还以为我部队战士是俘虏，差点引起误会。

长期的敌后武装斗争，其艰难困苦，是今天的人很难想象的。我曾问父亲："战争年代您遇到的最大困难是什么？"父亲沉思了一下说："是在十万大山坚持斗争时找不到粮食，司务长找不到吃的，经常苦着脸向我诉苦。但是天无绝人之路，在最困难时，总让司务长搞到一点，又搞到一点，最后渡过难关。"父亲接着说："因此，人在最危难的时候一定要有坚定的革命信念，这样任何困难都可以克服；而有些人经不起考验，就当了逃兵。"

据老同志讲，老一团初进十万大山时，当地少数民族百姓粮食十分缺乏，一时筹不出军粮，部队已断粮多时，无奈之下，只得请示领导同意杀一匹军马充饥。这匹军马跟随部队从雷州半岛来到这里，大家都对它很有感情，舍不得杀。执行的战士含泪举枪，迟迟扣不下扳机。老一团参谋黎汉威下了狠命令，枪声响后，老马流着泪倒下……就餐时，很多同志吃不下马肉，经过动员才噙着泪吃。部队当晚就狠狠击退了尾追的敌人，缴获包括一匹军马在内的大批战利品。

母亲曾对我说："你爸爸的老战友中，老一团的战友最亲密，因为那是战争年代同生死、共患难的战友，其他时间段的同志情都不能与之相比。"母亲还说："你爸爸头脑冷静，遇事总是反复推敲，没把握的事决不会干。"的确，父亲的性格在长期的地下和游击队工作中被锤炼得机智而冷静，他遇事总是全面思考，而不只凭一腔热情。"夜袭机场"火中取栗，是他的杰作；"撤离贵台"和"血战那天"也都体现了他的谨慎和果敢。

我问父亲："在战争年代，您最辉煌、仗打得最好的是什么时候？"父亲说："是在云南滇东南指挥部任指挥员时期。"那时父亲军政领导一肩挑，带领两个大队开辟滇东南根据地，用了半年多的时间组织了9个团，打下9个县城，建立了10个县政权，部队发展至12,000余人；还从指挥部辖下组建了中国人民解放军滇桂黔边纵队主力第一支队，这一部队之后成为活跃在滇东、滇东南地区的有生力量。

我问："那您指挥的哪场战斗最难打？"父亲说："是第二次解放马关攻打县城时。由于敌县长利用县城的坚固工事拼命反抗，而我们缺乏攻坚武器，很难拿下，所以最后用炸药包炸开城墙才解决问题。"

父亲在南路革命史上是一个赫赫有名的将领，他对党忠诚，完成任务坚决，得到上级领导的信任，每遇重要转折关头，都被委以重任。从老马起义到西征十万大山，1947年，虽然他人还在越南，但已被委任为粤桂边人民解放军副司令；1949年6月，又从云南调回南路任中国人民解放军粤桂边纵队副司令员，无不透露出上级对他的信任。

然而在解放后评级时，由于形势需要，游击队干部都被评为副职，父亲从副军降到副师，但他没有任何怨言，也从来没有提起过。

我常想，是什么力量促使这一代共产党人在革命战争年代努力奋斗，不怕牺牲，在和平年代又把党的利益放在个人利益之上？他们为什么会做出这种人生选择？我最近看到父亲在给老一团战友朱日成的一封旧信中提到："那时我们初出茅庐，不会带兵打仗，只是凭着一腔革命热情。许多战友牺牲了，我们幸存的人要活到老、干到老，为党、为人民贡献一份力量。"父亲接着写道："我们是乐观主义者，因为我们的生命有两条，一条是人的生命，一条是人的政治生命。人的生命死了，人的政治生命是永存的。"我认为，这就是父亲的回答。

父亲从少年时代起就寻找真理，那时正值民族危亡时期，他一旦认定了马克思列宁主义，社会主义、共产主义理想，便矢志不渝。他们心怀家国天下，为人民谋利益，这正是他选择走这条道路的唯一原因。正是在走过了自己的人生道路和经历改革开放30多年以后，父亲的高大形象才在我脑海中逐步清晰起来。

（二）

新中国成立后，父亲于20世纪50年代后期调到北京工作，母亲在地方工作，交通不便，每日早出晚归，有时还回不来,父亲就担负起照顾子女的重任。我们在学院里上小学,吃食堂,每星期六才在家做饭。60年代初,父亲身体不好,我年龄稍长一点,他就教我做简单的家务,记得拖地、浇花、生炉子、焖米饭、炒菜等,都是父亲教的,而他做的饭菜也很好吃。

父亲出生在地主家庭,从小读书,没有参加劳动,但他对劳动人民很同情。有一次,我们家楼前有工人为过冬给各家换双层玻璃窗,当时天气已寒,父亲指着在寒风中工作的工人对我说:"你看工人多伟大,没有他们的辛勤工作,我们的冬天就不温暖,南京长江大桥也建不起来。"

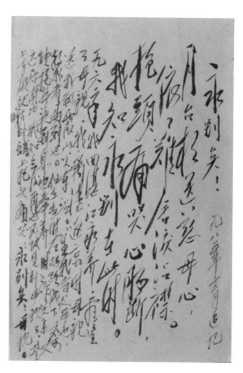

唐才猷诗集手稿

1962年6月,父亲大病初愈,回到湛江疗养,看望了离别12年的奶奶。《永别矣!母亲》这首诗是他当年心情的真实写照,其中的生离死别之情,至今读来仍令人心痛。

永别矣！母亲

月台相送慈母心，依依难舍泪沾襟。

抱头痛哭心肠断，我知永别在此时。

1962年，我回湛江疗养，看望了母亲。离湛返京时，母亲送我到霞山火车站。"生我者，父母也。""教我者，马列也。"但在当时"左"的路线下，我不可能接母亲到身边来奉养。因地居南北，我知今后不可能再见到母亲了。登上车厢后，就倒在卧铺上抱头痛哭。永别矣！母亲。

1962年6月

我奶奶1973年在遂溪老家病逝，因为土地改革时爷爷被划为地主（实已破落），父亲不能把奶奶接到北京奉养。奶奶是婢女出身，卖到爷爷家做了"小老婆"，在家中没有地位。父亲很小就同情奶奶，曾口含大虾和用裤脚卷红薯带给奶奶吃。父亲参加革命后，奶奶时常对革命同志给予照顾。父亲带队西征后，奶奶不知父亲生死，更是思念。1950年夏，父亲在百忙中只回过一次乡。直到父亲离休后，他才把这段埋藏在心里的话写出来，我们才了解到父亲情感的另一面。

"文化大革命"中，父亲所在的高等军事学院也受到浪潮的席卷。我那时小，跟着院内造反派呼口号，遭到父亲的严厉呵斥，当时很不理解。学院虽分成两派，父亲所在单位由于担负着对外军事教学的任务而没有参与"四大"，父亲以他一贯谨慎冷静、严于自律的工作生活态度，在"文革"中没有受到冲击。

父亲有文化，1965年家中已有电视机和电唱机，每次进城，他都带回一大沓唱片，有马师曾、红线女的粤剧，有轻音乐舞曲、江南丝竹、广东音乐，他最爱听马玉涛、胡松华的歌曲。父亲不爱看故事电影，只看新闻纪录片。他临摹怀素和毛主席的书法，家中常挂毛主席手书诗词和水墨竹画，他还慢慢踱步用黎语低声吟唱"雷歌"，我们一句也听不懂。

春天，父亲会从我们住地的红山口脚下采来一束野山杏、山桃花插入瓶中；秋天，又领我们去院内南山欣赏西山的红叶，无形中给予我们美的教育。我后来走上绘画的道路，多少与亲近大自然和父亲的熏陶有关。每次回想80年代父亲从经济上支持我到广州美术学院上学，我都心存感激。

虽身在北方，广东人仍爱美食，父亲有时间就带我们去吃北京烤鸭（那时全聚德烤鸭店在学院有分部），或去华侨大厦品尝粤菜，星期天还骑车带我去青龙桥小镇买牛肉。他常带我们去颐和园玩。有时星期六的傍晚，父亲还带我和弟弟到院外运河边接从农业大学晚归的妈妈。在我的记忆里，那是一段幸福的童年时光。

父亲爱运动，喜欢跳交谊舞，每天早晚都在家中打自编的太极拳。他乒乓球打得很好，60岁后打球，哥哥都不是他的对手。新中国成立初期，父亲在广西北部湾龙门港时遇过一次险，乘船过海时，船突然漏水慢慢下沉，其他人都弃船逃离，只有父亲和警卫员站在船尾桅杆旁不动，海水淹到腹部，船停止下沉，搁到一块大石头上，父亲才得救。原来父亲不动，是因为不会游泳，他表面镇静，其实是听天由命。后来他游泳学得很好，还常带我们去学院大门外的京密运河游泳。

我1970年入伍到云南当通信兵后，父亲在百忙中给我写信，让我好好锻炼，听党的话，保卫祖国。记得他给我重点讲过"个性与共性"的关系，帮助我解决了成长路上遇到的疑惑和问题，篇幅虽不多，但句句真切。

20世纪70年代初，父亲已调往湖南省军区任副司令员，他依然要我服从组织分配，不搞特殊化，坚决杜绝我不安于山沟，滋生调动单位的想法。

父亲是一个革命乐观主义者，无论在艰苦的战争年代，还是在新中国成立后的历次路线斗争中，他都坚信中国共产党和毛主席的正确领导，坚信正义一定会战胜邪恶，坚信我们党一定会克服自身的缺点，将全国人民引向光明。

他是共产主义的信仰者,也是社会主义的保卫者。

从 20 世纪 70 年代起,父亲就不止一次充满希望地对我说:"社会的发展不可限量,将来的生活会更好,你们多么幸福,可惜我看不到了……你们一定要珍惜今天来之不易的幸福生活。"

父亲的信念潜移默化地教育了我,使我能够掌握正确的思想方法。在家中,我们不可避免地把社会上看到的各种现象拿来跟父亲讨论,父亲总是给我们以正面的引导。虽然我有时不能理解,但父亲还是以他坚定的信仰和丰富的斗争经验告诉我要冷静观察。

父亲离休后,按正军级调整住房面积待遇,但他坚决不让家人在院子内盖房子,欠面积折算的金额挂在公家账上也一直未兑现。他总说:"房子够用就好。""保持晚节,不找麻烦。"

父亲就是这样一个人,谦虚谨慎,简单朴素,不攀比,对自己、对儿女要求严格,生活中从不抱怨,总是乐呵呵的,随遇而安。他为自己晚年写的座右铭是:"修心养性,心旷神怡,虚怀若谷,泰然处之。"

在干休所里,我们家的院门很简单,父亲在门旁种一棵开粉红色花的藤本植物,他很满意,常说:"我们家的门最好、最自然、最漂亮!"庭院正中还有一棵老战友送的木麻黄松,由父亲亲手栽种,30 多年过去,长得高大挺立,他称之为"唐家松"。他在自己的诗集里也常有对松树的赞美。我后来才慢慢理解父亲的话,是的,家院门在干休所里好像不气派,里面却住着全干休所最年长的寿星——近百岁的父亲,还有比这更令人欣慰的吗?

常言道"仁者寿",感谢父亲给了我们一个温馨的家,感谢父亲一路陪伴着我们成长。父亲的预言没有错,中国共产党领导下的祖国正在走向繁荣昌盛,伟大的中华民族正在复兴。

父亲这一代共产党人是共和国城墙的奠基石,他们与为共和国牺牲的烈士一样被我们敬仰和爱戴,我为有这样的父亲而自豪!

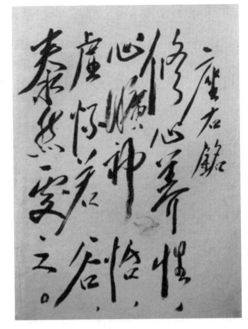

唐才猷手稿

2016年2月写于广州

附录七：叔父的一些事

唐　夫[①]

我们家在广东遂溪县吴村，我的祖父唐维经从小勤奋，肩挑脚行、走街串巷做小生意，后在客路镇圩设店经营杂货，发财致富，回村里购置田地、盖房子，成为吴村的大户人家。祖父养育了四男六女，叔父唐才猷排行第三，我叫他三叔。

三叔从小天资聪慧，身体健壮，在我6岁之时，他就参加共产党干革命去了，后来很少回家。1936年，他带10多个人回家，住在我们家的炮楼里。这个炮楼是用来防匪的，共有三层，四方形，每层有15平方米。叔父对祖父说，这是他的同学，是来复习功课的。其实，他们是在秘密研究如何参加革命，如何找到共产党，如何组织革命活动。每日三餐由家里做好饭菜，他们在家里的第一个天井底下围成圆形蹲着吃饭，饭后又回到炮楼里，10多天后才离开。

三叔他们从炮楼走后几年，大约是1943年，一天晚上9点多，有人拍家里的大门，祖父问是谁，三叔说是他回来了。祖父开门后，看见三叔被担架抬着进来，后面跟着

[①] 唐夫曾任湛江市经济委员会副主任。

几个带短枪和长枪的人。这次三叔是带着武装部队回来的，有好几百人，他们住满村里的宗祠，有的在道路旁边睡觉，都不进村里人的家，纪律严明。三叔因脚上长了一个疮，不能走动，才被抬着。三叔和其他人打着手电筒，就在家里的客厅研究工作。这个客厅成了他们的临时指挥部。

第二天早上，我跑出去，看到路旁到处都是部队人员，他们吃的是地瓜，生活非常艰苦。部队中有不少女同志，她们非常乐观，有说有笑，有的唱歌，有的洗衣服。部队就这样在村里住了几天。有一天早上，我听到有枪声，原来是敌伪军来犯，三叔带着指挥部迅速离开客厅向家门口前面的水田方向撤离，并组织部队向敌军开火，敌军很快就被打跑了。从此，部队离开我村，开往别处，在各地打游击。

过了不久，敌军又来我村进犯，这次敌人把村里人赶到宗祠小学里，逼问谁是共军，谁是唐才猷的家人，威逼若不说，就枪杀校长唐荣熙。当时我和父亲也在被抓的人群里，幸好没人说出，我们才逃过一劫。

1949年，三叔任中国人民解放军粤桂边纵队副司令员；12月底，湛江解放。

1950年1月，我和三叔的女儿唐翠影到湛江，在司令部见到三叔。当时我已18岁，初中已毕业，读了一年高中，便要求参军，三叔表示同意。我被分配到军分区文工团，后调到第二十二团政治处任宣传员。我随团去廉江一带剿匪达半年之久，三次与匪交战，主要参与救护伤员。

1950年底，三叔调往北海组建北海军分区，后改钦州军分区。我也调去北海，在军分区政治部任见习宣传干事、秘书科秘书、青年科干事等职。在这段时间里，我一直在三叔身边工作。三叔很喜欢打鸟。休息时，他带着警卫员去有树林的地方打鸟。他的枪法很准，百发百中，每次都能打不少鸟回来。

1952年间，上级要从广西军区部队中挑选具有初中及以上文化的人员学习技术，军区派300多人去桂林供挑选。三叔问我是否想去，我说想去，组织科便调我去参试。经过严格的政治审查和文化考核，最终选定27人，我是其中之一。我们被送往哈尔滨第二工业专科学校秘密学习飞机和发动机制造业，到学校后全部转业当了学生。学习期间实行供给制，我学了三年多的文化和技术才毕业，被分配到沈阳黎明航空发动机制造厂搞模具设计工作。

我调离部队去学习后不久，三叔也被调往南京军事学院学习。三叔曾告诉我，他在学习期间，曾到过朝鲜抗美援朝战场实习。他是师级干部，跟着志愿军李德生师长学习指挥作战。有一天，他们离开部队前沿阵地时，该阵地遭到炮击，非常危险。三叔毕业后被调去北京高等军事学院任战略学教员，后任教研室主任，专门教授师级以上学员的战略学。我每年都从沈阳到北京去看望三叔，他和婶子在休息日都带我到北京颐和园等名胜古迹游玩，也去吃过北京烤鸭。

1965年大搞三线建设，我被派往贵州筹建新厂，被任命为生产零部件的100厂总工程师。可是不久便爆发了"文化大革命"，工厂的筹建和生产受到严重影响。我们的厂领导被当成"走资派"而被批斗，书记和厂长被打倒。1970年，我也被打成"现行反革命"，被判刑入狱。

我写的申诉由我爱人王剑扬寄给三叔，由他转寄某位中央领导。幸得这位领导批示，重新调查，我于1974年底才平反出狱。我重新走上领导岗位，被任命为150厂副厂长兼总工程师。

我曾在1975年1月带着爱人和三个孩子去长沙看望三叔，他当时已是湖南省军区副司令员，主管湖南省的三线建设。他经常下项目工地检查指导工作，不辞劳苦工作几个月才回军区。他多次教育我要造好飞机，武装部队，保卫国家。

三叔数十年如一日，忠于人民，忠于党，忠于祖国，积极工作，从不计较个人得失，不谋私利，克己奉公，严格要求子女和亲属。比如，1955年第一次评军衔时，他只被评为上校。他曾是粤桂边纵队副司令员，而司令员则被评为中将；他的军衔是偏低的，但他不计较。在评选老红军时，在地方工作的两位领导，一位是介绍三叔入党的，另一位是三叔介绍入党的，都被评选为老红军。他们也写了材料，证明三叔应被评为老红军，但军队干部批准手续很麻烦，三叔是正军级干部，须由中央军委批准，只好作罢。三叔说，党员干部不应追求名誉、待遇，评不上也心安理得。

三叔有三子二女，对子女要求都很严格，他们中有的当兵，但有的当工人，但他从不为他们谋好职位。

三叔平时很注意学习马列主义理论，读书看报，写诗，练书法。他的字写得非常好，颇像毛主席的字体。

三叔从青少年起就经常锻炼身体，喜爱踢足球、打乒乓球；青年时，身体健壮，手力特别大，能把圆形石柱打翻。这些都是他健康长寿的基础。

"天边将满一轮月，世上还钟百岁人。"

2016 年 9 月于广州

附录八：怀念父亲

唐翠影　唐舒明　唐翠波　唐　壮　唐　敬

父亲——这位把一生献给共产主义事业的战士，在举国欢庆中华人民共和国成立 70 周年那一天，满怀着对共和国的祝福与眷恋，走完了他人生的最后一程，享年 102 岁。

父亲虽然没有等到天安门广场游行结束，但作为革命军人的他，用自己的生命，向北京天安门阅兵式致了最后一个军礼。他看到了中华民族的崛起，听见了中国人民解放军嘹亮的军号。他可以安静地闭上眼睛休息了。

我们坐下来回忆父亲时，发现他的一生及人格几近完美。他从一介书生到中共县委组织部部长，从老马起义到雷州人民抗日游击大队，从军事学院讲坛到三线建设指挥部……他接受上级命令坚决，执行任务稳妥，对革命工作兢兢业业；他性格稳重，做事谨慎，几乎没犯过大错和打过败仗，他是一名文武双全的将才。

父亲少年时追求真理，独自走出乡村，考入广东省立第一中学，为的是寻求一个光明的世界。当他看见许多老百姓无家可归，挤睡在骑楼下时，他内心升腾着苦闷与迷茫，社会的不公平、不合理到底是为什么？他找不到答案。在吴林老师、左翼文学电影的启发下，他产生了最初的阶级觉悟。父亲回雷州师范学校与同学们组织读书会，传播进步爱国思想。1936年夏，他与同学筹集路费，从雷州半岛去香港、北海寻找中国共产党。未果回来后，他被爷爷关在家中炮楼，不许外出。这时他下决心埋头阅读进步书刊，为学习马克思主义理论打下了基础。1937年七七事变后，他在雷州师范学校积极开展抗日救亡运动，读了斯诺的《西行漫记》，知道中国有一支工农红军进行长征后，到达了陕北，更听说了毛泽东、贺龙、萧克等共产党人，心生向往。1938年，同学在广州江村师范学校终于找到党组织后，他成了雷州师范学校第一批被发展的共产党员。

在党的领导下，父亲参与组织遂溪青抗会，带领青年下乡与农民同吃、同住、同劳动，发动群众办夜校。他在农村开展党的地下工作时，伪保长突然来临，农民大婶机智勇敢地挺身保护，支走伪保长，方使父亲转危为安。父亲以忘我的精神工作，使遂溪抗战初期党的基层发展工作走在了全省前列，也为日后的抗日武装斗争打下了基础。

1945年秋，父亲率领老一团第二批部队突围西征，出发前抓住战机，组织一支精锐突击队以少胜多，夜袭遂溪风朗飞机场。突袭取得成功，缴获大批精良武器，牵制国民党一个师从廉江调回遂溪，为第一批西征部队解围，又率领第二批部队迅速跳出敌包围圈。这是父亲征战史上了不起的一笔。

老一团西征路上遭敌人围追堵截，入十万大山贵台圩时，父亲吸取日本人的教训不走天鹅湾，取道贵台后山小路插下。夜里行军，父亲亲临尖兵班，对照军用地图检查，生怕走错路。当他发现在一岔路口已走错时，立即命令部队掉头，避免进入敌人在天鹅湾布下的埋伏圈。这反映了父亲军事指挥上谨慎的一面。父亲率领部队到达十万大山，完成战略转移任务，受到特委表扬。

父亲作为指挥员，战绩最辉煌的时期，是1948年11月进入滇东南，那时他军政、领导一肩挑，带领两个大队用半年多的时间打下了9个县城，成立各级人民政府与10个县工委，建立9个地方团和1个主力支队（辖3个团），部队发展至12,000人，控制广大完整地区，打开了滇东南根据地的新局面。

1949年6月，父亲调回粤桂边纵队任副司令员，10月下旬，指挥6个团的兵力进攻湛江西营（霞山），接受国民党第六十二军直属部队及一个警卫营的起义，胜利完成了任务。起义的成功，使广州解放后向西逃遁的国民党军不敢继续西逃，被第二野战军第四兵团全部歼灭于阳江境内。

新中国成立后，父亲在南京军事学院系统学习军事理论，毕业后成为北京高等军事学院的战略系教官。尔后在湖南省军区任副司令员，指挥三线建设和民兵工作，作为正军职顾问离休。

父亲军事上能打胜仗，做政治工作也是一把好手。他任老一团政委，对部下感情深厚，在战士中威望高，人人敬佩。虽被批评过"山头主义"，但他都能正确对待，服从全局。

他是慈父，对子女既爱护又严格，我们每个人的成长，都有他的鼓励与关注。改革开放后，父亲叮嘱我们工作不能违法乱纪，要学有一技之长。1980年，他63岁生日时，写嘱儿女书："我年已老迈，不久入黄泉。喜看儿女大，后继有来人。再嘱学马列，革命代代传。千万莫沾染，资产恶劣根。人生要明确，为国为人民。红专身体健，要做有为人。江山来不易，捍卫志要坚。前途无限好，幸福万万年。"这是父亲对我们子女的殷切希望。

父亲严于律己，随遇而安，保持革命晚节。1989年政治风波、东欧剧变后，他挥笔写下："老夫今年七十二，滚滚风波志不移。天塌不下地照转，灭资兴无势必矣！"这是一位老军人对国家满怀热爱、"烈士暮年，壮心不已"的真实豪情。

父亲是一名坚定的共产主义者，他一旦认准了真理，便矢志不渝。革命战争年代，他靠坚定的信念战胜困难，不怕牺牲；和平年代，他坚守信仰，毫不动摇。无论党内路线斗争多么复杂，他都保持清醒头脑，坚持党性原则，决不损害党的利益。他是一名纯粹的共产党人，一位坚强的社会主义捍卫者,可钦可敬。

父亲不止一次写过:"人的生命可爱,人的政治生命更可爱。"父亲的身躯走了,他的革命精神永存。他已成为共和国的奠基石,化为建设社会主义大厦的一砖一瓦,永铸在中国人民解放军粤桂边纵队和中华人民共和国历史的丰碑中。

2019 年 10 月 30 日于广州

后 记

2020年5月20日，广东海洋大学准备为庆祝中国共产党建党100周年献礼，特立项支持出版广东海洋大学人文社会科学研究"建党100周年献礼红色著作专项"成果，这是学校历史上对人文社科项目支持规模最大、经费最多的一次。我申报的"广东南路红色文化教育资源开发研究（C20111）"有幸被列为学校人文社科重点项目，本书是该项目中的成果之一。

结合唐翠波（唐才猷将军的女儿）提供的史料，我在2020年3—6月对此书稿进行了整编与勘正。本书以唐才猷将军的革命生涯为主线，以史料为基础，描述了将军艰难曲折的革命征程。唐才猷将军不平凡的一生让我明白了"天若有情天亦老，人间正道是沧桑"的深刻道理。作为一名长期从事南路革命研究的教师，在教学之余，我将大量的时间和精力投入南路革命研究领域。经过持续多年的努力，在唐才猷将军的长子唐舒明、小女儿唐翠波的鼎力支持下，我前后共收编了五本南路革命史料，为学校开启庆祝建党百年献礼专项项目提供了有力的决策依据。在为这五本史料申请项目出版经费并获成功后对史料的编写过程中，我遇到了人生中许多从未遇到的曲折，经历了许多内心煎熬的时刻，克服了许多难以想象的困难。如今，该书终于即将付梓，心中五味杂陈、感慨万千。

在书稿出版的整个过程中，广东海洋大学、南路革命子弟和许多朋友给予我宝贵的支持。感谢学校党委的正确决策和主管科研领导层敏锐的学术视觉，抓住了建党百年的契机，成就了红色著作献礼项目。感谢学校党委书记曹俊明，副书记、校长潘新祥，副书记、纪委书记、广东省监委驻广东海洋大学监察专员彭权群，党委常委、副校长、党委宣传部部长刘东超，党委常委、副校长谭北平等领导的悉心指导和大力支持。感谢唐才猷将军的后人唐翠影、唐舒明、唐翠波、唐壮、唐敬提供的大量的珍贵史料。感谢华南师范大学陈金龙教授的悉心指导，感谢参与书稿制图的南路革命子弟林坚、陈东、黄晓东等人的帮助。特别感谢广东海洋大学科技处鲁义善、杨原志、陈关怡，研究生处陈汉能，校办朱伟雄、韩琛，财务处唐东、毛茂，招标中心高俊忠、梁继东等人的悉心帮助，感谢本课题组全体成员的积极配合，感谢所在学校的领导和同事们的热心帮助。感谢殷汉贤、杨燕、陈丹为丛书出版做的大量后勤工作。感谢中山大学出版社的领导和编辑为此书出版所付出的艰辛劳动。最后，感谢山东大学的殷梓淇从精神上给予我莫大的鼓励。

高良坚

2021 年 6 月 11 日于广东海洋大学